What is Counselling & Psychotherapy?

상담과 심리치료란 무엇인가

Norman Claringbull 저

김봉환 · 고문정 · 김은희 · 박은민 · 유근준

이경희 · 이수현 · 장계영 · 조병주 공역

학지사

What is Counselling & Psychotherapy?
by Norman Claringbull

역자 서문

오늘날 상담과 심리치료가 가장 발달한 나라는 미국이다. 그래서 우리는 미국에서 출간된 서적으로 주로 공부해 왔다. 손쉽게 구입할 수 있는 상담 관련 번역서들도 대부분 미국에서 출간된 책을 한국어로 옮긴 것들이다. 이러한 이유로 우리가 알고 있는 상담과 관련된 대부분의 지식은 주로 미국이라는 배경에 한정되어 있었다고 할 수 있다.

이 책은 Norman Claringbull이 저술한 *What is Counselling & Psychotherapy?*를 번역한 것으로 영국에서 출간된 것이다. 따라서 미국이 아닌 영국의 상담과 심리치료 현실에 대한 유용한 정보를 제공해 줄 것이며 더 넓은 배경지식을 쌓는 데 도움이 될 것이다.

뿐만 아니라 이 책을 읽어 보면 현재 한국의 상담학계에서 거론되고 있는 것과 유사한 쟁점들이 영국에서도 활발하게 논의되고 있음을 알 수 있다. 따라서 이 책은 우리가 직면하고 있는 상담과 심리치료 관련 문제들을 해결하는 데 좋은 참고가 될 것이다.

이 책은 총 4부 10개 장으로 구성되어 있다. 제1부 '상담과 심리치료는 어디서 왔나'에서는 주로 상담과 심리치료의 실제와 연구에 대한 역사적 흐름을 서술하고 있다. 제2부 '상담사와 심리치료사는 어떤 일을 하는가' 에서는 상담에 대한 전체적인 개관을 다루면서 정신역동이론과 인지행동이론 그리고 인본주의이론에서 본 상담사의 역할을 묘사하고 있다. 제3부 '상담사와 심리치료사는 어디에서 일하는가' 에서는 개업상담을 중심으로 한 상업분야, 학교상담을 중심으로 한 교육분야, 그리고 국민건강보험 적용기관에서 일어나는 상담과 심리치료 이야기를 기술하고 있다. 제4부 '상담과 심리치료는 어디로 향하는가' 에서는 상담사 규제에 관한 논쟁, 상담사의 자격과 수련, 미래의 상담사를 중심으로 한 상담과 심리치료의 앞날에 관하여 언급하고 있다.

역자들은 평소의 관심사를 기준으로 번역 내용을 분담하기로 하였다. 이러한 합의에 따라 1장은 장계영, 2장은 고문정, 3장은 유근준, 4장은 박은민, 5장은 이경희, 6장은 이수현, 7장과 역자 서문은 김봉환, 8장과 9장은 김은희, 그리고 10장은 조병주가 번역을 하였다. 각자가 맡은 장을 번역하고, 전체가 모여 검토하면서 번역의 방향과 용어를 합의하였으며, 두 명씩 짝을 지어 서로 피드백을 주는 과정을 거친 후 다시 전체 내용을 모두가 읽고 의견을 나누는 시간들을 가졌다.

사실 이 책을 번역하게 된 또 다른 소박한 이유가 있다. 역자들은 모두 오랫동안 숙명여자대학교와 인연을 맺고 공부하며 만남을 이어 왔다. 비록 이 글을 쓰는 필자는 지도교수이고 나머지는 대학원생들이었지만, 언제나 정겨운 학문적 동료였고 서로 자극을 주고받으며 상담의 세계에서 나름대로 의미 있는 시간을 이어 왔다.

그 여정 속에는 까다로운 수업 준비와 과제, 논문계획서 발표회, 상담 관련 학회 참석 및 논문 발표, 상담사례 발표와 수퍼비전, 자격증 취득 준비 등과 같은 힘든 일들도 있었다. 그리고 즐거운 MT, 스승의 날 행사, 논문계획서 발표 및 상담사례 발표 후의 뒷풀이, 자격증 취득, 박사학위 취득 등과 같은 즐겁고 영광스러운 시간도 함께 있었다. 그러나 학위를 마친 후 각자의 직업세계로 진출하고 나니 모두들 바쁜 일상을 보내게 되어 친근한 만남의 기회를 갖기는 점점 어려워졌다. 그래서 생각해 낸 것이 번역서를 출간하는 일이었다. 함께 공부를 하면서 만남의 기회를 가지면 어느 정도 부담도 느끼면서 참석률도 좋을 것이고, 즐거운 시간도 함께 향유할 수 있겠다고 생각했기 때문이다.

그러나 번역에 착수하면서 당초 예상보다 힘든 작업이라는 것을 아는 데에는 그리 오래 걸리지 않았다. 미리 공지된 일정에 맞추어 난해한 영국식 영어를 번역하고 다듬는 작업은 정말 쉽지 않았다. 스스로 짊어진 구속의 짐이었지만, 친근한 얼굴을 마주하는 기쁨이 번역 작업의 어려움을 충분히 보상해 주었다. 이 번역서가 역자들에게 보다 튼튼한 인연의 끈이 되어 또 다른 작업을 시작할 수 있는 디딤돌이 되기를 기대한다.

그동안 번역 작업에 동참해 준 모두에게 감사 드린다. 특히 번역 원고를 수합하고 논의하는 과정에서 항상 중심 역할을 해 준 장계영 박사에게 고마움을 표하며, 먼 거리에서도 즐거운 마음으로 참여해 준 박은민 교수에게도 감사의 뜻을 전하고 싶다. 또한 항상 큰 언니 같은 너그러운 마음으로 번역진 모두를 보듬어 준 조병주 박사의 고마움도 빼놓을 수 없다. 아울러 번역서 출간을 기쁜 마음으로 허락해 주신 학지사 김진환 대표님과 까다로운 원고를 부드럽게 교정해 주시고 예쁘게 편집해 주신 이호선 선생님께도 고마운 마음을 전한다.

2013년 8월

역자를 대표하여 김봉환 적음

저자 서문

지금은 상담사가 되기에 아주 좋은 시기다. 그리고 심리치료사가 되기에도 멋진 시기다. 세월은 변화하고 있고, 상담과 심리치료에서 이보다 더 많은 변화가 있었던 적은 없었다. 한편, 영국에서 상담과 심리치료는 전문적·학술적 발전의 기로에 서 있다. 모든 '상담치료'의 가능한 미래에 관해 현재 벌어지고 있는 강도 높은 토론들이 가장 뚜렷한 증거들이다. 상담이나 심리치료 세미나 혹은 학술회의에 참석하고 전문학술지를 읽는 사람들에서부터 단순히 상담사 동료와 이야기하는 사람들까지, 상담 및 심리치료와 관련된 사람들이라면 모두가 이처럼 격렬한 논쟁과 반론을 알아차리지 않을 수 없을 것이다. 현재 그러한 논쟁의 대부분은 상담사 규제 및 상담사 교육과 전문적 행위에 미치고 있을 법한 영향에 집중되어 있는데, 이는 마치 한 시대의 종말과 같은 느낌을 준다. 상담과 심리치료의 '위대한 인물들'이 냉정하게 재평가되고 있으며, 오랫동안 받아들여진 정설이 무례할 정도로 심하게 공격받고 있다. 오랫동안 믿어 의심치 않았던 치료 기술은 빛을 잃어 가고 있고, 상담사 수련과 실제에서의 급격한 변화가 불가피한 것처럼 보인다. 상담과 심리치료에 어떤 방식으로든 관여하고 있는 우리는 이제 우리의 직업 및 우리 자신에 대해 새로운 전망을 가져야 한다. 1966년에 Robert Kennedy는 중국의 재앙은 적에게 '즐거운 시대에 살도록' 선언한 것이라는 유명하지만 잘못된 주장을 했었다. 수련상담사에서부터 선임상담사에 이르기까지 모든 상담사가 우리의 '즐거운 시대'가 우리의 전문적인 미래를 적절히 구상하는 데 사용된다면 재앙보다는 축복으로 입증될 것이다.

따라서 상담과 심리치료에 관여하는 사람은 누구든지 필연적으로 이러한 발전에 영향을 받게 될 것이며, 나아가 이러한 발전에 공헌하기를 원할 수도 있다. 특히 대학졸업생이나 대학원 수련상담사들 및 개업상담사들의 빠른 속도로 부상하는 새로운 장르인 경우에 더욱더 그렇다. 이들은 개인상담의 최전방에 있게 될 것이며, 이 직업은 주로 대학교육을 받은 사람들의 전문 직업으로 발전하게 될 것이다. 상담직업의 '새로운 사상가'가 자신의 미래에 대해 더 잘 생각하려면, 먼저 상담에 대한 자신의 견해(과거)에 대해 비판적이고 반성적인 검토가 필요하다. 그러고 나면 현재의 상담과 심리치료가 무엇에 관한 것인지(현재)를 검토할 수 있는 더 좋은 위치에 서게 되고, 나아가 상담과 심리치료가 어떻게 발전할 것인가(미래)를 생산적으로 탐구할 수 있을 것이다. 다시 말해서, 핵심 질문은 이것이다. 상담, 도대체 그곳에 무슨 이야기가 있는가?

물론 그것은 개인상담의 이야기다. 그것은 그저 하나의 이야기이고 기껏해야 추측이다. 이것은 절대적인 사실의 문제가 아니다. 모든 이야기는 당연히 말하는 사람의 편파성과 듣는 사람의 취향에 달려 있다. 상담과 심리치료의 이야기 또한 개인적 · 사회적 및 학문적으로 해석된 역사와, 그 해석된 역사의 선택을 기반으로 한다. 개인상담 그 자체의 과정과 마찬가지로 상담사와 심리치료사의 이야기는 누가 그 이야기를 하느냐에 따라 달라진다. 상담사와 심리치료사가 내담자의 이야기를 해석하려 노력하고 그들의 미래의 요구사항을 추측하려 하는 것처럼, 상담사도 상담이라는 직업에 대한 자신의 이야기를 해석하고 미래 방향에 대해 추측해 보아야 한다. 분별 있는 상담사는 이 책에서 언급한 이야기를 그들의 지도자, 교사 및 그들의 내담자로부터 들은 이야기를 평가한 방식과 같은 방식으로 평가하기를 희망한다. 다시 말해서, 그들의 이야기가 진실인지에 대해 평가하는 노력을 함과 동시에 항상 비판적인 문제의식을 가져야 한다. 결국 상담사가 해 줄 수 있는 가장 멋진 이야기는 상담자 자신의 이야기다. 이는 상담자 자신의 이야기를 다른 사람의 이야기보다 더 신뢰할 수 있기 때문이다. 비결은 무슨 일이 일어났는지를 아는 것이다. 이것이 이 책에서 말하고자 하는 핵심이다.

▼ 생각해 봐야 할 네 가지 핵심질문

1. 상담과 심리치료는 어디서 왔나?
2. 상담사와 심리치료사는 어떤 일을 하는가?
3. 상담사와 심리치료사는 어디에서 일하는가?
4. 상담과 심리치료는 어디로 향하는가?

차 례

제2부
상담사와 심리치료사는 어떤 일을 하는가

제1부

상담과 심리치료는 어디서 왔나

제1장 상담과 심리치료 – 들어가는 이야기

상담과 심리치료-어떻게 발전해 왔나

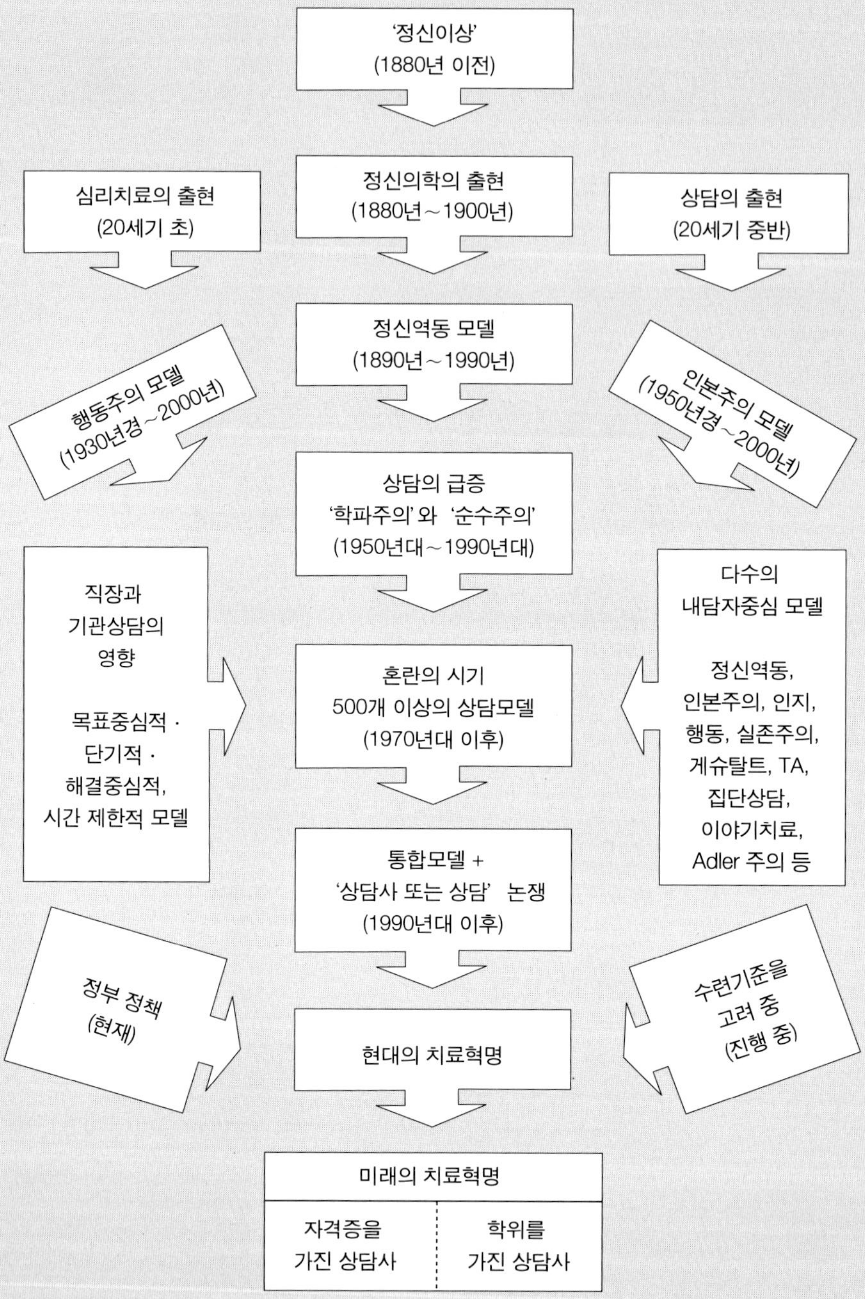

제1장
상담과 심리치료 – 들어가는 이야기

핵심지식

❖ 제2차 세계대전 후 개인상담에 대한 수요가 폭발적으로 증가하면서 수많은 치료유형이 출현하였다.

❖ 역사적으로 상담과 심리치료는 세 가지 주요 '학파'에 의해 발전해 왔다.

정신역동

행동주의

인본주의

❖ 현대 상담이론의 발달에 포함된 이론은 다음과 같다.

인지행동적 견해 → 인지행동 모델

통합적 방법 → 통합모델

❖ 상담과 심리치료는 광범위한 연구를 기반으로 확실하게 자리 잡은 전문적인 학문이다.

❖ 상담과 심리치료는 법적으로 규제받는 직업이 될 것 같다.

시작하기

심리치료의 이야기이면서도 상담의 이야기이기도 한 개인상담 또는 심리적 치료psychological therapy에 대한 이야기는 인류의 이야기만큼 오래되었다(Cushman, 1990; Hollanders, 2000a). 인간은 오랫동안 자신과 세계를 이해하고자 노력해 왔다(Bettleheim, 1983). 사람들이 상담사를 찾는 이유가 바로 그 때문이다. 상담사는 목사, 현자, 철학자, 의사, 좋은 친구들, 또는 경청할 준비가 된 사람들로서, 내·외부세계에 어떤 질서를 이룰 수 있도록 도와주는 안내자들이다. 달리 말하면 '말로 하는 상담사talking therapist'의 역할은 인간을 인간다움으로 돌아가게 하는 것이다(Ehrenwald, 1976). 그러나 우리가 오늘날 상담과 심리치료를 별개의 학문으로 인식한다는 측면에서, 지난 100년 이상에 걸친 상담 관련 직업발달의 역사는 대단한 흥미를 불러일으킨다(Freedheim, 1992). 물론 개인상담은 초기 심리치료 이후로 큰 진전이 있었다.

본격적으로 상담 이야기를 탐구하기 전에 몇 가지 용어를 정의할 필요가 있다. 정서적, 심리적 혹은 정신건강 관련 문제를 가진 사람을 돕는 것과 관련된 전문가를 기술하는 많은 용어들이 있다. 상담사counsellor, 심리치료사psychotherapist, 심리적 치료사psychological therapist[1], 정신분석가psychoanalyst, 심리학자psychologist 등과 같은 명칭

1) 심리적 치료사psychological therapist는 심리치료사psychotherapist를 포함하여 심리적인 방법으로 상담하는 모든 치료사들을 포괄하는 의미임.

들은 때때로 아무렇게나 사용된다. 그러다 보니 종종 사람들은 이 전문가들 간의 차이를 어떻게 이해해야 하는지에 대해 난감해 한다. 이러한 여러 가지 명칭들은 그것이 실제적인 차이가 있다기보다는 처음 상담훈련을 하는 동안 학습된 내재적인 편견에 기인한다. 어쨌든 많은 학자들(Duncan et al., 1992; Fiedler, 1950; Wosket, 1999)은 경험이 풍부한 상담사는 초보 상담사보다 상담 스타일의 경계boundary에 대해 별로 개의치 않는다고 말한다. 그러므로 '이름 속에 무엇이 있는가' 라는 문제에 대한 답은 간단하다. 차이는 없다. 모든 개인상담사를 포함하여 정서적, 개인적 혹은 정신적 건강 문제가 있는 누군가를 돕고자 하는 전문가라면 그 사람은 심리적 치료사이며, 오늘날 소위 '말로 하는 치료' 라고 하는 것을 직접 실천하고 있는 것이다. 물론 이처럼 진보된 시대에 상담은 '말로 하는 것' 그 자체보다 점점 더 많은 치료방법을 포함한다. 오늘날의 심리적 치료사는 행동치료, 치료계획, 실제 활동, 심리교육 등을 통해 많은 개입을 한다. 즉, 그들도 '실제로 한다'. 다시 말하면, 적어도 요즘은 상담실제를 기술하는 데 사용하기 위한 전문적인 치료사 명칭을 선택하는 것은 상담사 자신의 몫이다. 그러나 공식적으로 상담사와 심리치료사를 규제하기 위한 현재(2009년 7월)의 추세는 독립적으로 등록된 두 개의 직업이 출현할 수도 있다는 것을 예상하게 한다. 이 일은 앞으로 2014~2015년쯤에 일어날 수도 있으며, 어쩌면 다른 수련 과정을 포함할 수도 있다. 그럼에도 불구하고 이 책에서 모든 상담과 심리치료의 명칭은 상호교환적으로 사용될 것이다.

위에서 주어진 심리치료사의 명칭이나 혹은 당신이 선호하는 다른 명칭의 전반적 정의에 한 가지 중요한 예외가 있다. 그것은 모든 정신과의사는 의사 자격을 받아야 한다는 것이다. 정신과의사는 때때로 정신적인 스트레스로 고통받는 사람을 위한 의학적인 처방전을 기술하는 의사들이다. 따라서 그들의 직업 명칭은 법적으로 보호받는다. 정신과의사만 그렇다. 그러나 이렇게 말할 때, 지각 있는 상담사나 심리치료사는 정신과의사가 의사 자격을 받았다고 해서 그들에게 높은 수준의 전문적 지위를 자동적으로 부여하지는 않을 것이다. 정신과의사는 우리의 존경하는 동료이며, 상담과 심리치료 현장에서 소중한 협력자이지만 그들이 상담계의 주인은 아니다.

상담사이든 심리치료사이든 명칭을 어떻게 부르든 간에 우리가 정말로 알고자 하는 것은 그들이 실제로 하는 것이 무엇인가 하는 것이다. 이 책은 여러분에게 상담과 심리치료 이야기에 대한 하나의 관점을 줄 것이다. 아마도 이 책을 덮을 즈음이면 여러분은 상담과 심리치료에 대해 말할 수 있는 자신의 이야기를 가지게 될 수 있을 것이다.

이제 이 책이 탐구하게 될 핵심질문에 대해 다시 생각해 보자. 상담사와 심리치료사는 왜 존재하는가? 그들은 무엇을 하는가? 그들은 정말로 마음의 문제를 해결하는가? 정신이상을 다루는 것은 확실히 의사가 할 일인가? 그렇다. 역사적으로 그것이 때로는 사실이었을 수 있다(물론 목사들이 그 일을 함께했을 때를 제외하면). 이제 정신이상이 전체 역사에서 어떻게 나타나고 있는지를 생각하면서 상담 이야기의 탐구를 시작하겠다.

정신이상에 대한 설명

오래전부터 인간은 정신적 고통을 이해하고자 애써 왔다. 이에 대한 초기 설명 중 몇 가지 간략한 역사를 〈표 1-1〉에 제시하였다.

그러나 시간이 흐름에 따라 마음이 정신이상의 원천이라는 생각이 우세해지고, 그로 인해 환자에게 책임이 있다는 의견이 유력해지기 시작했다. 악령에 홀린 상태, 도덕적 취약성, 그리고 그와 유

〈표 1-1〉 정신이상의 역사적 설명

언제/누가	원인	처치
선사시대	악령/뇌의 압박	두개골에 구멍 내고 도려내기
초기 이집트	지위나 돈의 상실	말하기, 종교 또는 자살
구약성서	절망/잘못된 생각	믿음
아이스킬로스[2]	악마	악마 쫓아내기
소크라테스	하늘이 내려 준 것	아무것도 하지 않음. 그것은 축복이다!
아리스토텔레스	우울	음악
히포크라테스	자연적인 의학적 원인	과잉의 절제, 식습관과 운동
셀수스[3]	광기는 광기다.	재미있는 이야기, 방향전환, 설득
갈렌[4]	뇌 기능	직면, 유머, 운동

2) Aeschylus(BC 525~455): 고대 그리스 비극 작가.

3) Celsus(AD 25~50): 고대 로마제국의 의학저술가.

4) Galen(AD 130~200): 고대 그리스 의학의 연구를 집대성함.

사한 '환자를 비난하는' 관점들은 결과적으로 환자 그 자신이 질병과 치료 모두에 대해 책임지도록 했다. 그들은 사회로부터 차단되었으며, 그 결과 '괜찮은(decent)' 사람들은 그들에 대해 모두 잊어버릴 수 있었다. 정신이상자들이 '괜찮은' 사람들처럼 문제가 없다는 생각은 더 이상 할 수 없었다.

이러한 분위기에서 정신이상자들은 잔인하게 취급되었다. 그들은 채찍질과 구타를 당했으며, 굶주렸고, 동물처럼 취급되었다. 정신적으로 병든 사람들과 제정신이 아닌 상태에서 범죄를 저지른 사람들 또는 사회적으로 문제 있는 사람들 간에 어떤 구별도 이루어지지 않았다. 예를 들면 여성이 남편을 떠나고자 하면 수감되었고, 폭동을 선동하는 남자들 역시 수감되었다. 아이들이 기형아인 경우에도 수감되었다. 정신질환자들은 악령과 사악한 마법사에게 자신을 던져 버렸다고 비난받고, 고의로 죄를 지었다고 간주되어 무자비하게 박해를 당했다.

생각해 볼 거리

- 정신적인 역기능의 원인이나 정신장애자 치료에 대한 견해는 상담과 심리치료 초기에 비해 실제로 많은 변화가 있는가?

18세기에 정신이상자를 위한 환경이 개선되기 시작했으며, 일반병원과 정신병원에서 정신질환자를 적절하게 보살피기 시작했다. 1752년에, 퀘이커교도가 첫 번째 병원을 개원하고 정신병자를 친절하면서도 적극적으로 다루기 시작했다. 1800년대 중반에 많은 기관이 정신적으로 피해를 입은 사람들을 순수하게 '치료' 하고자 하였다. 19세기 말에, 의료 직업이 정신병자 치료에 대한 독점권을 획득했다는 사실에 주목하는 것이 중요하다. 이것의 의미는 모든 심리적인 장애를 의학적 혹은 생물학적으로 설명할 수 있으며, 그래서 정확한 생물학적 치료법들을 많이 발견하는 것이 심리치료하는 의사들doctor-therapists의 궁극적인 목적이라는 것이다.

19세기 심리치료

심리치료에 대한 의학계의 독점은 이 새로운 질병을 치료할 전문의(결과적으로 정신과의사로 알려진)의 출현으로 빠르게 이어졌다. 19세기 후반 '심리치료' 라는 용어가 새로운 정신의학 분과를 기술하는 것으로 사용되기 시작했다. 이는 '마음으로 신체를 치료해서, 한 마음이 다른 마음에 자극을 주어 도움을 주는' 시도를 기반으로 한다(Van Eeden, 1887: Ellenburger, 1970에서 재인용, p. 765).

물론 그 당시 위대한 심리치료사가 Sigmund Freud이었다는 것은 오늘날 잘 알려져 있다. 그의 '위대함' 은 심리치료계에서 압도적이고도 오랫동안 지속되는 영향력으로 볼 때 분명한 사실이다. Freud의 위대함이 과학적 엄격함과 정직성의 측면에서 사실인가, 또는 치료사로서의 진실성practitioner intergrity 측면에서 사실인가 하는 것은 전혀 다른 문제이며, 우리는 3장에서 이 쟁점을 좀 더 다룰 것이다. 그러나 Freud의 생각은 그 혼자만의 것은 아니었다. 모든 유행의 선도자들처럼 그의 업적도 이미 광범위하게 수용되고 있던 많은 이론적 개념과 신념에 바탕을 둔 것이었다. 예를 들면, McLeod(2003)는 다음과 같이 말한다.

- 19세기 초 생물학 이론은 이미 '단일 생명력' 또는 '리비도'의 개념을 포함했다.
- 19세기의 많은 이론가는 정서와 심리적 장애가 부분적으로 성적인 기원을 가진다는 가능성에 대해 이미 많은 논쟁을 하고 있었다.
- 19세기 초에 인간은 의식과 무의식 둘 다 있을 가능성에 대해 이미 연구하고 있었다. 19세기에 Charcot나 Janet와 같은 정신과의사들은 무의식이 가진 가상의 치유력을 어떻게 이용할 것인가를 연구하기 시작했다. 흥미롭게도 연구 초기부터 심리치료사는 의사와 환자 간의 좋은 라포 형성의 중요성을 알아차렸다. 달리 말하면 좋은 작업동맹이 핵심이었다.

그 길을 따라 Freud가 왔다. 비록 그가 심리치료를 발명하지는 않았지만, 그의 위대한 공헌은 기존에 있던 모든 견해들을 종합해서 그것들을 인간의 성격발달에 관한 혁신적이고 선구자적이며, 아주 잘 조직화된 이론모델로 발전시킨 것이었다. Freud 모델의 발견적 가치는 오랜 세월에도 불구하고 지금까지 건재하다. 그러나 그것의 진정한 치료적 힘에 대한 논쟁은 아직도 진행 중이다.

Freud 모델은 오늘날의 심리치료계에 정신역동적 접근의 전통으로 알려져 있으며, 현재도 정신역동 모델은 누군가가 왜 그렇게 하는지에 대해 이해할 수 있도록 도와주는 유용한 은유를 제공해준다. 정신역동 모델은 우리가 인간발달에 관한 전반적인 이해를 할 수 있게 돕는다. 즉, Freud 학파는 정신이상자, 악한 사람, 슬픈 사람, 기쁜 사람 할 것 없이 우리 모두가 내적 심리적 갈등과 본능적 욕동drive의 산물이라고 주장하고 있다.

20세기 심리치료

'미친 사람the mad' 과 '슬픈 사람the sad' 을 보는 방식에 대한 실제적인 변화는 20세기가 시작되면서 진전이 이루어지기 시작했다. 돌이켜 보면 우리는 지금도 상담과 심리치료계의 진보에서 Freud 이론의 중요성을 볼 수 있다. 그러나 Freud의 견해가 사회에 널리 침투하기까지는 오랜 시간이 걸렸다. 오늘날 그의 견해는 사람들이 스스로 'Freud적' 이라는 사실을 의식하지 못하고 있을 때조차 일상적인 언어와 활동에서 보편화되고 확실시되는 정도에 이르렀다. 심리장애의 기원에 대한 Freud의 생각이 유럽 중심의 세계에 퍼지는 데 20세기의 1/3이 걸렸다. 특히 두 가지 큰 변화가 사람들의 사고에 영향을 미쳤다.

첫째, 제1차 세계대전 동안 수많은 군인들이 정서적인 문제로 정상적인 생활을 하지 못하게 되고, 소수가 아닌 다수가 점점 '비정상적인' 사고와 행동으로 발전하는 것이 명백하게 드러났다. 만일 전투와 같은 극도로 외상적인 상황들이 그러한 정신적 고통을 유발한다면, 어쩌면 일상생활에서 더 빈번하게 일어날 수 있는 약한 심리적 외상도 이와 비슷한 영향을 미칠 수 있을 것이라는 주장이 제기되었다. 나아가 심리적 외상을 단순히 어떤 생활 속의 일상적인 사건의 영향으로 볼 수 있다면, 심리적인 역기능은 점점 '정상적인' 집단에서 확인될 수 있을 것이며, 이는 결국 치료될 수 있다고 기대했다.

둘째, Freud의 견해가 심각한 신경증 환자들뿐만 아니라 보통 사람들에게도 적용된다는 것을 대부분의 사람들이 알아차리게 된 것이다. 예를 들면, 일상생활에서 사람들과 관계 맺기를 싫어하는 것에 대한 정신역동적 설명은 그것이 단순히 호감이 가지 않는 사람에 대한 이성적 반응은 아님을 시사한다. 일부 Freud 학파 사람들은 그러한 반응은 타인의 어떤 행동이나 모습이 그 사람으로 하여금 초기관계에서 문제가 있었던 누군가를 무의식적으로 떠올리게 하는 것이라고 본다. 즉, 불쾌한 사람에 대한 무의식적이고 통제되지 않는 부정적인 반응이라는 것이다.

물론 Freud는 외로운 이론가도 그 시대의 유일한 심리치료사도 아니었다. 다른 치료사들도 정신적으로 역기능적인 사람을 치료해야 한다는 사회적 요구가 커짐에 따라 여러 가지 방법을 연구하고 있었다. 저물어 가는 19세기와 20세기 초는 Jung, Adler, Klein, Bowlby, Fairbairn, 그 외 많은 유명한 인물들이 활동한 심리치료의 '위대한 사상가들' 의 시대였다. 그러나 적어도 제2차 세계대전 끝 무렵에 이르러서야, 대부분의 심리치료계가 정신역동주의자들에 의해 지배되었으며, 많은 추종자들이 의학적으로 훈련을 받았다고 말하는 게 맞을 것이다. 특히 미국의 경우 정신분석은 의사들의 독점적 영역이었다(Mulhauser, 2008).

흥미롭게도, Freud 자신은 의학과 정신분석이 두 개의 다른 주제라고 믿었으며(Freud, 1986), 훈련프로그램에 비의학적 분석가를 포함해야 한다고 주장했는데, 그중에서 유명한 사람이 그의 딸 Anna다. Ernest Jones가 1913년에 Freud의 견해를 영국에 도입했을 때, 그 역시 비의학 정신분석가의 가치를 강조했다(Jones, 1959, 1990). 그렇지만 의학 · 비의학 전문가 모두 광범위하고도 값비싼 수련 경험을 쌓아야 했다. 따라서 심리치료는 필연적으로 많은 비용이 드는 과정이었으며, 그 혜택은 주로 신경증적인 사람으로서 시간이나 돈을 가진 소수 특권층들에게만 제한되었고, 가난한 사람들은 죽을 힘을 다해 삶을 살아가야 했다.

적어도 20세기 중반까지 심리치료는 대중을 위한 것은 아니었던 것 같다. 그러나 두 가지 반란이 일어났는데, 처음에는 조용하면서도 천천히, 그다음엔 점차 여세를 몰아 강하게 펼쳐졌다.

첫 번째 반란 – 행동주의자

정신역동이론이 인간의 성격과 발달에 대한 설명으로 점차 받아들여지는 것과 동시에, 아주 중요한 대안적인 이론이 선구적인 심리학자들에 의해 발달하고 있었다. 오늘날의 상담사들이 흥미롭게 여기는 중요한 이론은 두 가지다. 두 이론은 학습과 인간발달에 대한 학습효과에 관한 것으로, 인간의 성격은 적어도 부분적으로 자동화되거나 습관적인 반응에 의존한다고 생각한다. 이 이론가들은 성격이 자극에 대해 학습된 자동적인 반응에서 나온다고 주장한다.

행동주의자의 설명

'성격은 학습으로 형성된다.'는 첫 번째 이론은 Pavlov(1927)의 연구에서 출발한 인간 활동에 대한 행동주의자의 설명이다. Pavlov는 '고전적 조건반응classically conditioned response'의 개념을 제안했다. 그는 어떤 자극에 대한 반응은 먼저 학습된 후에 자동화된다고 믿었다. 예를 들어 사람이 좋아하는 음식냄새나, 가장 두려워하는 말에 어떻게 반응하는가를 생각해 보라. 행동주의자는 그의 반응행동이 실제로 학습되어 자동화된 반응세트에서 나온다고 말할 것이다.

행동주의는 Skinner(1971)에게서 좀 더 현대화되고 정교화된 형태를 취하게 되었는데, 그는 아주 복잡한 행동도 학습될 수 있으며, 더욱더 중요한 것은 '조작적 혹은 도구적 조건화operant or instrumental conditioning'에 의해 조심스럽게 변화될 수 있다고 제안했다. 예를 하나 들자면, 어른에게 어떻게 말할지를 찾아내는 아이를 생각해 보라. 한 아이가 무의식적으로 버릇없지만 즐겁게 말하는 것을 상상해 보라. 어른들이 웃으면 아이는 즐겁고 그러면 아이는 버릇없는 말을 다시 할 것이다. 그러고 나면 아이는 계속해서 버릇없는 말을 하게 될 것이다. 어른들이 웃음으로 허용해 주는 한 그 아이는 그 행동을 계속할 것이다. 그러나 어른들이 탐탁지 않게 여기고 웃음을 멈추는 즉시 그 행동은 줄어들고 결국 그만두게 될 것이다. 어른들이 그들의 허용반응을 바꿀 때마다 아이는 버릇없는 행동을 좋은 행동으로 바꿀 것이다. 이러한 행동/반응 수정은 '행동조성behavior shaping'으로 알려져 있다.

행동주의자는 성격에 대한 무의식과 그 영향에 대한 Freud의 개념을 비난하였으나 사실은 행동주의 또한 일종의 무의식에 상당히 의존하고 있다. 그럼에도 행동주의자들이 개인의 행동과 사고에 대한 심리적으로 조작된 영향력을 알아차리지 못하는 개인에게 의존하고 있다는 점은 주목할 만한 흥미로운 점이다.

인지적 설명

'성격은 학습으로 형성된다.' 는 두 번째 이론은 인간행동에 대한 인지적 설명이다. 이 이론은 Ellis(1962)의 연구에서 시작되었다. Ellis는 비합리적 신념이 자극과 반응 사이에 들어 있다고 말했고, Bandura(1977)는 사고(인지)가 학습된 행동에 중요한 역할을 한다고 말했다. Beck(1963, 1964)은 우울증은 사고과정이 어느 정도 역기능적인 사람에게서 일어난다고 주장했다. 이와 유사한 발달에 대한 관점은 정서적 혹은 심리적으로 역기능적인 사람들을 그 자신의 잘못된 또는 부정적인 사고의 희생자로 보는 일반적인 관점으로 끝난다. 그러나 기본적으로 이 역기능적 사고는 학습된 행동이다. 그러므로 고통받는 사람들이 도움이 되지 않는 생각을 어떻게 수정할 것인지, 어떻게 그것을 좀 더 건설적인 신념체계로 바꿀 것인지를 학습할 때 '치료' 가 일어난다. 단, 이 경우 '잘못된' 또는 '부정적인' 이라는 것은 '적절한 사고' 에 대한 판단적인 용어가 아니라 단순히 환자의 심리적 안녕에 부정적인 영향을 끼치는 역기능적 사고(인지)를 말하는 것이다.

많은 상담사들이 치료에 대한 행동주의와 인지적 접근을 전체적으로 다양하게 조합해서 실험했다(Freeman & Simon, 1989; Persons, 1993). 미리 계획하고 개별화된 개인 처치 프로그램이 상담에서 현재 점점 인기를 얻고 있는 인지행동치료(CBT) 접근을 뒷받침한다. 인지행동치료는 보통 6회 이하의 빠른 치료다. 달리 말하면 값이 싸다. 그것은 또한 쉽게 확인 가능하고 바로 측정할 수 있는 성과를 가진다. 따라서 자연스럽게 영국과 미국에서 건강관리 공급자들에게 큰 인기를 갖게 되었다(McLeod, 2003). 인지행동치료의 공공연한 인기는 적어도 영국의 경우 국민건강보험National Health Service: NHS에서 인지행동치료를 공식적인 정부 정책으로 채택되고 있는 것을 보아도 알 수 있다(McLeod, 2005). 이제 정부가 인지행동치료를 제공하기 위해 170만 파운드(약 29억 원)를 투자할 계획이 있다는 사실은 그리 놀랄 일도 아니며, 이로 인해 많은 상담사가 인지행동치료와 인지행동치료사에게서 일상적으로 느꼈던 전통적인 반감이 급속도로 사라지고 있다.

두 번째 반란-인본주의자

인본주의의 전통에는 많은 위대한 사상가들이 있다. 예를 들면 Moreno, Spinelli, Maslow, Perls 등이다. 현대의 심리치료사이면서 상담사로서 가장 두드러진 이름은 Carl Rogers다. Rogers 학파 또는 내담자중심 상담은 바로 그 시대의 산물이었다. 개인에 대한 존중, 자유에 대한 강조와 함께 무한한 자기발달이라는 Rogers 학파 윤리는 20세기 후반의 사회정신과 아주 잘 맞았다. 인간중심 상담은 자유로운 베이비부머 세대를 위한 자기해방치료로 보였다. 인간중심 상담은 일종의 값싼 대량생산 상담치료를 제공했다. 인간중심 상담은 제2차 세계대전 후 점점 늘어난 정서적으로 혼란스러운 사람들에 대한 이해와 적용이 기본적으로 단순하여(McLeod, 2003) 값비싼 정신과의사나 정신분석가들이 더 이상 필요하지 않았다. 그것은 검증할 수 있고 계량화할 수 있어서 매력적이었다(Gendlin, 1981; Truax and Carkhuff, 1967). 다시 말하면 내담자가 무엇을 원하는지, 비용이 얼마나 드는지를 미리 알 수 있었다.

인본주의적 접근의 핵심은 환자가 자기문제에 대한 자신의 해결책을 찾도록 도와주는 것이 상담사의 과제라는 인식을 바탕으로 하는데, 이것이 인본주의적 접근과 정신역동적 접근의 가장 중요한 차이점이다. 정신역동주의자는 내담자의 현재 관계를, 과거 사건이 무의식적으로 몰아붙이는 힘의 반복과 과거 경험에 대한 반응으로 본다. 내담자는 어떤 정서적 구조가 현실인 것처럼 상담사 및 그 자신의 세계와 관계하고 있다. 마치 과거 사건의 기억이 정확하거나 사실인 것처럼 반응한다. 예를 들어 상담사를 비난하거나 판단하는 인물로 지각하는 내담자는 그 상담사가 마치 비난하는 부모인 것처럼 그를 보고 있을 수 있다. 그러나 상담사는 그 부모가 아니며, 그래서 내담자-상담사 관계는 비현실이다.

그러나 인간중심 상담사는 내담자와 상담사가 지금 벌어지는 상황의 현실에 존재하는 실제 인물이라는 토대에서 내담자와 작업한다. 그러므로 상담 관계는 상상이나 '마치 ……처럼as if'이 아니라, 직접적이며 '지금-여기here and now'에서 실제로 일어나고 있는 것이다. 그러므로 내담자/상담사 관계는 현실이다.

적어도 Rogers 학파 사람들은 내담자가 자기 자신의 내적 자기에 대한 진정한 전문가라는 것을 받아들인다. 그러므로 상담사의 역할은 내담자를 존중하고, 판단하지 않으며, 지시하지 말아야 한다. 그리고 치료는 내담자가 이끌어 가야 한다. 이는 상담사가 내담자의 세계에 들어가고자 하는 것이며, 힘든 내담자를 달래서 어떤 특정한 치료학파의 심리적 이상향에 해당하는 심리적 안식처로 데려가려는 것이 아니다.

인간중심 상담은 1940년 미네소타 대학교에서 Rogers가 했던 연설에서 시작했고, 1950년대와 1960년대에 현대적인 형태로 자리잡았다(Rogers, 1961, 1980 등을 볼 것). 이용가능성의 측면에서 인간중심 상담은 1950년대와 1960년대 그리고 그 이후 사회에서 정서적으로 힘든 사람들의 욕구를 확실하게 충족시켰다. 기존 사회의 요구를 넘어 개인의 욕구를 촉진시키는 것을 강조하는 인간중심 상담은 그 시대의 사회 분위기에 많은 영향을 받았다. 그것은 특히 20세기 후반, 서구세계에 스며든 해체주의자의 해방철학을 따르고 있다. 전후에 나타난 이 심리치료는 주로 1960년대 초에 영국에 도입되었는데(Thorne, 2007), 이는 전국결혼생활상담협의회(현재는 Relate[5])와 촉진자 발달연구소(Facilitator Development Institute, 후에 인간중심 치료라고 재명명 됨: 영국)의 원조를 통해 이루어졌다. 1970년대 이후부터 인간중심 치료는 영국에서 대부분의 수련상담사와 사회복지사를 가르치는 주요 개입방법이 되었다.

5) 1928년에 창립된 전국결혼생활상담협의회가 1988년에 Relate란 이름으로 변경됨. 부부, 가족, 개인 등 인간관계에 관한 상담을 제공하는 자선단체임.
(출처: Wikipedia)

대체로 인지행동 모델이 심리치료에 대한 심리학자들의 접근으로 볼 수 있다면, 인간중심 접근법을 포함한 인본주의적 치료모델은 상담사의 접근으로서 기술될 수 있을 것이다. 그러나 학계와 훈련 집단에서의 인본주의적 상담접근은 어느 정도의 우월성을 상실하기 시작했다(Aldridge & Pollard survey, 2005).

상담의 폭발－혼란의 시대

지금까지 논의된 상담과 심리치료의 세 가지 주요 이론(정신역동, 행동주의, 인본주의)이 영국의 치료장면을 지배하고 있다고 말하는 것이 과언은 아니지만, 그것들이 이용가능한 유일한 상담양식인 것은 아니다. 오늘날의 치료 고객들은 게슈탈트, 실존주의, 심리극, 인지분석, 체계이론, 단기개입, 해결중심, 여성주의, 대인초월, 이야기치료 등을 포함한 과도한 선택메뉴를 대면하고 있으며, 치료목록은 끝이 없어 보인다. 미리 목표를 설정하거나 상업적으로 제한하는, 이른바 비상담적인 요소를 섞지 않고 순수하게 상담하려는 열성적인 학파들도 있다.

그러나 일반적으로는 잘 알려지지 않았지만 적어도 전체 내담자 수와 세계적인 이용가능성의 측면에서 가장 폭넓은 심리치료적 접근은 아마도 익명의 알콜중독자모임(AA)과 그 모임에서 사용되는 다양한 12단계 모델이다. 이런 형태의 대규모 심리치료mass psychotherapy는 많은 순수주의자에겐 너무 오염된 것으로 보여서 그것이 비상담사에 의해 제공되는 것처럼 보이는 것 같다. 12단계 접근법의 존재가 상담계에 거의 알려지지 않고, 전문적인 중독상담계에서조차 거의 연구되지 않은 이유가 바로 이것일 수도 있다. 사실 많은 상담사에게 12단계 치료는 방 안에 있는 코끼리다. 우리 모두는 그것이 거기 있다는 것을 알지만 아무도 그것에 대해 말하지 않는다. 어쩌면 그것은 우리에게 인식되지 않은 공개된 비밀 중 하나다.

1960년대 이후로 이용할 수 있는 상담모델의 종류와 수가 폭발적으로 증가했다. 1986년에 Karasu는 이른바 구별 가능한 400개 이상의 모델을 밝혔으며, 따라서 상담모델은 20세기 말에 아마도 450개에서 500개 또는 그 이상이 존재할 것이라고 가정하는 것이 타당하다. 현재는 틀림없이 더 많아졌을 것이다. 성격이론, 상담모델, 처치전달체계의 급증은 상담사와 내담자 모두에게 혼란을 불러일으켰다. 이러한 혼란은 각 상담학파의 추종자들이 자신의 모델을 열광적으로 전파하고 타 학파에 대한 반감을 표현함으로써 더 심화되고 있다.

Evans와 Gilbert(2005)가 제안하듯이, 거의 상담사 수만큼 많은 치료모델이 있다면, 상담계는 다음의 두 가지 질문에 필수적으로 답해야 한다.

1. 내담자는 어떤 종류의 상담을 찾아야 하는가?
2. 학생상담사는 어떤 종류의 수련을 선택해야 하는가?

특히 상담이 사회에서 중요하게 받아들여지는 직업으로 부각되기를 원한다면, 이 두 가지에 대한 합리적인 답을 구하는 것이 아주 중요하다. 상담과 심리치료는 어떤 반응을 할 수 있는가?

상식적인 방법은 이용할 수 있는 다양한 상담을 간단하게 검증하고, 어느 것이 가장 좋은지를 밝힌 후 최신의 '가장 싸고 좋은' 상담접근법을 홍보하는 데 전문적인 노력을 쏟아 붓는 것인 듯하다. 물론 어떤 상담사는 상담접근법을 검증한다는 인식에 근본적으로 반대하기도 한다. 그들은 상담을 효과성, 유용성, 금전적 가치와 같은 기준으로 분석될 수 없는 예술행위로 본다. 이런 반대에도 불구하고, 이 모든 영역에 대한 연구가 오랫동안 진행되었으며, 상담연구의 구체적인 역사를 살펴보는 데 노력을 기울일 만한 가치가 있다. 왜냐하면 그 역시 상담과 심리치료 이야기의 중요한 부분이기 때문이다.

상담연구의 역사

만일 상담이 사회적으로 바람직하고 정치적으로 지원되며 학문적으로 존경받는 직업으로 성장하고자 한다면, 그 자체로서 사회가 지원해야 하는 가치 있는 활동이라는 것을 입증해야 한다. 개인적이고 사회적인 수많은 쟁점에 대해 상담을 옹호하는 이들은 다음의 세 가지 핵심질문에 대한 답을 미리 준비하고 있어야 한다.

1. 상담은 효과가 있는가?
2. 상담은 얼마나 효과가 있는가?
3. 상담은 비용 대비 효과가 얼마나 있으며, 우리가 그것을 얼마나 잘 제공할 수 있는가?

상담연구의 역사는 근본적으로 이 질문에 답하기 위한 시도들의 역사다. 우리는 상담의 발달에 관한 이야기를 4단계로 구분해서 살펴볼 것이다.

1단계: 1940년대부터 1960년대까지

상담은 효과가 있는가?

내담자가 상담한 결과로서 얻은 이익을 측정할 수 있는가? 그러한 이익을 확인하고 계량화할 수 없다면, 사람들에게 왜 상담을 제공하는가? 1단계 연구자를 위한 핵심질문은 이것이었다. 상담은 효과가 있는가?

Eysenck(1952, 1992b)는 비행동심리치료non-behavioral psychotherapy로 처치받은 모든 신경증환자의 약 65%가 2년 이상 실질적으로 향상되었다고 주장한 것으로 유명하다. 그러나 문제는 비처치 통제집단도 외견상으로는 똑같이 회복되었다는 것을 그가 밝혔다는 것이다. 이것은 실제로 시간이 일차적인 치료요인이며 상담 개입이 아니라는 것을 시사한다. 모든 심리적 연구를 망라해서, Eysenck 연구가 진실로 그가 주장하는 것을 보여 주었는지 아닌지에 대한 격렬한 논쟁이 지속되고 있다.

Eysenck는 그럴듯한 이유로 상담이 효과가 없다고 주장했다

그러나 현대의 많은 연구자는 Eysenck의 충격적인 공격에 나름대로 대처해 오고 있다. 좀 더 근래의 연구자들은(Lambert, 2004) Eysenck 통제집단의 자발적인 차도율remission rates이 너무 과장되었으며, 치료기반 회복률이 과소평가되었다고 결론 내렸다. 그리고 이에 대한 논란은 아직도 맹렬히 계속되고 있다.

2단계: 1960년대부터 1980년대까지

상담과 심리치료는 얼마나 효과가 있는가?

1단계 연구는 주로 '단일성 신화'로 특징지어졌다. 이 신화는 특정 상담을 처치받은 모든 내담자는 같은 방식으로 반응할 것이라고 가정했다. 달리 말하면, 상담자가 누구인지 내담자가 어떤 사람인지 보다는 처치방법이 더 중요했다. 내담자나 상담자의 특성에 대해서는 어떤 관심도 주어지지 않았다. 그래서 Paul(1967)이 표현했듯이, 2단계 연구자들의 핵심질문은 특정한 문제나 특정한 환경조건에 처한 내담자에게 어떤 상담사의 처치가 가장 효과적인가 하는 것이다.

한 종류의 상담이 다른 것보다 더 효과적인가? 이에 대한 답은 대부분의 상담사가 대부분의 내담자에게 제공한 대부분의 상담이 유사한 성과를 가진다는 것이다(Lambert, 2004). 잘 알려진 초기 연구에서, Luborsky 등(1975)은 성과 혹은 효과 측면에서 다양한 상담접근법들 간의 어떠한 차이를 발견하지 못했다. 그들은 이 결과를 그 유명한 도도새 효과라고 불렀다. 모두가 승리하였으며 모두가 상을 받아야 마땅하다.

3단계: 1980년대부터 지금까지

상담과 심리치료는 비용 대비 효과적인가?

우리는 그것을 어떻게 제공하는 것이 최선인가? 현대의 경영 분위기에서 사회는 상담사에게 두 가지 질문에 확실한 답변을 요구한다(Inglis, 1989). 간단히 말해 상담사인 우리는 '우리는 돈에 걸맞은 가치를 주고 있는가?' 라는 핵심질문에 답해야 한다.

모든 상담방법의 가장 유익한 핵심 특징을 통합하는 이른바 '최고의 상담방법super-therapies' 의 효과성을 간단하게 측정하고자 한다면 양적 접근이 합리적으로 보일 것이다. 상담방법에 대한 효과성의 측정은 주로 양적 연구자들이 시행착오설을 바탕으로 한 기저선에 대한 변화를 측정하였다. 그러한 연구에 대한 유익한 결과를 보고 싶다면 Evans와 Gilbert(2005)를 참고하기 바란다.

전반적으로 볼 때, 이 연구는 심리적인 상담이 유익하다는 것을 시사한다(Lambert, 2004). 어떤 방식의 상담도 제한된 회기를 제공했을 때조차 비용 대비 효과적이라는 증거가 있다(Department of Health, 2001b). 그러나 이러한 결과는 경리담당자가 조사한 행동상의 변화, 처방전을 받은 사람의 비율, 병으로 인한 휴가 등에 대한 양적인 변화를 기초로 삼고 있다. 장기치료 대 단기치료 연구에서 볼 때, 많은 효과가 처음 몇 회기에서 일어나는 것을 주로 보여준다. 상담효과는 보통 음주 횟수나 공격적 행동의 감소와 같은 양적 행동변화를 측정함으로써 입증된다. 그러나 내담자가 장기상담으로부터 효과를 얻는 경우 그 변화과정이 너무 느리게 이루어져 양적 접근을 하는 연구자들은 상담효과를 인식하지 못할 수 있다.

그런 경우에 질적 조사가 실제로 무엇이 일어나고 있는가를 밝히는 더 좋은 방법이 될 수도 있다.

4단계: 현재와 미래

정서적으로 고통받는 사람들을 위해 어떤 종류의 도움이 제공되어야 하는가?

이것은 상담사와 심리치료사에게 다음의 두 가지 질문을 제기한다.

1. 상담과 심리치료가 효과가 있다는 현대적인 사고에 여전히 동의하는가?
2. 상담과 심리치료가 의사의 치료나 정신과 약물치료와 같은 다른 형태의 처치보다 우수한가?

Stiles 등(2007)과 같은 최신 연구자들은 여전히 상담모델들 간에 유의한 성과 차이가 없다고 밝힌다. 그러나 또 다른 일관된 연구결과는 일반적으로 심리치료가 유익하고 효과적이라는 것이다(Wampold, 2001). 이는 연구자들에게 다음과 같은 세 번째 중요한 질문을 던졌다.

3. 우리는 상담보다 더 저렴하게 정서적으로 힘든 사람을 다루는 방법을 발견할 수 있는가?

이 영역에서는 두 가지 일반적인 결과가 있는 것 같다. 첫째, 의사가 제공하는 의료적 도움과 같은 또 다른 형태의 처치와 비교했을 때, 상담이 단기적으로는 더 효과적인 것 같지만(Ward et al., 2008), 장기적으로는 상담과 의학적 개입이 똑같이 효과적인 것으로 나타난다(Stiles et al., 2007). 물론 어떤 환자는 약물복용이 상담을 하는 것보다 더 편리하다는 것을 알지만, 의학적 처치가 더 저렴한지는 미지수다. 어쨌든, 항우울제와 항불안 약물치료에 대해서 모든 제약회사가 발표한 일상적인 지침은 약을 복용하는 환자는 어떤 형태로든 심리치료를 받아야 한다고 거의 권고한다는 점을 언급할 필요가 있다. 따라서 정서적인 역기능에 대한 의학적 모델을 장려하는 데 큰 관심을 가진 사람들조차 약으로만 처치하는 것보다 약물과 대화의 병행을 선호하는 것 같다.

상담치료들 간의 비교연구가 수행될 때, 문헌을 조사하는 사람이면 누구나 인지행동치료가 치료모델 중 하나로 포함되어 있다는 것을 자주 보게 될 것이다. 일반적으로 인지행동치료가 유용하다고 알려져 있긴 하지만, 그것이 다른 치료보다 더 효과적인 것은 아니라고 나타나는 것 또한 일반적이다. 인지행동치료가 '가장 좋은 치료'는 아니며 한 가지 이점이 있다면, 처치가 빠르게 이루어지는 방식이기 때문에 환자에게 아주 매력적이라는 것이다. 게다가 인지행동치료를 전달해 줄 치료자를 훈련시키기도 쉽다. 심지어 심리치료사로 훈련될 필요조차 없다. 달리 말해 인지행동치료는 비용이 저렴하다.

직장상담

직장상담은 12단계 중독상담처럼 상담계의 공공연한 비밀 중 하나다. Kinder(2005)가 말하듯이, 이것은 소위 순수주의 상담사들 대부분이 상업에 의존하는 어떤 치료적 활동도 불신하며, 그래서 직장상담은 아마도 '진정한 상담이 아니다.' 라는 의심스런 시선 탓일 수도 있다. 그럼에도 불구하고, 영국에서 직장상담은 폭넓게 이루어지고 있으며, 사전 등록되어있는 내담자 기반client base이 아주 광범위하다. 내담자 기반에 등록한 사람은 누구나 할당된 직장상담사로부터 무료 도움을 요구할 권리가 주어진다. 얼마나 많은 잠재내담자가 등록하고 이용할 수 있는지는 상업적으로 민감한 부분이기 때문에 정확하게 계산하는 것은 어렵다. 그러나 알려진 것은 21세기 초반에 5백만 명 이상의 영국의 근로자들과 피부양자들에게 직장에서 제공하는 상담서비스를 받을 자격이 주어졌다는 것이다(Beer, 2003). 통상적으로 자격을 가진 사람들 중 2~5%가 서비스를 이용하는 사람의 비율이라고 볼 때(EAPA, 2008), 분명히 많은 직장상담사가 거대한 잠재내담자 수요에 맞는 서비스를 제공해야 할 필요가 있을 것이다. 많은 상담사들이 직장상담을 하고 있지만, 그들은 직장상담에 대해 별로 이야기하고 싶어 하지 않는 것 같다! 그러나 1990년대에 이미 몇몇 상담사들이 직장상담의 확산은 확실하며 따라서 '상담계의 무게중심이 일터로 이동하고 있는 것이 엄연한 현실이다.' 라고 주장했을 만큼 직장상담은 중요하다(Reddy, 1993, p. 47).

역사적으로 현대 직장상담의 기원은 20세기 초기에 부각되기 시작한 직장복지제도workplace welfare schemes에서 발견할 수 있다(Coles, 2003; Grange, 2005; Tehrani, 1997). 영국에서 직장복지국가주의는 18~19세기 산업 자선사업가들과 함께 시작했으며(Ward, 2001), 영국 산업에서 최초의 사회복지사는 1893년 Boots Company가 임명한 Clara Heath였다. Mary Wood는 1896년 Rowntree 회사가 임명했다(Coles, 2003). 동시에, 북미에서 산업복지주의는 처음엔 새롭게 나타난 대량생산 산업에서 근로자의 사회복지를 향상시킴으로써 산업 성과물을 최대화하며, 나중에는 근로자에게 늘 상존하는 알코올중독 문제를 다루기 위한 노력으로 20세기 초에 나타났다(Steele, 1989). 20세기 중반까지, 일반적으로 심리치료와 같은 직장에서의 심리적 서비스는 정신과의사의 영역이었다. 예를 들어 Carroll(1996)에 따르면 Metropolitan 생명보험회사는 1922년에, RH Lacy 회사는 1924년에 산업정신과의사를 임명했다고 말한다. 그러나 오늘날 직장상담의 전신이라고 말할 수 있는 것은 1914년 Ford 자동차 회사가 근로자 복지상담서비스를 제공한 것에서 찾을 수 있다(Carroll, 1996).

일반적으로 직장상담은 상담치료와 마찬가지로 1950년대 이후부터 확산되기 시작했다. 이 시기는 인간중심 운동이 지역의 권위있는 사회서비스기관, 유사 공공기관, 자원봉사 복지기관을 통해서 빠르게 전개되면서 직장복지서비스를 휩쓸기 시작하던 때였다. 그야말로 직장상담의 시대가 도래하였던 것이다(Reddy, 1997).

근로자 지원기관의 탄생

영국에서 근로자복지의 제공은 초기부터 발전해서 전 고용계로 퍼져나갔다. 최근 20여 년 동안, 이러한 대부분의 복지주의는 직장상담서비스 형태로 제공되었다(Claringbull, 2006). 20세기 말 영국에서의 직장상담은 중 · 대 조직의 75%에서 직원이 이용할 수 있을 만큼 성장했다(Carroll & Walton, 1997; Oher, 1999). 영국에서 직장상담이 지속적으로 증가하고 있다는 확실한 기록은 Coles(2003)이 잘 보여 주고 있으며, 직장상담의 이러한 폭발적인 증가는 전세계적 현상이라고 믿을만한 근거가 충분히 있다(Australian Bureau of Statistics, 2003; EAPA, 2004). 실제로 최근 직장상담은 기하급수적으로 성장하였다(Hopkins, 2005). 2006년 영국에서 적어도 650만 명의 근로자와 그 가족들이 근로자 지원기관에서 심리치료상담서비스를 제공받았다(Claringbull, 2006).

오늘날 근로자 지원기관은 힘든 근로자에게 상담서비스를 지원하는 것보다 더 많은 것을 제공하려고 한다(Grange, 2005). 다른 조사자들(Carroll, 2002; Grange, 2005; Ryan, 1998; Wright, 2001 등)은 직장상담의 현재 지위를 고려할 뿐만 아니라, 미래의 지위에 대해 깊이 생각해 왔으며, 직장상담사의 잠재력을 더 많은 조직에 제공하기 위한 논의를 해 왔다. 최근에 많은 직장상담사(Claringbull, 2003, 2004a, 2004b; Cullup, 2005; Jamieson, 2004; Orlans, 2003)는 개입범위와 주요 영역을 확장해야 한다고 주장해 왔다. 또한 직장상담사가 할 수 있고, 기업의 내담자에게 해야만 하는 조력 프로그램을 광범위하게 확대해야 한다고 주장해 왔다. 즉 경영컨설팅, 코칭, 멘토링 등과 같은 심리적 개입과 전반적인 근로자 행복을 향상시키도록 한 맞춤형 서비스를 일괄적인 묶음package 서비스로 결합할 수 있는 조직 차원의 지원프로그램(훈련, 스트레스 조사, 자각향상 등)을 포함한다(Carroll, 2002).

상담사에게 많은 일자리를 제공하는 것과는 별개로, 직장상담은 다른 면에서도 상담에 중요한 영향을 주었다. 직장상담이 상업적으로 추진되기 때문에 그것은 목표 지향적이며, 또한 경제적으로 가치 있는 것으로 보여야 한다. 직장상담 서비스에 투자하는 회사는 비용에 대한 보상을 원한다. 그들은 '부가가치' 를 원한다. 이는 기본적으로 직장상담은 두 가지 목표를 가진다는 것을 의미한다. 첫째 근로자를 돕는 기본 목표는 그들의 취업능력을 개발하거나 계속 유지하도록 하는 것이며, 둘째로 직장상담사는 제한된 경제적 한계 내에서 효과를 내야 한다는 것이다. 이 두 가지 목표 달성을 위해 직장상담은 다음을 반드시 보장해야 한다. 첫째, 해결중심적이고 목표지향적일 것이며 둘째, 보통 4, 5회기 또는 6회기 정도로 시간이 제한되어야 한다는 것이다.

많은 순수주의 상담사는 직장상담이 해결중심적이고 시간을 제한하는 경향으로 인해 심리치료의 한 갈래로 보지 않고 전통적 비지시적인 상담가치와 충돌한다고 생각한다. Kinder가 말했듯이 직장상담이 상담계에 잘 알려지지 않았던 이유가 순수주의 상담사들이 직장상담을 참된 주류상담으로 보지 않았기 때문일 수 있다(Kinder, 2005). 직장상담이 전통적 상담과 다를 수도 있다. 그렇지만 여전히 '직장상담이 상담인가?' 라는 논란은 계속되고 있다. 〈표 1-2〉는 전통적 상담과 직장상담 간의 몇 가지 차이를 나타낸다.

〈표 1-2〉 전통적 상담 대 직장상담

전통적 상담	직장상담
내담자 주도	다수의 주도자(내담자, 상담사, 고용주)
성격을 탐색하고/교정하고자 한다.	행동을 탐색하고/교정하고자 한다.
목적과 목표를 규정하지 않는다.	구체적인 성과 목표를 가진다.
내담자에게 이익이 되게 한다.	내담자뿐만 아니라 다른 관련자에게 이익이 되게 한다.
내담자의 가장 중요한 활동을 다룬다.	내담자 생활의 일부분만 다룬다.
특정 모델에 기반한다.	효과 있는 것이면 무엇이든 한다.

활동

- '참된' 상담사가 관여해야 한다고 생각하는 활동 목록을 만드시오.
- '참된' 상담사가 피해야 한다고 생각하는 활동 목록을 만드시오.

오늘의 상담혁명-통합운동

역사적으로 전통적인 상담사들은 다양한 개인상담 모델(정신역동, 인본주의 등)과 연합해서, 특정한 상담과 심리치료 학파의 순수한 옹호자로 남으려고 해 왔다. 그러나 이런 충성은 깨지고 있으며, 어떤 사람들은 이미 깨졌다고 말한다. 내담자 치료율이 학파들 간에 일정하며, 어떤 특정한 상담모델이 경쟁모델보다 더 나은 것 같지 않다는 증거가 늘어나고 있다(Elliot et al., 2008; Stiles et al., 2006; Ward et al., 2008). 그것은 상담사인 '사람'이 사용한 '상담방법론' 만큼 중요하며, 어쩌면 더 중요하다는 것을 말해 준다(Blow et al., 2007; Project MATCH, 1997). 이런 발달은 상담치료에서 통합적인 접근의 출현을 지지했다.

사실 현대의 통합주의는 그리 현대적이지는 않다. French는 1933년에, Rosenzweig는 1936년에 행동주의와 정신분석 간의 치료적인 공통성을 주장하는 글을 썼다. Dollard와 Miller는 1950년에 그 당시 알려진 상담접근법들을 결합하기 위한 혁신적인 시도를 발표했다. 이들은 다른 저자들과 공동으로 심리치료의 공통 요인이 무엇인지 탐색하기 시작하였는데, 이는 모든 상담적 접근에 공통적으로 들어 있는 치료요인을 추출해서 그것을 제공하는 데 집중하게 되면 내담자에게 최선의 도움을 줄 수 있을 것이라는 생각에서 비롯된 것이다. 그럼에도 불구하고 1990년대까지도 한 가지 치료방법을 고수하는 경향은 상담과 심리치료 구석구석에 만연된 채로 남아 있으며, 그러한 경향은 오늘날에도 전혀 사라지지 않고 있다.

학파중심 접근의 종말

지난 세기에 유행하던 학파중심적 상담접근이 최고의 상태를 계속 유지한 것은 아니었다. 20세기 후반부에 혁명은 이미 조용히 진행 중이었다. 예를 들면, Wolfe와 Goldfried(1988)는 공통요인 접근을 계속 연구했다. Wachtel(1977)은 치료이론들을 결합하고 통합하는 이론적 방법들을 제안하기 시작했다. Bordin(1979)은 상담 성과에 있어서 사용되고 있는 특정 상담보다 내담자-상담사 관계의 질이 더 중요한지에 대해 궁금해하기 시작했다. 1975년에 Egan은 그의 최고의 인기작인 『유능한 상담사(*Skilled Helper*)』 시리즈 첫 권을 출판했는데, 그는 상담에 참여하는 내담자의 목적을 사정할 필요성을 강조하며, 상담사는 내담자가 이 목적을 성취하도록 도울 수 있는 체계적인 방법들에 대해 우선순위를 매기기 시작했다. 1986년에 Norcross는 『절충적 상담 핸드북(*Handbook of Eclectic Therapy*)』을 출간했으며, 1992년에 Goldfried와 협력해서 『통합적 심리치료 핸드북(*Handbook of Psychotherapy Integration*)』이 만들어졌다. 1983년에 통합심리치료연구학회the Society for the Exploration of Psychotherapy Integration가 설립되었으며, 지금은 국제적으로 존경받고 잘 알려진 상담사, 심리학자, 심리치료사의 관심을 많이 불러일으키고 있다. 통합적인 상담치료사의 시대가 도래하였다.

오늘날의 통합적 접근

오늘날 상담사들 사이에서 통합치료의 위치는 어디쯤인가? 지금은 통합상담이 점점 우세한 모델이 되고 있는 것이 사실이다. 이것은 2008년에 영국상담과심리치료협회British Association for Counselling & Psychotherapy: BACP가 인정한 훈련 프로그램의 절반 이상에서 통합상담을 가르치고 있다는 것으로 입증된다. 그러나 현재, '통합상담이란 무엇인가?' 라는 두 번째 질문에 대한 유일한 답은 '답이 없다.' 는 것이다. 통합상담의 가장 중요한 요인은 무엇인가? 그것은 치료기술인가 아니면 치료하는 사람인가? Barkham(2007)이 말했듯이, '그 모든 것은 묻는 당신에게 달려 있다.'

물론 통합주의자들은 지배적인 심리치료 모델을 발견하고자 노력하고 있다. 즉, 통합주의자들은 모든 상이한 상담접근이 한곳에서 만날 수 있는 전체적인 이론모델을 만들고 싶어 한다. 현재 심리치료의 통일을 이룰 수 있을 듯한 유익한 통합상담치료 모델이 다수 있다. 여기에는 인지-분석이론(Cognitive-analytic Theory, Ryle, 1990), 5가지 관계 모델(Five Relationships Model, Clarkson, 1995, 2003), 그리고 관계-발달 모델(Relational-developmental Model, Evans & Gilbert, 2005)이 포함된다. 이 모델은 6장에서 더 자세히 살펴볼 것이다.

결국 통합적인 상담접근을 채택하는 것은 지배적인 이론을 배우는 것이나, 다양한 측면의 내담자-상담사 관계에서 잠재적인 이익을 최대화하기 위한 기술을 획득하는 것 이상이라고 말하는 것이 맞을 것이다. Hollanders(2000b)는 이렇게 말한다.

> 통합적 접근은 실제로 다원론적인 관점을 가지고 있는 삶과 일에 관한 철학이 서로 밀접하게 관련되어 있다.

그는 계속해서 통합적 접근에 대해 이렇게 말한다.

> 통합적 접근은 하나의 특정한 접근이라기보다는 전체적인 상담활동에 몰입하는 것을 의미한다.

이상적으로 말하자면, 통합상담은 모든 숙련된 상담사가 이루고자 하는 바로 그것이다. 그것은 어떤 특정 시간에 특정한 내담자의 요구에 딱 맞는 방법을 발견하고자 하는 소망이다. 통합상담은 결국 '특정모델 없음model free' 으로 판명될지도 모른다.

미래의 상담혁명

이미 앞서 언급했듯이 모든 상담사와 심리치료사에게 '시대가 변화하고 있다.' 상담과 심리치료 직업의 법적 규제가 불가피한 것 같고 그 시기는 아마도 2011년이나 2012년에 될 것 같다(Clarke, 2008; Pointon, 2008). 아울러 국민건강보험의 심리치료 이용증진 Improving Access to Psychological Therapies에 대한 정부의 막대한 투자는 근거 기반 실제evidence-based practice에 의해 급속하게 상담계를 정복하게 될 것 같다. 상담사의 구시대적인 단일학파 충성은 사라지고 있다. 알다시피, 현대의 연구는 점점 특정한 상담모델이 다른 것 보다 더 빠르고 더 좋거나 더 저렴하게 효과를 발휘하지 않는다고 말한다(Elliot et al., 2008; Stiles et al., 2007, 2008). 이처럼 강력하고 거대한 의료제도의 영향은 상담과 심리치료 관련 직업에서의 혁신과, 상담사의 교육과 훈련에서의 확실한 변화를 촉구하고 있다.

학위를 기반으로 한 상담

혁신적이면서도 거의 확실한 한 가지 변화는 상담이 학위기반의 직업으로 발전될 것 같다는 것이다. 영국상담과심리치료협회는 이것의 불가피함을 예상했으며, 그래서 이 변화가 미래 상담사 교육에 어떤 의미가 있을 것인가를 연구하기 위해 핵심교과과정 컨소시엄Core Curriculum Consortium을 설립했다. 2007년 컨소시엄에서 다음과 같은 보고가 있었다.

> 일반적인 핵심역량을 검토한 결과 …… 상담사는 …… 최소한 우등학사학위Honours level를 받아야 할 필요가 있는 것으로 나타났다 …… 복합적인 지식에 대한 이해 …… 분석기술, 문제해결력을 요구한다 …… 올바른 판단에 도달하는 근거와 주장 및 가설을 평가할 수 있어야 한다.

그렇다면, 미래의 초보 상담사는 결국 일반적인 상담학위를 갖추어야 하는가?

상담사 훈련의 질을 확보하기 위해서는 상담학위를 갖추어야 한다는 제안이 이미 있었는데, 이에 대해 몇몇 분야의 상담단체들은 강하게 반발했다. 예를 들면 온라인 저널인 Ipnosis(Postle, 1999~2008)에서 '반형식훈련anti-formal training'을 강력하게 옹호하는 관점을 발견할 수 있다. 상담계에는 상담을 어떤 종류의 객관적인 가치나 측정가능한 감각으로 가르칠 수 있다는 데 대해 심각한 의문을 가지는 강력한 압력단체가 존재한다(예를 들면, Musgrave, 2007). 『*Therapy Today*』 같은 전문가 잡지의 독자편지란을 읽거나, 상담회의나 세미나에 참석해 보면 그러한 관점을 강력하게 주장하는 많은 사례를 보게 될 것이다. 반anti교육자는 상담이 고도로 개별화된 개인적이고 특별한 활동이며, 따라서 상담은 습득되거나 동화되는 하나의 존재 방식이라고 주장한다. 따라서 상담은 측정가능한 목표를 충족시키기 위해 적용될 수 있는 측정가능한 기술이 아니다. 이런 순수주의자의 관점에 대한 기본적인 반론은 그러한 고상한 생각이 실제로 가능할 수 있는가, 즉 세상이 그렇게 돌아가지 않는다는 점에 주목하자는 것이다. 오늘날의 납세자와 투자자는 돈으로 환산할 수 있는 가치를 원한다. 내담자 역시 상담에 대한 투자(시간, 요금) 가치가 있는지를 알 필요가 있다. 때때로 상담사는 내담자가 항상 문제해결을 위한 대안의 선택권을 갖고 있다는 것을 잊어버리는 것 같다. 예를 들면, 우울증은 약물로 치료될 수도 있다. 불안은 명상으로 완화될 수 있다. 관계 맺기에 어려움을 가진 내담자는 커플치료를 받거나 Ann Summers outlet[6)]을 찾아갈 수도 있다. 결국 내담자는 소비자이며, 상담사와 심리치료사가 내담자가 원하는 것을 제공하지 못한다면 그들은 쉽게 다른 상점으로 가 버릴 것이다.

최고의 상담을 선택하기

내담자는 아직도 상담과 심리치료가 그들의 문제를 해결할 '최고의 서비스'를 제공해 줄 것인가를 결정하는 데 또 다른 커다란 어려움을 가지고 있다. 이것은 현재 제공되는 복잡한 치료의 유형, 방법, 양식들 사이에서 최선의 상담과 심리치료를 선택해야 하는 어려움이다. 어떤 지역의 전화번호부를 보게 되면, 고객유치를 위

6) Ann Summers outlet: 영국에서 처음으로 여성을 대상으로 한 성보조 상품 가게.

해 경쟁하고 있는 상담사와 상담시장이 얼마나 많은지를 확인하게 될 것이다. Browne(2008)은 그들의 필요와 잘 맞는 상담사를 간단히 찾고자 하는 5종류의 내담자의 시도와 시련을 잘 기술하고 있다. 결국 상담사 자신이 '최고의' 상담을 결정할 수 없다면, 도대체 고객은 어떻게 좋은 정보를 가지고 선택을 할 수 있단 말인가?

치료는 흥미로운 직업이다. 그 이유로는 첫째, 상담사가 자격을 갖추어야 할 필요가 없다. 이러한 사실이 널리 알려진다면, 학위를 가지고 있는 높은 수준의 전문가에게 익숙해져 있는 대중에게 충격을 줄 것이 분명하다. 둘째, 상담은 수련생이 수련을 시작하기 전에 그들의 진로경로의 전문성을 선택하는 유일한 직업이다. 그들이 정보를 가지고 진로선택을 하는 것과 같이 무엇인가를 할 수 있을 만큼 상담에 대해서 충분히 알기도 전에, 그들은 인본주의, 내담자중심, 정신역동, 대인관계치료, 집단상담, 또는 다른 어떤 전문 실제영역 중에서 선택을 해야 한다. 다른 모든 직업은 시작하는 학부 수준에서 직업규율의 기본적인 전체적인 형식을 가르친다. 그다음에 그들은 첫 수준의 상담사 자격을 부여받기 전에 광범위한 실제적인 지도감독을 받는 실습수련을 받아야 한다. 석사 후 수준의 전문가 훈련 프로그램이 그다음에 뒤따른다. 이것이 확실히 믿을 수 있다고 증명된 수련 방법이다. 상담수련은 왜 달라야 하는가?

상담업계의 인구학적 분포

상담사 수련에 대한 거대한 요구와는 무관하게, 결국 상담이 학위기반의 직업이 된다면, 상담계의 인구분포에 엄청난 변화가 있을 것 같다. 현재, 상담학과에는 대부분 비상근직을 기반으로 수련하고 싶어 하는 아주 헌신적인 성인 학생들이 진학한다. 많은 수련과정에서 신입회원의 최소 나이는 30세로 정하고 있다. 그러나 영국에서 고등교육의 경제 정책은 대학 진학반sixth forms[7]이나 대학을 졸업한 상근직 대학생을 선호한다. 이런 수요는 주로 18~21세의, 특수한 연구현장에 헌신할 수도 있고 아닐 수도 있는 대학생들을 만들어 낸다. 오늘날의 전형적인 상담사는 대부분 40대의 아주 헌신적인 여성들이다. 미래의 상담사는 세련되고 성숙하지만 너무 진지하지 않으며, 다방면에 유능한 여러 활동을 하는 사람들이 될 것이다. 이것은 또 다른 상담혁명일까?

생각해 볼 거리

- 상담은 배울 수 있는가, 아니면 상담은 삶에 대한 태도인가?
- 상담사는 학위가 필요한가?
- 젊은 사람이 전 연령대의 내담자에게 효과적인 상담사가 될 수 있는가?

7) 고등학교 졸업 후 대학진학을 준비하는 2년제 교육과정.

결론

상담과 심리치료는 지난 100년 이상 먼 길을 걸어왔다. 제1차 세계대전 이전의 초기 형태의 상담은 산업복지주의에 포함되어 정서적 건강증진 훈련과 분리되어 시작되었다. 처음에는 정신의학과 정신분석적 접근에 의존했던 상담이 나중에는 인본주의와 행동주의 심리학자들의 견해를 상담실제에 점차 받아들임에 따라 상담이 사회에 커다란 영향력을 발휘하기 시작했다. 몇 년 사이에 상담과 심리치료의 토대가 전통적인 단일학파의 접근에 엄격하게 의존하던 20세기 모델로부터 크게 변화했다. 현대이론가는 통합모델이 상담계를 더 잘 지탱할 수 있는 상담과 심리치료 이론을 통합하는 일반적인 이론을 제시할 수 있을지를 탐색하고 있다. 상담과 심리치료는 이제 그 자체로 전문적인 영역과 독립적인 담론을 가지고 있으며, 학문적으로 타당한 근거에 기반한 전문적인 실제라고 주장할 수 있다.

이 글의 중요한 성과는 치료직업에서 상담사는 어떻게 수련해야 하는가에 대해 다시 생각하게 한 것이다. 고등교육이 전문가 실습에 중요한 역할을 한다는 대중적인 기대를 고려하면, 상담은 시간이 지나면서 학위기반의 직업으로 발전할 것이라는 논의가 가장 유력해 보인다. 그러나 이처럼 불확실하고 끊임없이 변화하는 상담계에서 적어도 한 가지는 확실해 보인다. 그것은 바로 미래의 전형적인 상담사와 심리치료사가 현재의 전형적인 상담사와 심리치료사와는 아주 달라질 것이라는 점이다.

활동

- 당신은 어떤 상담사가 되고 싶은가?
- 당신이 희망하는 자격과 지식수준의 목록을 만드시오.

더 읽을거리

Dryden, W. (2007). Dryden' Handbook of Individual Therapy (5th ed.). London: Sage.(Super Chapter on research methodology.)

McLoed, J. (2003). An Introduction to Counselling (3rd ed.). Maidenhead: Open University Press.

Woolfe, R., Dryden, W., & Strqwbridge, S. (2003). Handbook of Counselling Psychology (2nd ed.). London: Sage.

제2부

상담사와 심리치료사는 어떤 일을 하는가

때때로 상담과 심리치료사는 다소 '우스꽝스러운 낡은 게임'을 하는 것 같다. 특히 이따금씩 '음……' 혹은 '그렇군요.'라고 하는 것 외에는 딱히 어떤 말도 하지 않는 것처럼 보인다. 누군가 우연히 상담사가 실제 진행하는 상담을 엿보게 된다면, 어떻게 보일지 생각해 보자. 대부분의 상담사나 심리치료사는 보통 자신의 내담자에게 어떤 것도 하지 않으며, 특히 적극적인 의미의 언급을 하지 않는다(Nelson-Jones, 2008; Sanders, 2002). 일반적으로 그들은 내담자에게 어떤 치료도 제공하지 않으며, 내담자의 삶을 통제하려고도 하지 않는다. 적극적인 치료계획과 관리를 책임지는 인지행동치료사의 사례에서도, 여전히 내담자가 그 일을 해야 한다. 상담사는 치료과정에서 적극적으로 주도하거나 관여하기보다, 치료회기 중에 내담자가 제시하는 말에 반응을 하거나 그 말을 다루는데, 이는 대부분의 치료 상황에서 흔히 있는 일이다. 다시 말하면, 표면적으로 볼 때 치료는 매우 수동적인 종류의 일로 보이지, 작업 시 많은 노력을 요구하는 일로 보이지 않는다. 이러한 관점은 우리가 느끼는 것보다 훨씬 널리 퍼져 있다. 내가 알고 있는 상담교사가 그녀의 동료에게 다음과 같이 말하였다.

> 나는 대학에서 운영하는 훈련과정에 신청서를 낸 지원자를 면접한 적이 있는데, 이를 절대 잊지 못합니다. "왜 상담사가 되려합니까?" 하고 물었을 때, 그녀는 "글쎄요, 그것은 앉아만 있으면 되는 직업이잖아요."라고 대답했어요.

물론 어떤 상담사는 자신이 매우 적극적으로 치료한다고 주장할 수도 있다. 예를 들어 상담사와 심리치료사가 외상이 있는 내담자나 약물 남용자를 치료할 경우, 때때로 매우 직접적이거나 의도적으로 치료를 결정할 수도 있다. 많은 인지행동치료사는 사정하거나 진단할 때, 내담자가 적극적으로 참여하기를 분명하게 요구하고, 그 후에 그들의 문제를 해결하는 방법을 제안할 수 있다. 그럼에도 불구하고, 행동치료사들조차 치료는 여전히 능동적이기보다는 수동적인 활동으로 여긴다. 결국, 능동적인 상담사조차 치료적 과업은 종종 내담자가 스스로 자신이 채택하고자 하는 유익한 방법과 새로운 양식을 찾도록 도와주는 것이며, 이를 진정으로 더 훌륭하다고 생각한다. 대체적으로 내담자가 요구하는 유용하고, 공식적으로 '승인된' 생활양식에 따르도록 하는 적극적인 지도는 치료자의 일이 아니다.

상담사는 상담이 적어도 능동적인 작업이라고 말할 것이다. 왜냐하면 그들은 상담이 비판단적이며 반권위주의적으로 여겨지는 그 자체만으로도 삶에 대해 신뢰할 수 있는 태도를 장려한다고 믿기 때문이다. 한편, 상담사와 심리치료사는 중대한 사회 변화를 위해 꼭 필요한 활동가이며(Bennett, 2005), 여성주의 상담사와 같은 치료사는 그러한 요지를 지지할 것이다. 한편, 어떤 사람은 치료가 '돌봄의 직업' 이라고 부르는 매우 '비활동적인 분야' 라고 주장할 수 있다. 그래서 만약 상담이 진정으로 '우스꽝스러운 낡은 게임' 이고, 치료사가 그렇게 많은 것을 할 필요가 없다면, 훈련 프로그램이 왜 그렇게 광범위하게 요구되는지 의문을 가지는 것이 당연하다. 만일 상담사가 내담자를 정서적으로 치료하여 유용한 무언가를 해낸다면 보다 더 좋은 조건으로 고용된다고 생각하는가?

실제로 다양한 종류의 배경을 지닌 많은 상담사와 심리치료사는 상담사가 사람들을 치료해야 한다는 생각에 강하게 반대하였다. 심리 상담사로서 우리는 사람들이 어떻게 해야만 하는지, 그들이 자신의 삶을 어떻게 살아야 하는지, 사람들의 삶이 어떻게 '개선'되어야 최선인지 안다고 가정하는 것이 잘못되었음을 논의하였다. 내담자가 받고 싶어 하는 치료적 경험에 대한 방향을 선택할 수 있는 고유의 권한이 내담자에게 있다고 강하게 주장할 수 있다. 이와 같은 전문가 중 대부분의 상담 관련 종사자practitioner, 심리치료사, 상담사는 내담자를 '치료' 할 수 없다고 주장할 수 있다. 왜냐하면 내담자는 처음부터 망가진 것이 아니기 때문이다. 오늘날 주류인 상담 관련 종사자는 사람을 치료하는 형태로서 심리치료를 설명하기보다 내담자 자신의 내적 자아 탐색에 중점을 둔 정서적인 성장 과정으로 설명한다. 이것은 많은 상담사에게, 상담과 심리치료는 근본적으로 내담자 주도 과정임을 의미한다. 그들에게 치료는 상담사에 의해 진행되지 않으며, 사실 상담사에 의해 주도되어서도 안 된다. 선택은 내담자의 일이지, 상담사의 일이 아니다. 비지시적이고 비판단적인 관점은 많은 상담과 심리치료 종사자들의 견해다.

그러나 상담사가 타당하다고 주장하는 치료의 목적과 가치가 상담실의 실제에 적합한지 숙고할 만한 가치가 있다. 왜냐하면 상담사가 어떤 모델에 동의한다면, 상담 관련 종사자는 사실상 사람들이 그동안 정서적으로 어떻게 성장해 왔는지에 대해 어떤 특정한 개념에 동의한 것이기 때문이다. 상담사와 심리치료사는 자신이 자각하든 자각하지 못하든 간에, 어떤 특정한 치료모델을 선택한 경우라면, 암묵적으로 심리적인 존재가 어떻게 성장해야 하는지, 실제 어떻게 성장했는지, 그 과정이 어떻게 잘못될 수 있는지에 대한 일련의 신념들을 암묵적으로 전달하게 된다. 이처럼 상담사는 고통을 겪는 사람이 고통에서 벗어나도록 도울 수 있는 방법들을 생각한다. 다시 말하면, '상담과 심리치료' 라는 용어는, 상담사가 어려움에 처한 내담자의 삶을 바로잡도록 조력하는 방법에 대해 어떤 견해를 가지고 있음을 은연중에 내포한다. 이러한 모든 것은 가장 열성적인 비지시적인 상담사라도, 자신이 깨닫고 있거나 인정하는 것보다, 훨씬 더 지시적이고 심리학적 이론에 더 많이 좌우된다는 것을 시사한다.

비록 많은 상담사가 동의하지 않는다 하더라도, 그것이 명백한 의도이든 은밀한 의도이든, 적어도 소수의 상담사는 사람-치료 people-repair에 관여하고 있다. 그렇다면 우리가 무언가를 바로잡을 수 있기 전에, 무엇이 잘못되었는지, 그리고 가능하다면 먼저 어떻게 진행되어 왔는지 알 필요가 있다. 이와 같은 실제적인 규칙을 삶의 불행한 상황에 적용할 수 있다. 예를 들어 잔디 깎기나, 자동차에서부터 대인관계나 삶조차도 처음 그것이 어떻게 고장 났는지 찾아낼 때까지는 아무것도 고칠 수 없을 것이다. 이와 같이 일반적인, '선 진단 후 치료' 원리는 상담과 심리치료에 있어서도 동일하게 적용된다. 상담사 혹은 교정자로서, 우리는 무엇이 잘못된 것인지 알아낼 필요가 있으며, 내담자도 무엇이 잘못된 것인지 알고 싶어 한다. 때문에 내담자가 현재 어떤 사람이며 과거에 어떤 사람이었는지에 대해 중요한 것들을 알아야 한다. 그런 다음 내담자가 과거에 어떤 사람이 될 수 있었는지, 어떤 사람이었는지, 어떤 사람이 되고 싶어 하는지 현재의 그와 비교해 볼 필요가 있다.

만일 우리가 내담자의 현재 모습이 어떻게 형성된 것인지 이해할 수 있다면, 우리는 치료 장면에서 보다 더 자신감을 가질 수 있다. 다시 말하면 우리는 무엇이 사람을 움직이게 하는지 알아낼 필요가 있다. 이것은 개인의 성격이 어떻게 발달되어 왔는지, 그의 성격이 어떻게 발달되어야 하는지, 발달이 어떻게 왜곡될 수 있었는지와 관련된 모든 질문을 포함한다. 만일 우리가 그 질문에 답할 수 있다면, 아마도 '잘못된' 성격을 '치료' 할 수 있는 방법을 찾아낼 수 있다. 또한 이 시점에서 모든 상담사는 일상의 전문적 처치에서 중요한 부분이 자기성찰임을 기억할 필요가 있다. 그러므로 내담자가 어떻게 지금의 그가 되었는지 궁금하다면, 상담사도 어떻게 지금의 내가 되었는가에 대해 성찰해 보아야 한다. 적어도 내담자를 돕고 평가할 수 있으려면,

상담사와 심리치료사는 사람을 이해할 필요가 있다.

다시 말하면,

상담사와 심리치료사는 성격을 이해할 필요가 있다.

물론, 누군가를 움직이게 하는 것이 무엇인지(어떤 성격이며 그것이 어떻게 발달해 왔는지 알아내는 것이 첫 번째 과제) 특정한 내담자를 기능하게 하는 것이 무엇인지 상세하게 알아내는 것은 치료사의 작업 중 평가 혹은 진단 부분일 뿐이다. 두 번째로 중요한 것은, 알아낸 것과 관련하여 무엇을 할지 결정하는 것이다. 이때 상담사와 심리치료사는 치료 방법 가운데 어떤 것을 사용하기로 결정할

것인지, 대안은 무엇이 있으며, 왜 나머지를 배제하였는지 스스로에게 물어볼 필요가 있다. 그러나 무엇보다 적합한 치료 방법을 선택할 때 필요한 것은 상담사와 심리치료사는 다양한 처치 양식의 토대가 되는 '인간론(성격이론)'에 대해 알아야 한다는 사실이다.

여기서 말하고자 하는 핵심은 지지하는 이론적 배경지식을 충분히 이해하지 못하고 치료를 하는 상담사는, 사실상 한 손을 자신의 등 뒤에 묶어 두고 싸우는 것과 같다.

> 무엇이 사람을 기능하게 하는가? 즉, 성격은 무엇인가?

이 질문에 대한 답은 훨씬 더 어렵지만 매우 핵심적인 질문에 이르게 된다.

> 사람을 움직이게 하는 것이 무엇인지 알게 되었을 때, 이와 관련하여 우리는 무엇을 할 것인가? 다시 말해 어떤 종류의 심리치료를 내담자에게 제공해야 하는가?

생각해 볼 거리

- 만약 상담사가 사람을 치료하는 것이 아니라면, 상담사가 하는 것은 정확하게 무엇인가?
- 상담사가 자신의 내담자보다 더 잘 알고 있다는 것은 언제나 잘못된 것인가?
- 치료모델 가운데 하나를 생각해 보라. 당신은 주요 이론을 참고하지 않고도, 내담자가 왜 그런 행동을 하는지 설명할 수 있는가?

제2장
상담 – 시작하는 이야기

핵심지식

❖ 만일 상담사와 심리치료사가 다음에 대해 알고 있다면, 보다 유능한 상담사가 될 것이다.
- 성격이란 무엇인가?
- 성격은 어떻게 형성되는가?

❖ 많은 상담사에게 있어서
- 상담과 심리치료는 변화에 대한 것이다.
- 상담과 심리치료는 선택에 대한 것이다.

❖ 상담의 많은 부분과 심리치료 이론 및 실제는 사람들이 어떻게 현재의 성질을 갖게 되었는지를 정신역동, 행동주의, 인본주의에 근거하여 설명하고 있다. 현대 이론은 성격 발달에 있어 생물학적, 사회적, 유전학적 설명을 포함한다.

❖ 간단히 말하면, 사람과 함께 일하고 사람을 돕기 원하는 상담사는 사람을 이해할 필요가 있다.

사람에 대한 이해

상담사와 심리치료사가 내담자를 '치료' 하거나 적어도 내담자 '스스로 자신의 상담사' 가 되도록 도울 수 있는 방법을 찾으려고 진정으로 노력한다고 가정하자. 그래서 내적 요인인 핵심성격이 정서적으로나 심리적으로 잘못되었다고 느낀다는 것은, 적어도 이론적으로는 정서적 또는 심리적으로 '바람직right' 하게 되어야 한다는 생각을 갖고 있음을 의미한다. 만약 우리의 성격이 적절하게 기능하지 않고 바람직하지 않다면, 그것과 관련하여 무엇을 할 수 있는지 궁금할 것이다. 우리는 결함 있는 정서를 '치료' 하고, 잘못된 생각을 고치고, 나쁜 습관을 바꾸고, 불편한 감정을 제거할 수 있을까?

만일 사람이 마땅히 되어야 하는 어떤 종류의 인간상을 제시해 주는 '공식적인' 청사진을 찾아낼 수 있다면 얼마나 근사하겠는가? 그렇다면 제시된 '이상적인 인간' 을 실제의 그들과 비교할 수 있을 것이다. 만약 그 청사진을 가지고 거기에 부적합한 어떤 것들을 찾는 데 사용할 수 있다면, 어느 곳이 심리적으로 '고장' 났는지 찾아낼 수 있다. 그러면 우리는 처치 계획을 세우고 내담자가 자신의 문제를 바로잡을 수 있도록 도울 수 있을 것이다. 내과의사와 그 환자가 신체의 치료법을 찾아내는 것과 마찬가지로, 상담사도 정서적 '치료법' 을 찾을 수 있을 것이다.

비록 '공식적으로 동의된' 사람에 대한 청사진은 없지만, 상담사로서, 우리는 내담자를 기능하게 하는 것이 무엇인지를 이해하는 노력이 필요하다. 만일 우리가 그것을 모른다면, 어떻게 그들을 도울 수 있겠는가? 또한 현명한 상담사는 내담자를 기능하게 하는 것이 무엇인지도 알고 싶을 것이다. 그러므로 상담사로서 혹은 내담자로서, 우리는 먼저 한 사람으로서 우리 자신을 이해할 필요가 있다. 만일 우리가 이러한 질문들에 답할 수 있다면, 특히 우리가 그동안 발견한 것에 만족하지 않는다면, 우리는 진정으로 다음의 명백한 질문에 대한 답을 찾아야 한다. 즉 '나는 어떤 사람이 되기를 원하는가?' 다시 말해서 우리의 성격이 어떤지, 그리고 그것이 어떻게 형성되었는지 이해할 필요가 있다. 이러한 쟁점들을 적절하게 탐색하기 위해서는 다음의 내용이 필요하다.

- 성격이 무엇인지에 대한 이해
- 성격이 어떻게 형성되는지에 대한 이해

치료적 관점에서, 인간의 성격과 그것이 어떻게 형성되었는지 이해하는 것은 어떤 특별한 사례에 가장 도움이 될 만한 처치 방법을 결정하는 가장 중요한 첫 번째 단계다. 어떤 것을 교정하기 위한 방법에서 무엇이 잘못되었는지를 판단하는 것은 당신의 생각에서부터 비롯된다. 기계 수리공도 기계를 고치기 위해서는 어떤 도구를 사용할지 결정하기 전에 엔진에서 무엇이 고장 났는지를 찾아야 한다. 상담사도 내담자를 바로잡는 데 필요한 치료적 '상담 접근법'을 선택하기 전에 심리적 엔진(내담자의 성격)의 잘못된 부분이 무엇인지부터 찾아낼 필요가 있다. 어떤 심리치료적 도구를 사용할 것인가에 대한 치료사의 선택은 인간의 성격이 무엇이고,

그것이 어떻게 변화될 수 있으며, 어떠한 것이 바람직한지에 대한 자신의 생각에 달려 있다. 문제는 성격과 성격 형성에 관한 많은 경쟁적인 이론이 있다는 것이다. 치료자는 어떤 것을 선택해야 하는가? 만일 그의 선택이 잘못되면 어떻게 할 것인가? 성격이 어떻게 형성되는지에 대한 상담사와 심리치료사의 이론이 올바르지 않다면, 효과적인 상담을 수행하는 방법에 대한 그들의 생각도 올바르지 않을 가능성이 있다. 상담사가 심리적인 '엔진'에 무엇이 적합한지 모른다면, 그는 잘못된 치료적 '교정' 도구를 선택할 수 있다.

활동

- 어떤 종류의 사람이 바람직하며, 어떤 사람이 되고 싶은지 적어 보시오.
- 당신이 알고 있는 사람들을 떠올려 보고, 각각의 사람을 묘사할 수 있는 단어를 하나씩 선택해 보시오.

사람에 대한 잘못된 이해

적용 가능한 최근의 다양한 상담과 심리치료 접근은 일반적으로, 성격이론에서 발생하였다는 점을 논의해 볼 필요가 있다. 그러므로 성격발달 심리학에 대한 잘못된 생각은 상담과 심리치료 이론에 대한 잘못된 생각을 낳을 수 있다. 이것은 상담사가 어떤 특정한 치료 방법을 선택할 때 근본적인 실수를 할 수 있는 많은 경로가 있음을 의미한다. 만약 그가 선택한 치료가 사실은 잘못된 전제에 근거한 것으로 밝혀진다면 어떻게 하겠는가? 상담사가 잘못된 생각을 가지고 있다면, 부적절하거나 해로운 치료적 개입을 할 수도 있다. 다음은 몇 가지 예를 제시한다.

정신역동적 오류

일반적으로 정신역동 이론은 성격이 무의식적으로 발달되고 존재한다는 생각에 근거한다. 만약 무의식에 대한 핵심적인 개념이 잘못된 것으로 판명될 수 있다고 가정한다면, 실재하지 않는 인간의 정서적 변화를 인지하는 다양한 정신역동 학파 지지자들이 설 자리는 없어질 것이다. 그렇다면 그들의 작업은 더 이상 치료적 가치가 전혀 없는가?

◐ 사례연구 2-1

Georgina는 자신의 정신역동 상담사인 Herbert를 보고 있었다. 그녀는 기억의 단편들이 겹치기 때문에 당황스러워하고 있었다. 그녀는 어떤 사람의 단편들이 이름을 잊어버리거나 그들과 한 중요한 업무상 약속도 잊어버리곤 했다. Herbert는 Georgina의 건망증이 자신이 어쩔 수 없이 말려들게 되는 특정인이나 그들의 행동과 관련 있다고 생각했다. "그 사람들은 모두 하찮은 일에 떠들어 대거나, 성미가 까다롭거나, 불평가들이에요."라고 그녀가 말했다. "그 모든 것들이 아버지와 관련 있네요!"

Herbert는 Georgina의 '건망증'을 무의식적으로 갖게 되는 심리적 방어 기제(psychologically defensive position)로 보았다. 상담사는 미해결과제로 인해 무의식적으로 갖게 된 아버지에 대한 감정 때문에 '불평하는' 사람들과 관련된 것을 잊어버림으로써, 아버지를 생각나게 하는 사람들을 피하게 되었다고 믿었다. 그러한 전제하에 몇 차례의 상담이 진행되었지만 전혀 효과가 없었다.

결국 Georgina의 담당의사는 그녀를 심리학자에게 의뢰했다. 심리학자는 최근 밝혀진 연구결과에서 그러한 일들이 무의식적 작용이라기보다, 단지 기억이 뇌의 여러 수준과 다른 부분에 존재하기 때문이라고 설명했다. 기억이 때로는 접근하기 어려운 매우 깊은 수준에 있으며, 그러한 과정은 뇌가 어떻게 배선되어 있는지에 따라 조절되는 사례였다. 기억이 저장되는 뇌의 영역들이 밝혀졌고, 인간이 '무의식'을 가졌다는 생각은 이제 과잉되었다. Georgina와 같은 사례처럼, 뇌의 배선에서 일어나는 작은 오류는 수년 동안 진행되어 왔으며, 이로 인해 기억의 접근을 방해할 수 있다고 밝혀졌다. 심리학자는 이러한 오류를 교정하고, 훨씬 쉽게 깊은 기억에 닿을 수 있는 몇 가지 간단한 심리학적 '요령'을 가르쳤다. Georgina는 '뇌-치료' 기술들을 연습하였고, 건망증 문제는 사라졌다.

생물학적 오류

성격이 주로 유전적인 과정에 기인한다고 생각하는 어떤 이론이 옳다고 가정해 보자. '부적응적 행동은 새롭게 생각하는 방법을 배움으로써 변화될 수 있다.'는 개념에 의존하는 인지치료사의 치료적 실제는 어디에서 출발하는가? 만일 우리가 '학습을 통해서 유전적인 생화학적 특징을 극복할 수 없다.'고 가정한다면, 인지치료사는 필요 없는가?

◐ 사례연구 2-2

Elisabeth는 매우 우울한 사람으로 보였다. 그녀는 항상 기분이 가라앉아 있고, 실패와 큰 불행은 언제나 자신의 몫인 것 같았다. Elisabeth는 타고난 비관주의자 가운데 한 사람으로, 진정으로 '컵의 물이 반밖에 남지 않았다.' 고 말하는 부류의 사람이었다.

빈약한 자기 존중감과 결코 성공하지 못할 것이라는 신념으로, Elisabeth는 사실상 '서서히 자살' 하는 정도로 최소한의 자기 돌봄을 해왔다. 이로 인해 인지행동치료사인 Jim에게 그녀를 보낸 담당의사는 걱정이 되었다. Jim은 Elisabeth의 문제가 모두 그녀 자신에 대한 부정적인 신념에 기인한다는 결론을 내렸다. Jim은 이러한 부정적 핵심 신념이 Elisabeth의 모든 삶에서 부정적인 자동적 사고를 끊임없이 일으키는 원인이라고 가정하였다. 몇 주일간, Jim은 Elisabeth에게 깊이 뿌리박힌 자신에 대한 부정적인 관점에 도전하여, 그녀의 심리적 경험을 새롭게 할 수 있도록 도왔다. 그러나 아무것도 개선되지 않았다.

몇 년 후, Elisabeth는 그녀가 사는 지역 병원에서 실시하는 유전학 연구에 피실험자로 자원하였다. 연구자는 특정한 성격 유전자가 있으며, 만약 그것이 부재하거나 변형될 경우, 부정적인 자기-지각(self-perceptions)이 유발되는 사람이 있음을 알아냈다. Elisabeth의 경우, 그 유전자가 끊어져 있음이 밝혀졌고, 다시 연결할 수 있는 방법은 없었다. Elisabeth의 경우, 타고난 황갈색의 머리카락 색깔을 검게 변화할 수 없는 것처럼 행복할 수 있는 프로그램을 다시 만들 수 없었다. Elisabeth를 도와줄 수 있는 심리치료는 없었다.

인본주의적 오류

논쟁의 여지가 있지만, 정확하거나 이상적인 성격 원형이 있을 수 있다는 바로 그 생각이 사실은 '반 치료적' 인 이론이라고 가정해 보자. 특히 인본주의적 배경을 지닌 많은 상담사는 이상적인 성격 원형이 무엇인지 판단하지 않는 것이 상담과 심리치료의 본질이라고 주장할 수 있다. 인간중심 상담사는 사람은 있는 그대로의 그들이지, 그들이 되어야 하는 특별히 옳거나 잘못된 방식은 없다고 주장할 것이다. 그러나 우리가 실제로 존재하는 어떤 '이상적인' 성격 원형을 발견했다고 가정해 보자. 만일 이상적인 성격 원형이 존재한다면, 내담자를 판단하는 것은 더 이상 죄가 아니고, 필요하다는 의미인가?

◐ 사례연구 2-3

Leah는 언제나 충실한 인간중심 상담사로 활동해 왔다. 그녀는 결코 내담자에게 어떤 특정한 형태의 정서적 '건강' 을 지향할 것을 요구하지 않았다. 1970년에 훈련을 받은 이후, 사람들을 판단한 적이 없었던 Leah는 어떤 경우라도 내담자에게 질문하는 것은 안 된다는 스승의 말을 잊은 적이 없었다. 그녀는 '당신이 얻게 될 모든 것은 대답입니다.' 라고 말했고, 시간이 지남에 따라, Leah는 이러한 것들이 실로 매우 현명한 말이라고 생각하였다. 몇 년이 흘러, Leah는 내담자들을 판단하거나 그들에게 무엇을 하라고 말하는 것을 꺼리게 되었다. 그것을 생각하는 것만으로도 불편해졌다. 그녀의 동료와 함께, Leah는 자신의 작업 효과성에 대해 어떠한 결론도 내릴 수 없었다. 그렇게 하는 것은 남의 일이었으며, 언제나

'그것은 적절한 상담이 아니야.' 라고 말했다.

작년에 Leah는 수입을 올리기 위해, 근로자 상담기관으로부터 내담자를 소개받는 방식의 상담을 시작하였다. 상담기관은 각 내담자에 대해 사례 진행과 사례 결과 질문지를 완성해 달라고 요청하였다. Leah는 내담자의 진전과 진전 없음이 실제로 측정될 수 있다는 것을 알고 깜짝 놀랐다. 그녀는 질문을 할 수 있었고, 답변은 정말 중요했다. 이러한 획기적인 약진을 통해, Leah는 상담 전-후에 내담자의 성격을 측정하는 데 사용되는 많은 평가 절차들이 있다는 것을 알게 되었다. 실제로 내담자를 상담할 때, 성공적이고 생산적인 올바른 방식과 그릇된 방식이 있는 것 같다.

성격이론과 상담

한편, '바람직한' 성격 원형이 실제로 존재한다는 생각이 잘못되었다는 전체 의견이 있을 수 있다. 만일 그렇다면, 어떤 치료 방법을 선택할지 결정하기보다 훨씬 더 근본적인 문제가 생긴다. 결국 '바람직한' 성격 원형이 없다면, 사람의 성격이 잘못되었다는 판단도 할 수 없고, 고칠 필요도 없어진다. '즉 고장이 나지 않았다면, 고치지 마라!' 이럴 경우 심리치료 '수리공'도 필요 없을 것이고, 그러면 인간 사회는 상담사도 필요하지 않게 된다. 진지하게 고려해 볼 사항이다.

다른 한편으로 '바람직한' 성격 원형이 있다는 입장을 옹호하는 학파들이 있다. 그들은 무엇이 잘못되었는지 알기 때문에 어떻게 고쳐야 하는지 안다고 확신하며, 이것은 그들의 바람이기도 하다.

또한 자신이 선택한 심리치료적 접근이 옳다고 확신하는데, 이도 그들의 바람이다. 불행하게도 많은 상담사는 성격이론에 대해 충분히 배우기 전에 특정한 상담학파에 전념하게 된다. 어떤 경우라도 상담사와 심리치료사는 대부분 성격발달과 관련된 전체적인 삶에 대해서는 관심이 없다. 그들은 보통 개인이나 소집단의 개인과 관련된 문제에만 관심이 있다. 그래서 그들 대부분은 특정한 개인이 무엇으로 인해 현재와 같은 사람이 되었는지에만 초점을 맞추려 한다. 그럼에도 불구하고 특정한 사례에서조차, 상담사는 여전히 내담자의 성품은 어떠한지, 어떤 부류의 사람을 내가 도와주려고 노력하고 있는지를 묻고 있다. 다시 말하면 상담사가 이러한 것을 인지하든 그렇지 않든 간에, 성격에 대해 생각하는 것은 심리치료과정에서 피할 수 없는 부분이다. 명백하거나 은밀하게, 직접적이거나 간접적으로, 성격이론은 모든 치료적 관계에서 암묵적인 요소이며 심지어 고유한 것이다.

이 책의 후반부에서 우리는 심리치료가 양산되는 다양한 방법을 찾아보게 될 것이다. 이를 위해 우리는 먼저 각각의 치료적 접근과 관련하여 상세한 성격이론을 탐색할 것이고, 일련의 심리학적 '부모(이론)'가 자신의 치료적 '자녀(실제)'에게 어떤 영향을 끼쳐 왔는지 고찰하고자 한다. 다시 말하면, 사람을 기능하게 하는 것이 무엇인지 질문하고, 그것이 치료에 대하여 전하는 것이 무엇인지도 질문할 것이다. 우리는 진정한 치료가 무엇인지와 관련된 모든 것에 대해 질문할 것이다.

생각해 볼 거리

- 만약 정서적으로 '부적합한' 사람이 있다면, 그에게 좋은 것은 무엇인가?
- 만약 정서적으로 '적합한' 사람이 있다면, 그에게 해가 되는 것은 무엇인가?
- 상담사는 고통받는 사람을 '치료'해 주는가?
- 상담사는 (명성, 체면 등의) 손상을 입은 사람을 '치료'해 줄 수 있는가?

상담은 무엇인가

사실 상담과 심리치료는 외부에서 얼핏 보면 매우 수동적으로 보인다. 말하자면 전문적인 것은 거의 하지 않는 것처럼 보일 수 있다. 결국, 내담자가 모든 이야기를 하고 상담사는 단지 듣기만 하기 때문에 정말로 쉬운 종류의 작업이다. 그러나 이것이 사실일까?

- 상담은 진정 쉬운 직업일까?
- 쉽든 그렇지 않든, 상담사는 실제로 무엇을 하는가?

생각해 보면 위의 질문에 대답하는 많은 방법이 있음을 알게 된다. 그 대답은 보통 내담자가 요구하는 도움의 종류와 상담사가 어떤 종류의 전문적인 경력이 있는지에 달려 있다.

상담은 쉬운 직업인가

'상담은 진정 쉬운 직업인가?' 라는 질문은 사실 대답하기 매우 까다롭다. 물론, 어떤 내담자는 다른 사람보다 다루기 좀 더 쉬운 것이 사실이다. 그러나 항상 그런 것은 아니다. 많은 상담사처럼, 저자는 내담자의 '쉽거나 어려운' 문제를 전혀 해결하지 못하였던 첫 번째 상담사례를 절대 잊을 수 없다. 여러분이 Harris 부인의 사례를 읽으면서, 이후 어떤 일이 일어날지 잠시 쉬면서 생각해 보는 시간을 갖기를 바란다. 여러분이 한 답변이 '쉬운 일인지, 어려운 일인지' 토론해 보면 흥미로울 것이다.

◐ 사례연구 2-4

여전히 훈련을 받아야 하지만, 나는 마침내 한두 명의 실제 내담자와 상담을 시작할 수 있는 단계에 도달해 있었다. 그래서 나는 처음으로 실제 상담실에 앉아서 첫 번째 내담자를 기다리고 있었다. 나는 지금까지 가르침을 받았던 모든 것들을 충분히 기억할 수 있기를 간절히 기대하고 있었다.

Harris 부인이 상담실로 뛰어들어 왔다. 다시 말하면 그녀는 상담실에 들어왔다기보다는 침입하고 정복하듯이 성급하게 들어왔다. 그녀는 나이가 지긋한 중년 여성이었다. 그녀는 확실히 실제보다 과장된 특징을 지닌 인물로 보였다. 실제 그녀의 존재감도 그랬다. Harris 부인은 거대한 체구를 벨트로 단단하게 채워진 개버딘 우비에 밀어 넣고, 볼품없는 모자를 머리에 눌러쓰고, 커다랗고 찌그러진 검정 핸드백을 앞에다 매고, 자신의 당당한 소유물을 점령하는 것으로 묘사할 수밖에 없는 방식으로 의자에

털썩 주저앉았다. 그녀가 말을 시작하기 전에, 나는 더듬거리며 간신히 '안녕하세요.' 라고 인사했다. 그녀는 결코 말을 멈추지 않았다. 이전에는 한 번도 상담을 받아 본 적이 없으며, 내가 그녀에게 무엇을 기대하는지 모른다는 말로 이야기를 시작했다. 어쨌든 그녀는 자신에 대해 말을 하는 것에 항상 어려움이 있었지만, 그렇다는 것을 말할 수 없었다는 것을 지금 막 알게 된 듯했다. 그녀는 자기주장을 할 수 있는 사람이 아니었고, 사람들이 언제나 말하기를, 스스로를 건사하기에 너무 말수가 없었다고 했다.

나는 '상담사다운' 적당한 반응을 찾으며, 재난이 임박했다는 느낌을 억누르면서, 적당한 말을 해 주려고 애썼다. 나의 노력은 파리가 코끼리를 한 대 치려고 애쓰는 정도의 효과였다. Harris 부인의 소리 폭격은 나를 침묵하게 만들었고, 그다음 한 시간 동안 난 내 의자에 꼼짝 않고 앉아 있었던 것을 기억한다. 곧 소심하게 최소한의 저항을 하고 있는 나 자신을 발견했다. 나는 정말로 다른 어떤 선택도 하지 않고, 무언가를 하거나 말하려는 모든 계획을 포기했다. 무엇을 해야 할지 어떠한 생각도 떠오르지 않았다는 것이 사실이고 그동안의 모든 훈련은 창밖으로 날아가 버렸다. Harris 부인에게 무슨 말을 했어야 하는가? 사실 그 당시에 나는 생각을 거의 할 수 없었고, 그 이후로도 어떻게 해야겠다는 생각이 없었다. 그날 상담을 끝마치기로 결심한 그녀는 자신의 소지품들을 챙겨서 의자에서 빠져나왔다. 그녀가 헤어지면서 한 말은, '당신은 너무나 유능하세요. 지금은 훨씬 기분이 더 좋아졌어요. 도대체 어떻게 제가 해결될 수 있도록 하신 건가요?' 그녀는 승리한 언어의 전사처럼 그곳을 떠났다. 복도를 따라 내려가면서도 계속 말을 하면서, 아주 눈부신 빛과 매우 어리둥절해 있는 상담사와 갑자기 텅 빈 상담실을 뒤로 하고 떠났다. 그 후 다시는 그녀를 볼 수 없었다.

생각해 볼 거리

- 당신이라면 Harris 부인을 어떻게 치료하겠는가?
- 상담은 정말 쾌적하고, 쉽고, '앉아 있는' 직업인가?

상담사는 실제로 무엇을 하는가

'상담사는 실제로 무엇을 하는가'에 대한 질문을 받는다면 가능한 많은 대답을 쏟아 낼 수 있다. 모든 상담회기가 독특한 것처럼, 모든 상담회기는 토의할 만한 그 나름대로의 독특한 대답을 제공한다. 기억하라! 이 책의 핵심 주제는 상담과 심리치료 이야기이며, 사실상 이야기의 전체 시리즈다. 얼마간 서로 맞물려 있고 얼마간은 그렇지 않다. 약간은 상보적이고 약간은 그렇지 않다. 서문에서 보았듯이, 이야기를 누가 말하는지, 어디에서 이야기되는지, 왜 이야기되는지에 따라 변할 수 있다는 것을 기억해 두어야 한다. 분명히 각 상담사는 자신이 어떻게 작업하는지 세상 사람들에게 말할 수 있는 자신만의 '상담실 이야기'가 있다. '상담사가 무엇을 하는가?'라는 질문을 할 경우, 진정한 대답은 결국 여러분 자신의 대답일 것이다. 훨씬 더 흥미로운 질문은 '나는 실제로 무엇을 하는가?'다. 당신의 개인적인 대답은 당신이 상담사로 성장해 감에 따라, 그리고 당신 자신의 '상담사 이야기'를 말함에 따라 진화할 것이다.

'상담사가 무엇을 하는가?'에 대해 저자가 말하고자 하는 핵심 주제는, 대부분의 내담자는 무언가 잘못되었거나 삶에서 무언가를 놓쳤다고 느끼기 때문에 상담사를 만나러 간다는 것이다. 어떤 면에서 내담자는 다소 충족되지 않고, 침해받고, 걱정되고, 난처하고, 위협받는 등의 느낌을 가질 수 있다. 이러한 불쾌한 지각 때문에 놀라고, 당황스럽고, 제어할 수 없고, 낙담하고, 화나고, 상처받고, 슬퍼하거나 어떤 면에서는 정서적으로 취약함을 느끼게 된다. 매우 심각한 문제를 가진 내담자가 있고, 사소한 문제로 온 내담자도 있지만, 이러한 구별도 중요하지 않다. 내담자의 문제가 크든 작든, 자신이 감당하기에 충분히 혼란스럽다면 도움을 청하려 할 것이다. 문제는 누구에게나 발생할 수 있다. 때문에 아주 단순하게, 상담사는 어려움을 겪는 사람을 정서적 · 심리적으로 도우려고 노력한다. 이것이 상담사가 하는 일의 '전부' 이고 '이유' 다. '방법' 을 배우는 것은 평생 걸릴 수도 있다.

상담사와 심리치료사는 개인들의 걱정거리를 해결하도록 도와주는 것은 물론이고, 난처한 상황에 처한 기관을 도와 달라는 요청을 받을 수도 있다. 기관은 고용주, 정부 기관, 자원 단체, 혹은 실제로 심리적 어려움이 어느 정도 그들의 기능을 저하시키고 있다고 믿는 집단 구성원들을 포함한다. 이러한 고통받는 모든 내담자, 개인, 기관은 종종 '임상 모집단' 으로 의뢰되기도 한다. 무언가 잘못되면, 그들은 심리적 어려움을 바로잡고 싶어 한다.

물론 상담사가 정서적으로 불편한 개인이나, 역기능적인 조직하고만 일을 할 필요는 없다. 상담사를 만날 필요를 느끼는 고통받는 사람뿐만 아니라, 모든 종류의 문제, 딜레마, 생애 선택에 대한 도움을 구하고자 상담사에게 접근하는 이들도 있다. 그런 사람들이 반드시 심리적으로 '환자' 라는 의미는 아니다. 예를 들어, 어떤 내담자는 진행 중인 개인적 발달에 대해 작업하거나 자기실현을 증진시키는 방도를 찾기 위해 상담사를 만나러 가기도 한다. 다른 사람과 대인관계를 풍부하게 하는 방법을 찾기 위해 상담사에게 갈 수도 있다. 조직에 있는 내담자의 경우, 직장 상담사workplace specialists에게 정서적 건강, 간부와의 대인관계, 공공의/영리적인 효과성의 현재 수준을 최적화하거나 증가시킬 수 있는 방법에 대해 조언을 하거나 도와 달라고 요청할 수 있다. 어려움을 겪지 않는 내담자는(개인이나 기관) 종종 '비임상 모집단'으로 의뢰되기도 한다. 이들은 어려움을 겪을 정도로 '부적합한' 것이 없다. 개인이든 집단이든 자신의 삶에 만족하거나 효과적으로 운영되고 있더라도, 여전히 개선 가능한 것이 있는지, 직무를 보다 생산적으로 처리할 수 있는지 알고 싶어 한다.

나의 주장은 임상이든 비임상이든, 개인이든 기관이든, 대부분의 내담자는 자신이 뭔가 잘못되었다고 느끼기 때문에 심리치료사나 상담사에게 간다는 것이다. 그들의 현재 정서 상태가 어떠하든 간에, 그들은 다양한 관점에서, 자신들의 심리 상태가 자신의 의도와 맞지 않을 경우, 그것을 다소 변경하거나 어느 정도 진전시키고 싶어 한다. 그러므로 아주 기본적인 제안이라는 관점에서 보면, 다음과 같이 강력하게 주장할 수 있다.

> 상담과 심리치료는 변화에 관한 것이다.

실제로 내담자가 자신의 변화 과정을 겪어 나갈 때, 그를 돕는 것도 상담사가 할 일의 일부이기 때문에, 다음과 같이 강력하게 주장할 수 있다.

> 상담과 심리치료는 선택에 관한 것이다.

실제로 영국상담과심리치료협회의 상담에 대한 정의(2009)는 이런 제안을 강화한다(www.bacp.co.uk에서 최근의 정의를 확인해 볼 수 있다.). 영국상담과심리치료협회는 다음과 같이 선언한다.

> 상담은 내담자가 지닌 어려움, 그가 경험하고 있는 고통, 삶에 대한 불만족, 방향과 목적에 대한 상실감을 탐색하기 위해 사적이고 은밀한 환경에서 상담사가 내담자를 만날 때 발생한다. 어느 누구도 온당하게 상담에 강제적으로 '보내질' 수 없기 때문에, 언제나 내담자의 요청에 의한다.
>
> 주의 깊게 인내심을 가지고 귀를 기울임으로써, 상담사는 내담자 관점에서 어려움을 감지할 수 있고, 내담자가 가능한 다른 관점에서 사태를 보다 분명하게 볼 수 있도록 도울 수 있다. 상담은 선택이나 변화가 가능하고, 혼란을 감소시키는 방법이다. 충고를 하거나 내담자에게 어떤 특정한 길로 가도록 지시하는 것을 포함하지 않는다. 상담사는 어떤 식으로든 자신의 내담자를 판단하거나 부당하게 이용하지 않는다.
>
> 상담 진행 중에, 내담자는 자신의 삶과 감정의 다양한 측면들을 탐색할 수 있으며, 어떤 면에서는 친구나 가족과는 하기

어려운 이야기를 자유롭게 개방한다. 분노, 걱정, 슬픔, 당황스러움과 같은 억눌린 감정은 매우 격앙될 수 있으므로 상담은 그런 것들을 탐색할 기회를 제공한다. 상담사는 감정을 표현하도록 격려하며, 자신도 훈련을 통해서, 내담자의 문제를 짐스러워하지 않으면서 수용하고 숙고할 수 있게 된다.

내담자에 대한 수용과 존중은 상담사에게 필수요소이며, 관계가 발전되어 감에 따라, 상담사와 내담자 사이의 신뢰도 진전되어, 내담자로 하여금 자신의 삶의 많은 측면들, 대인관계와 과거에는 생각해 본 적이 없거나 직면할 수 없었던 자신을 보는 것이 가능하게 된다. 상담사는 내담자의 문제로 드러난 행동이나 상황을 자세히 점검해 보도록 하고, 변화를 시도할 수 있는 새로운 출발점을 찾도록 도울 수 있다. 상담사는 내담자에게 선택 가능한 대안을 찾도록 돕고, 자신에게 최선의 것을 결정하도록 도울 수 있다.

조직도 상담과 심리치료사로부터 이익을 얻을 수 있다고 하였지만, 본서에서는 주로 개인 내담자의 관점에서 실제로 상담사가 어떻게 작업을 하는지에 대한 질문을 주로 언급하고자 한다. 또한 대부분의 내담자는 무언가를 바로잡고 싶기 때문에 심리치료사를 만나러 간다고 가정한다. 한편, 그들은 자신의 삶에 새로운 처방을 하거나, 그들의 현존하는 방식이 보다 편안해지는 방법을 찾아내길 원한다. 그러므로 상담사가 임상집단의 욕구를 어떻게 충족시키는지 면밀히 탐색함으로써 치료자가 어떻게 작업하는지 살펴보고자 한다.

상담사와 심리치료사가 실제로 자신의 고객을 도울 수 있는 유용한 실마리를 얻기 위해서는 내담자가 어떻게 현재의 개인적 특성을 가지게 되었는지를 생각해 보면 도움이 될 것이다. 무엇이 그들을 기능하게 하는가, 즉 내담자가 어떤 성격을 가지고 있는지 생각해 보자. 그러면 성격에 대한 우리의 생각이 내담자와 작업하는 방식에 영향을 미치고, 그것이 또한 도움이 된다는 것을 알게 된다. 특정한 사례에 적용하는 치료적 방법을 어떻게 결정하는가?

지나치게 많은 이론

심리학자, 상담사, 심리치료사들 사이에서 벌어질 만한 논쟁의 특징들을 살펴본다면, 당신은 인간 성격에 대해 무수히 많은 주류 이론이 있음을 알고도 놀라지 않을 것이다. 또한 이러한 모든 이론은 서로 경쟁하고 있으며, 서로 모순된다는 것도 놀랍지 않다. 이로써 사람을 기능하게 한다고 우리가 생각하는 다양한 방법과 치료적 실제를 연결시킬 때 몇 가지 주요한 쟁점에 이르게 된다. 어느 이론을 포함할 것이며, 어느 이론을 배제할 것인가? 이상적으로 우리는 모든 성격이론을 함께 연결하는 방법을 찾을 수 있다. 하지만 그것은 이 책의 범위를 벗어난다. 그러나 적어도 다양한 성격이론이 어떻게 서로 연결될 수 있는지 생각해 볼 필요가 있다. 우리가 6장에서 통합적인 상담을 탐색할 때, 다양한 상담 이론을 연결하려는 시도를 하게 될 것이다. 하지만 여기서는 편의상 역사적으로 심리치료의 이론적 접근의 근간이 되어 왔던 다음의 세 가지 주요 심리학 성격이론을 중심으로 탐색하고자 한다.

- 정신역동
- 인지 행동
- 인본주의

3장, 4장, 5장에서, 우리는 이 세 가지 성격이론을 검토하고, 그것으로부터 각각 출발한 얼마간의 다양한 치료적 접근에 대해 논의하고자 한다. 그 후 6장에서, 간단하게 몇 가지 다른 주요한 성격이론에 주목하고, 나아가 더 포괄적이고 총괄적인 접근이 심리치료에서 어떻게 한 모델의 제한점을 능가할 수 있는지 살펴본다. 결국 미래의 치료는 이론적 모델의 구속으로부터 자유로울 수 있는가에 달려 있을 것이다. 최근 몇 가지 탁월한 이론들이 제안되고 있는 것 같다(Palmer & Woolfe, 2000).

더 읽을거리

British Association for Counselling & Psychotherapy(BACP) (2008). *How to Get the Best Out of Your Therapist*. Information Sheet C1(Roxburgh, T).

British Association for Counselling & Psychotherapy(BACP) (2008). *What is Counselling? Information Sheet C2*.

British Association for Counselling & Psychotherapy(BACP) (2008). *Am I Fit Practise as a Counsellor? Information Sheet P9(Gale, H).*
이상은 www.bacp.co.uk에서 무료로 다운로드 가능(accessed Summer 2009)

제3장
정신역동이론에서 상담사의 역할

핵심지식

❖ 어떤 정신역동이론가들은 인간 성격의 발달이 본능의 욕동에 의해 강력한 영향을 받는다고 믿는 반면, 또 다른 이론가들은, 사회적이고 환경적 요인이 영향을 준다고 믿는다.

❖ 정신역동이론가는 인간의 성격에 있어 중요하면서도 강력한 요소가 무의식에 있다고 믿는다.

❖ 정신역동이론가는 성격은 세 가지의 요소로 이루어진다고 주장한다.
  원초아(본능적인 부분)
  자아(합리적인 부분)
  초자아(의식)

❖ 인간의 성격 발달은 심리성적 과정이다(Freud).

❖ 인간의 성격 발달은 심리사회적 과정이다(Erikson).

❖ 정신역동이론은 현재 생활이 무의식 수준에서 그 사람의 과거의 삶과 서로 상호작용하면서 영향을 받는다고 주장한다. 이것이 무의식 수준에서 일어날 때 이러한 현상은 때로 '전이'로 알려지고 있다.

Freud의 심리성적 이론

인간 성격사에 대하여 Sigmund Freud(1856~1939)가 중요한 위치를 차지하고 있다는 오늘날의 인식은 그리 과장된 것이 아니다. 물론 21세기가 펼쳐지고 있는 지금 이 시점에서 Freud의 견해가 앞으로도 계속 중요한 것으로 받아들여질지, 아닐지에 대해서는 아직 답변할 수 없는 주제다. Freud의 삶과 경력에 대해서는 거대한 도서관이 우리들에게 많은 것들을 알려 주고 있다(Gay, 1998; Jacobs, 1992, 2003). 원래 의사로 훈련받았던 Freud는 세련되고 재능이 있는 사람이었는데, 19세기에 반(反) 셈족anti-semitic 비엔나 문화가 유태인 의사였던 그를 개인 정신 분석을 받도록 몰아갔으며, 그 이후 더 많은 공부를 위해서 파리로 가게 되었다. 파리에서 Freud는 뛰어난 정신의학자인 Jean Charcot와 함께 일했다. Charcot는 인간의 성격에 있어 무의식의 위치를 연구하고 있었고, 최면술을 사용하여 정신세계에 무의식적으로 저장되어 있는 것에 접근하기 위해 연구하고 있었다.

그는 비엔나로 다시 돌아오자마자 Joseph Breuer와 함께 작업했으며, 자신의 환자들이 아동기의 성적 경험과 관련된 깊이 숨겨져 있는 정서와 기억을 표현하도록 하기 위해 사용한 기법을 '자유연상' 이라고 불렀다. Freud는 이 기술을 사용하여 무의식의 정신세계에 대하여 더 깊은 탐험을 시작했다(Hall et al., 1977).

Freud는 처음에 성욕이 인간의 성격발달에 있어 가장 중요한 요소라고 주장하였다. 유럽 역사에 있어 괄목할 만하고 자부심 있는 시기에 그러한 주장을 펼쳤다는 것은 Freud가 개인적으로나 지적으로 엄격했다는 것을 보여 준다. 물론 모든 이론가들은 그들이 작업하는 맥락 속에서 평가되어야만 하며, 이것은 Freud에게도 똑같이 적용된다. 그는 심리치료계에서 그리고 그 이상의 영역에서도 항상 논쟁을 불러일으키는 인물이었고, 여러 면에서 지금도 여전히 그렇다. 사실 19세기, 반(反) 유대적 입장으로 유명했던 유럽 지역에서 유대인이었던 Freud는 소위 '열등 시민' 으로 널리 인식되었을 것이다. 그러므로 19세기에 비엔나 가톨릭 지역에서 인간 성격발달에 대하여 Freud가 소위 '사회적 우월자' 에게 그들이 자신의 아이들과 성관계를 했거나 아니면 아이들이 자신의 부모와 성적 관계를 갖는 환상을 가졌다고 말하는 것은 Freud가 개인적으로나 지적으로 굉장한 용기를 가지고 있었음을 보여 주는 것이었다. 사실, 그의 몇몇 추종자들도 Freud를 츄즈파(chutzpah-유대인말로 감탄할 정도로 '뻔뻔스러운' '안하무인의' 또는 '무례한' 의 의미를 가진 용어)를 가지고 있다고 했다.

성격에 대한 정신분석적 관점의 기본적인 가정은 마음과 신체의 이원론이다. 이것은 마음과 신체는 상호 의존적이라는 뜻이다. 이원론의 가정에 따르면 마음(성격)은 신체의 필요에 따라 생긴다(발전한다). 이러한 필요는 음식이나 안락함 같은 긴박한 유아기의 요구와 같은 주요하면서도 원시적인 본능을 말한다. 우리가 어린 아이일 때 본능을 처리하기 위해 배운 방법은 성인으로서의 현재의 우리가 되도록 만든다. 그러므로 이러한 원시적인 본능이 바로 우리 성격의 기초가 되는 것이다. 우리 모두는 다양한 방식으로 그런 것들의 바탕 위에 세워지고 서로 다르면서도 다양한 개인으로 만들어지게 되는 것이다.

Freud는 두 가지 주요한 본능적 욕동drive에 대해서 언급했다.

- 하나는 생명의 힘(에로스 또는 리비도)인데, 이것은 성(사랑)을 포함하지만 Freud는 대부분 신체적으로 즐거운 경험을 포함한다고 정의를 내렸다(Bettelheim, 1983).
- 다른 하나는 죽음의 힘(타나토스)인데 이것은 개인의 소멸로부터 생기는 긴장(화, 두려움)을 이완하도록 이끈다.

많은 정신역동이론가들에 따르면 유아의 정신세계에는 본능밖에 없다. 그들은 자라나는 아이들은 강력한 본능적인 욕구들을 생존이 지배하는 모든 종류의 상황reasons에 복종시키는 법을 배워야 한다고 생각한다. 예를 들면, 너무 지나치게 통제되지 않거나 통제할 수 없는 본능적인 화를 보이는 것은 위험하다. 이런 본능적인 화는 나중에 너무 강해서 이길 수 없는 사람을 공격하는 것 같은 자기 파괴적인 행동으로 이어질지도 모르기 때문이다. 정신역동이론가는 이런 원초적이고 일차적인 욕구에 순응하는 법을 배우는 과정은 대부분 초기에 발생한다고 주장한다. 그러므로 인간의 성격은 대부분 아동기 경험의 산물임이 분명하다. 일례로, McLeod(2003)에 따르면 정신역동학자는 음식을 원하는 유아의 본능적인 요구에 너무 빨리 반응하는 엄마는 아이에게 음식을 얻기 위해서는 노력할 필요가 거의 없다고 가르치는 것일지도 모른다고 제안하였다. 그런 경우 아이는 어떤 요구가 즉시 만족되지 않으면 쉽게 좌절하는 이기적인 어른으로 자랄지도 모른다. 반대로 엄마가 배고픈 아이가 심하게 울어대거나 짜증을 부린 후에야 반응한다면 그 아이는 화를 내거나 공격적이 되어야만 필요가 충족될 것이라고 믿는 어른으로 성장할 것이다(이 글을 읽는 어떤 엄마는 왜 항상 모든 것이 우리 잘못이라고 하는지 의아해할지도 모른다. 답은 Freud파들이 그렇게 말하기 때문이다).

Freud는 어린 시절의 경험들이 성인의 성격을 실증한다고 훨씬 더 많이 주장했다. 그는 이러한 기반들이 어떤 특정한 방법으로 발생한다는 주장도 했다. 이것은 그가 '공식적인' 성격의 발달적 청사진이 있음을 분명히 믿고 있었음을 의미한다. Freud가 주장한 인간 발달 과정은 기본적인 가정들 중의 하나에 기초하고 있다. 그는 우리의 의식은 무의식의 작용에 영향을 받는다고 주장했다. 그는 인간의 마음은 3가지 발달적 수준을 가지고 있고, 이것은 보통 여러 다양한 Freud 해석자들에 의해 다음과 같이 묘사된다(Hall et al., 1997; Lemma et al., 2007).

- 수준 1: 원초아 이것은 출생 시에 존재하는 원 마음이며, 원시적인 본능과 욕동의 저장고이고, 결과적으로 성격의 동인이다. 본능적 정신 에너지는 생명/사랑(에로스 또는 리비도)과 소멸/죽음(타나토스)의 두 개의 핵심 욕동에서 파생된다. 원초아는 비합리적이며, 어떤 일이 있더라도 자기 탐욕을 성취하기 위해서만 존재한다. 간단히 설명하면, 원초아는 '나 케이크 먹고 싶어! 지금 줘! 몰라! 네가 원하는 게 뭔지 알게 뭐야!' 라고 말한다. 원초아는 괴물이며 자기중심적이고 즉각적으로 소

원이 성취되기를 요구하고 자기만족에만 관심이 있다.

- 수준 2: 자아　이것은 원초아 다음에 발달하는 합리적이고 의식적인 마음의 일부다. 자아는 유아가 '음식' 이나 '따뜻함' 과 같은 주된 정신적 이미지가 실제 대상이나 자원에 의해 실제 세계에서 나타난다는 것을 알기 시작할 때 발전한다. 그러므로 획득된 목록을 취득하는 것이 아주 중요한 계획이다. 이것은 개인적인 탐욕을 취득하는 데 꼭 필요한 과정과 사고와 행위를 계획하고 실행하고 시험하는 높은 수준의 정신적 기능의 시작으로, 성인세계에서 통용되는 것이다. 자아의 주된 기능은 원초아를 좌절시키는 것이 아니라 원초아를 도와서 만족을 얻고 동시에 환경의 요구를 만족시키는 법을 발견하는 것이다. 이것은 심리적인 대사와 같다. 원초아는 '그래, 넌 케이크를 먹고 싶을 거야. 게임을 잘 해 나가면 그것을 얻을 기회가 많아질 거야.' 라고 말한다. 자아는 도덕관념을 넘어서는 목표 지향의 현실주의자다.
- 수준 3: 초자아　이것은 나중에 발달하며 성격의 경계선에서 출발하는 양심이나 규칙서다. 이것은 아이들이 가정이나 사회에서 배우는 가장 올바른 가치나 이상에 해당하는 내적이고 정신적인 표상이다. Freud 이론에 따르면 이러한 학습은 부모가 지속적인 처벌과 보상으로 아이들에게 자신들의 이상을 주입시킴으로써 이루어진다. 정신역동적으로 볼 때, 초자아는 원초아의 과도함을 억제하는 것, 자아에 도덕성을 주입하는 것, 사람이 완벽하게 살도록 이끄는 것 등의 세 가지 목적을 가지고 있다. 초자아가 형성됨에 따라 부모의 통제는 점차 개

인적인 통제로 대치된다. 이러한 통제를 내재화하게 되면 우리의 성격 안에 몇몇 중요한 특질이 창조된다. 그래서 '거짓말은 나쁜 거야.' 또는 '절대 늦지 마라.' 와 같은 견고하고 심지어 물어볼 수 조차 없는 신념에 의존하게 되면, 초자아는 확실히 견고해지는 것이라고 Freud 학파는 말한다. 초자아는 '그래, 넌 케이크가 먹고 싶지. 그러니 자아가 어떻게 해야 할지 알려 줄 거야. 그러나 너는 그것을 나눠 주어야만 해. 왜냐하면 그게 옳은 거니까.' 라고 말한다. 초자아는 도덕심과 이타심에 있어 이상주의자다.

정신역동이론가는 대부분의 성격발달이 그 사람의 초기 어린 시절에 이루어진다고 주장한다. 그러한 초기 어린 시절은 주로 신체적인 만족에 관심이 있으므로 그들은 성격발달은 심리성적 과정이라는 주장을 계속하는 것이다. 정신역동이론가는 사람의 정서적인 성장이 이루어지는 초기에는 최초의 본능적인 욕구와 세상에서 존재하기 위해 살아남아야 하는 필요 사이에서 균열이 생긴다고 주장한다. 다른 말로 하면, 인간의 성격발달은 자라나는 아이와 환경간에 계속되는 심리적 갈등의 결과로 발생한다는 것이다. 특히, 이러한 심리적 균열은 아이와 부모 또는 실제로 아이를 양육하고 통제하는 중요한 타인과의 사이에 발생한다. 각각의 균열, 또는 갈등적인 사건과 그것이 해결되는 방식은 한 사람의 성격을 형성하여 성격이 성장하고 발달하는 데 영향을 미친다. 예를 들어(최소한 Freud 학파들에게는) 배변 훈련 기간 동안에 유아가 겪는 불행한 경험은 가끔 '항문기 보유' 사람이라고 불리는 강박적으로 깔끔한 성격의 성인을 만들어 낼 수 있다고 주장하곤 한다.

Freud가 옳은가

인간 성격발달이 초기 어린 시절의 심리성적 과정의 결과라는 생각은 그 당시에도 굉장히 혁명적이었을 뿐 아니라 오늘날에도 여전히 뜨거운 논쟁의 주제로 남아 있다. 한편, Freud를 실패한 사람이며, 부적합한 연구자이고, 문제가 있는 사상가로 강력하게 비난하는 몇몇 반대이론가들도 있는데(Masson, 1992; Shlien, 1987), 심지어 Freud의 친증손녀인 소피는 Freud를 '거짓 예언자' 라고 부르기도 했다(Freud, 2002, 2005년의 Evans와 Gilbert의 p. 9에서 인용).

성격발달이론에 대한 대안이며 그와 유사한 영향력을 가진 이론들이, 개인들로 하여금 '자기 자신' 이 되게 하는 것이 무엇인지에 대한 정신역동적 설명을 본질적으로 반대하는 것도 사실이다. 이는 정신역동이론이 과학적 방법론으로 이해될 만한 검증을 하기에 매우 어렵다는 사실에 일부 기인한다. 물론, 정신역동이론을 지지하는 이론가는 자신들의 이론을 과학적 연구보다는 임상적 실습을 통해 더 잘 증명할 수 있다고 주장한다. 그들은 환자가 실제로 호전되는 광범위한 사례연구 결과가 자신들의 이론이 유효하다는 증거가 된다고 주장한다. 그들의 반대자들은 정신분석기법에서 나온 결과가 (실제로 일어난 것이라 해도) 향상된 것이라는 증거가 아니라고 말함으로써 반대 입장을 고수하고 있다. 어떤 식으로든 환자는 좋아졌을 것이고 많은 우울증 환자들이 꽤 자주 자연발생적으로

회복되기도 한다는 것이다(NICE Guideline 23, 2004). 이러한 이유들로 해서 Freud의 반대자는 인간 성격에 대한 그의 정신분석적 이론은 증거 기반이 없다고 주장하고 있다.

활동

Mary는 자신의 정신역동상담사를 일주일에 한 번 정규적으로 만났다. 2년 후 그녀는 우울증이 굉장히 감소되었음을 발견하였다. Jim은 임상심리학자를 한 번 만났다. 그러나 그와 잘 지낼 수 없어서 다시는 가지 않았다. 2년 후 그도 또한 우울증이 향상되었음을 알게 되었다.

- 다른 처치 경험으로부터 왜 그렇게 유사한 결과가 생겼을까?
- 이러한 결과는 정말로 같은 결과인가?

◐ 사례연구 3-1

Alfred는 매우 까다로운 성미를 가진 녀석이었다. 모든 사람들은 이를 알고 있었고 그가 '자기 기분에 취해 있을 때' 는 그로부터 멀리 떨어져 있었다. 그러나 참으로 이상하게도 Alfred는 자기 자신은 모든 사람에게 매우 쉬운 녀석이고 멋있으며 동물들에게도 친절한 사람이라고 생각하고 있었다.

어느 운명의 날, Alfred는 자신의 훈련자와 오후에 훈련시간을 보냈다. 그리고 훈련자는 그 훈련 내용을 비디오로 녹화하여 훈련생들에게 보여주었다. 자신이 동료들에게 도움이 되고 건설적인 관계를 맺고 있을 것이라고 생각했던 Alfred는 자신이 훈련에 참여하는 모습을 보고 충격을 받았다. '멋진 Alfred' 를 예상하고 있었는데 격노하는 역할을 하고 있는 자신의 모습을 보게 된 것이다. 그는 '저것은 내가 아니야.' 라고 말했지만 다른 사람들은 '맞아, 저게 너야.' 라고 했다.

Alfred가 전혀 이해할 수 없었던 것은 자기 자신이 그렇게 무시무시한 녀석이 될 수 있다는 것과 아직도 완전히 그것을 받아들일 수 없다는 것이었다. 이쯤 되자 Alfred도 자기 자신을 그렇게 좋아할 수 없게 되었다. Alfred는 자신의 담당 상담사에게 갔다. Alfred의 이야기를 들은 후 상담사는 Alfred에게 "무엇이 당신을 화나게 했습니까?" 라고 물었다. Alfred는 "전혀 없어요." 라고 답했다. 그러나 그가 말할 때 그의 표정은 찡그린 채 경직되어 있었다. 상담사는 이것을 지적했고 Alfred에게 그를 괴롭힌 것이 무엇이었는지 다시 되물었다. 상담사는 '그것에 대해 생각하지 말고, 이 세상에서 제일 싫어하는 사람하면 당신의 머리에서 제일 먼저 떠오르는 사람이 누군지' 물었다. Alfred는 주저 없이 "어린 시절 우리 옆집에 살던 사람을 결코 참을 수 없어요. 그는 어린 아이들을 건드렸는데 나는 아빠에게 말도 못했어요." 라고 답변했다. 그런 다음 Alfred는 굉장히 흥미로운 이야기를 했다. "그런데 나는 지난 세월 동안 그 사람에 대해 한 번도 생각도 해 본 적이 없어요. 그게 이해가 되세요?" 라고 Alfred는 말했다. 상담사는 "그것이 사실이세요?" 라고 물었다.

정신역동 인간관

이제부터 성격의 발달이 심리성적 과정이라는 정신역동의 설명이 어느 정도는 유용한 이론이라는 가정하에 성격발달에 대한 탐구를 시작하고자 한다. 심리치료적 관점으로 보면 정신역동이론가에게 성격발달은 심리성적 과정 그 이상이라는 점에 주목하는 것이 매우 중요하다. 그들은 성격 출현은 일련의 규칙-일종의 발달적 모형-에 따라 나타난다고 주장한다. 이러한 발달에는 고정된 단계가 있다. 만일 초기 어린 시절에 무언가 잘못되면 이것은 심리적이고 정서적인 긴장을 창출함으로써 나중에 문제를 일으킨다. 따라서 정신분석이나 정신역동이론가들에 따르면 우리가 정서적 또는 심리적으로 건강해지기 위해서는 우리의 무의식에 저장되어 있는 발달적 오류들을 (의식의) 빛으로 가져와서 그것을 밝혀 내야 한다.

정신역동이론가들에게 각각의 심리성적 발달단계는 세 가지의 중요한 요소가 있다.

- 신체적 초점: 아동의 정서적 에너지가 부착되는 지점과 욕구 충족 방법
- 심리적 주제: 아동 내면의 내적이면서도 신체적 필요와 외적인 세계의 요구 사이에서의 방향과 균형
- 결과적으로 나타나는 성인의 성격 특성: '과대-과소' 의 연속선상에서 나타나는 것으로, 어느 한 단계에서 정지되거나 고착되어 해결되지 않음으로써 발생하는 심리적인 문제

일반적으로 아래 〈표 3-1〉은 정신역동이론가들이 주장하는 성격발달을 나타낸다.

〈표 3-1〉 성격의 심리성적 발달

나이(연령)	단계	신체적 초점	심리적 주제	전형적인 성인성격 특성
0~1	구강	입, 입술, 혀 (음식 빨기)	자기애적인 의존적인(오로지 나)	공격성 대 수동성 조급함 대 침착함
1~3	항문	항문(대변 참기와 누기)	자기 통제 순종(부모와 갈등)	통제 대 복종 경계선 있는 대 혼란스러운
3~6	남근	남근 남근 부재 클리토리스	도덕성; 성적 정체성 동성부모와의 사랑 이성부모에 대한 두려움	난잡 대 성욕 아동기 관계 재현 대 거부
6~14	잠재	휴면(정지)	또래 관계	사회적 통합 대 반 사회적
14~20	성기	성	성숙 재창조 삶의 고양	균형과 성숙 지지와 양육

정신역동이론을 아무리 강력하게 옹호하더라도, 기본적으로 성격의 정신역동적 설명은 추론적이다. 우리는 무의식이 작동하는 operating 모습을 볼 수 없다. 우리는 원초아를 측정할 수 없고, 자아를 검토할 수도 없고, 초자아를 분석할 수도 없다. 또한 아동이 정말로 자신의 부모와 성적인 상호작용을 하는 환상을 갖는지 입증할 수도 없고, 신생아가 정말로 나르시스적인지도 알 수 없다. 우리가 할 수 있는 것은 사람들이 행동하고 서로 관계하는 방식을 면밀히 검토하여 정신역동의 과정이 믿을 만하다는 사실을 알려 주는 것이다. 본래 성격에 대한 정신역동적 설명에 있어 필수적인 요소는 사람들이 그들의 성적 본능에 의해 무의식적으로 충동을 받

는다는 것이었다. 다른 말로 하면 그것은 성격에 대한 동물적인 이론이다. 이로 인해 Erikson과 같은 이론가는 성격발달에 대한 최초의 정신역동적 이론은 너무 단순하다고 반박하곤 한다.

Erikson의 심리사회적 이론

Erik Erikson(1902~1994)은 덴마크 출신의 부모님이 사는 프랑크푸르트에서 태어났다. 그는 비엔나에서 미술을 배우고 가르치곤 하였는데, 그곳에서 Freud의 딸인 Anna에게 정신분석 수련을 받았다. 그리고 1933년에 비엔나 정신분석연구소를 졸업하였다(Welchman, 2000). Erikson은 자신의 멘토인 Freud처럼 유대인이었으며, 처음에는 덴마크로, 그다음에는 미국으로 이민을 가야만 했다. 그는 미국에서 자신의 이론을 발전시키는 데 남은 여생을 보냈다.

Erikson은 항상 자기 자신을 Freud 학파라고 여겼다. Erikson은 Freud처럼 아동기가 성격발달에 굉장히 중요하다고 믿었다. 또한 Freud가 생각한 대로 그는 자아 심리학자였다. 그는 원초아, 자아, 초자아를 포함한 Freud의 개념과 유아기 성욕과 같은 개념을 많이 받아들였다. 그러나 Erikson은 오로지 유아기 성욕에 근거하여 성격을 묘사하려는 Freud의 이론을 거부하였고, 성격은 아동기 이후에도 계속 발달한다고 믿었다. Erikson은 사회적 요소가 인간의 성격발달에 있어 성적인 요소만큼 중요하다고 생각했고, 성격발달에 있어 심리사회적 단계를 주장하였다(Stevens, 2008).

Erikson의 자아심리이론에 대한 책은 그의 이론이 Freud의 것과는 완전히 다른 생각을 유지하고 있음을 보여 준다(Erikson, 1965). 본질적으로 Erikson은 다음과 같은 사항을 믿었다.

- 자아는 최상위로 중요한 것이다.
- 자아의 일부분은 원초아와 초자아와는 독립적으로 움직일 수 있다.
- 자아는 상황에 적응할 수 있으며, 정신 건강을 향상시키는 데 있어 중요한 대리자다.
- 사회적이면서도 성적인 요소는 성격발달에 중요한 작용을 한다.

Erikson의 이론은 Freud의 이론보다 훨씬 더 이해하기 쉬운 전생애이론이며, 평범한 성격이라고 간주된 사람뿐 아니라 신경증적이고 이상 성격이라고 간주할 만한 사람에 대한 정보를 포함하고 있다. Erikson은 성격발달은 단순히 성적으로 욕동되는 것 그 이상이라고 주장했다. 그는 성격은 사회적이고 문화적인 힘에 의해서도 영향을 받는다고 주장하였다. 그러나 Freud를 포함한 초기의 많은 성격이론가들처럼 Erikson의 작업은 연구에 근거한 확실한 기반을 가지고 있지는 못하다. 사실, Freud처럼 Erikson의 이론은 대부분 입증할 수 없다. 많은 정신역동이론가들이 그랬던 것처럼 Erikson의 이론은 성격에 대하여 실용적인 설명을 제공한다. 그 이론은 가능성 있어 보이는 그럴듯한 설명을 하고 있기는 하나 실제적이고 구체적으로 확인 가능하면서도 원인을 알 수 있는 메커니

즘인지, 또한 실험으로 입증할 수 있는지에 대한 설명을 제공해 주지 않는다. 이것은 Erikson의 모든 이론이 본질적으로 성격은 심리사회적이고, 성적인 욕동이 움직이는 것처럼 발전한다는 가정에 근거하고 있기 때문이며 그러한 가정이 입증 가능한지는 완전히 다른 문제다.

Erikson의 심리사회적 이론에 있어 모든 성격발달 단계는 출생 시에 가지고 태어나는 생득적인 과정을 거친다. Erikson은 인간의 성격발달은 '점성적epigenetic' 이라고 보았다. 이 말은 튤립이 뿌리에서 자라는 것처럼 인간의 발달은 시간이 지남에 따라 자란다는 것이다. 발달은 시작부터 예정되어 있었지만 점차 진화하며 나타난다. 각 발달은 전 단계를 거쳐 세워지며 이후의 단계를 보장한다. 인간의 성격발달 단계는 심리적 위기에 따라 특징지어진다. 각각의 위기는 나이와 연관이 있거나 신체 발달과 연관되어 일어나며, 각 단계마다 부모와 사회가 요구하는 것을 맞추느라 갈등을 겪는다. 각 단계의 심리적 위기는 바로 그 시기에 해결되는 것이 이상적이다. 이것이 암시하는 바는 자라나는 튤립처럼 인간 성격도 이와 똑같이 적합한 형태 안에서 점진적으로 펼쳐질 수 있다는 것이다. 또한 부적합하거나 와해된 형태에서 펼쳐질 때에는 발달이 정지될 수도 있다. Erikson에 따르면, 특정 발달단계에서 그 개인의 심리적 발달상의 요구가 부적합하게 진행될 수 있는데, 이렇게 되면 다음 단계의 발달이 와해되어 결국에는 성인의 성격이 나타나지 않을 수 있다. 그러나 Erikson은 정서적인 기형은 수정될 수 있다고 주장했다. 그는 다음과 같이 믿었다.

> 발달단계의 성과는 영원하지 않다. 그것은 나중의 경험에 의해 바뀔 수도 있다.

상담에 있어 교정이 가능한 경험을 하게 되면 나중에 상담의 효과가 나타나는 경우도 있다는 점에서 이것은 중요한 개념이다. 이것을 깨닫게 되면 모든 상담사들이 인간 성격의 발달이 굉장히 생명력이 있다는 것을 이해하는 데 도움이 될 것이다. 온전히 이해하게 되면 사람이 왜 그렇게 행동하는지 이해하는 데 도움이 되어 상담을 하는 데 있어 유용한 방법을 알게 해 준다.

Erikson은 모든 사람의 성격은 다양한 특성의 혼합물이며, 이것이 각각의 발달단계에서 중요하다고 주장하였다. 그의 이론은 한 개인이 나쁜 특성보다 좋은 특성을 많이 갖고 있을 때 성공적인 성격발달을 할 수 있다는 가정에 바탕을 두고 있다. 확실히 이상적으로 발달한 성격은 좋은 특성으로만 구성될 것이다. 〈표 3-2〉는 단계별 기초에 따른 Erikson의 성격발달이론을 보여 주는 것이다.

Erikson의 모델은 Freud의 심리성적 모델과 비교해 볼 때 더 잘 이해될 수 있을 것이다. Jacobs(1998, 10p.)는 유용한 비교표를 제시하였는데 그것이 〈표 3-3〉에 약간 수정이 되어 제시되어 있다.

인간 성격에 대한 Erikson의 모델은 Freud의 이론보다 더 많은 것들을 설명하고 있어 이해하기 쉽다. Erikson의 모델은 사람의 초기 생애뿐 아니라 전 생애를 포함하고 있다. 이 이론은 인간을 본능적 욕동의 산물이라기보다는 삶의 경험에 의해 수정이 가능한 것으로 보기 때문에 유용하며, 사회적 영향력 또한 중요하게 생각한다. 그러므로 Erikson의 이론은 인간 성격에 대한 현대적인 견해

〈표 3-2〉 성격발달에 대한 Erikson의 심리사회적 이론

단계(연령)	심리적 위기	중요 관계 (사회적 요인)	심리적 특성	긍정적 심리적 자산	부정적 심리적 자산
1: 영아기 (0~1세)	신뢰 대 불신	엄마, 주 양육자	갖기, 보답하기	희망, 믿음	감각적 왜곡 철수
2: 유아기 (2~3세)	자율성 대 수치심과 의심	부모, 양육자	보유하기, 내려놓기	의지, 결심	충동성 강요
3: 유년기 (3~6세)	주도성 대 죄책감	가족, 중요한 타인	추구하기, 놀기	목적, 용기	무자비함, 금지
4: 아동기 (7~12세)	근면함 대 열등감	이웃과 학교	완성하기, 함께 만들기	능력	편협된 몰두, 무력증
5: 청소년기 (12~20세)	자아정체성 대 역할 혼미	또래집단, 롤모델	자기 자신이 되기, 공유하기	성실, 충성심	환상주의 거부
6: 성인 초기 (20~30세)	친밀감 대 고립감	동반자, 친구	자신의 잃어버린 반쪽을 찾기	사랑	난잡, 배타
7: 중년기 (30~50대)	생산성 대 자기몰두	가정, 직장 동료	창조하기, 돌보기	돌봄	과도한 확장 거절
8: 노년기 (50 대 이후)	통합 대 절망	인류 또는 친족	경험 공유하기, 죽음에 직면하기	지혜	추측 절망

에 있어 중요한 진보를 제공해 주고 있는 것이다. 오늘날, 많은 이론가들은 성격을 생리적이고, 사회적이며, 환경적인 요소의 복합체로 본다. 그러나 Erikson의 이론들이 매력적이고 치료실에서 적용하기에 유용하다 할지라도 이것은 최대한 잘 정리된 지적인 가

〈표 3-3〉 Freud와 Erikson 비교

단계	Freud	목표	Erikson	과제
1	구강	양육받음	영아기*(구강)	기본적 신뢰 대 불신
2	항문	근육의 즐거움	유아기 (근육-항문)	자율성 대 부끄러움, 의심
3	성기	오이디푸스적 결심	유년기* (운동력-생식기)	주도성 대 죄책감
4	잠재	학습	아동*(잠재)	근면함 대 열등감
5	청소년	성적 표현	청소년	자아정체성 대 역할 혼미
6	성인	사랑과 직업	성인 초기	친밀감 대 고립
7	없음	해당 없음	성인 중기	생식능력 대 자기 몰두/지체
8	없음	해당 없음	성인 후기	통합 대 절망

* 저자의 첨가 및 수정.

정이지, 사실이 아니라는 점을 잊어서는 안 된다.

자아와 성격

Erikson과 Freud는 둘 다 자아 심리학자다. 이 말은 그들이 성격 the self: 자기을 각 개인이 내적이고 외적인 세계에 반응하면서 점점 성숙해 가는 과정에서 발달하는 것이라고 믿었음을 의미한다 (Mitchell & Black, 1995). 갈등의 위험성은 항상 존재하므로 그 과정을 조정하는 방법은 그 전개가 순서적으로 진행되어도 여전히 필요하다. 많은 정신역동이론가들에 따르면, 이러한 조정자가 바로 자아다. 자아는 프로그램 매니저와 시합의 심판관을 합친 것과 같은 것이다. 치료사는 오랫동안 내담자를 어떻게 관리해야 하는지 고려할 때 자아를 유용한 이론적 개념이라고 생각해 왔다. 그것이 충분한가에 대한 질문은 여전히 상담 종사자들에게 난제로 남아 있다. 아래에 나와 있는 활동을 해 본다면 이러한 견해에 대해 좀 더 잘 이해할 수 있을 것이다.

활동

다음 질문을 스스로에게 던져본 후 답을 기록해 보시오.

- 한 인간으로서 나는 무엇으로 구성되었나 – 나의 가족 중 누가 나를 돌보았나?
- 내가 때때로 느끼는 강한 감정은 무엇이며 나는 왜, 언제 이런 감정을 느끼는가?
- 나의 초기 기억은 무엇이며, 나는 왜 여전히 이것을 기억하고 있나?

당신의 일생을 알고 있는 사람을 찾아서 그들에게 위의 질문에 대하여 물어보고, 그들이 생각한 것에 대해 당신은 무엇이라 답변하고자 하는지 적어 보시오.
이 질문에 대한 당신의 답과 다른 사람이 한 답의 차이점과 유사점을 설명해 보시오.

후기 정신역동이론의 발달

확실히 Freud 시대 이후 정신역동이론에는 많은 진보가 있었다. 우리가 알다시피, Freud는 성격이 본능적인 욕동에 의해 영향을 받는다고 생각했다. 다른 정신역동이론가는 사람들과 그들의 정서적 발달은 그것보다는 좀 더 복잡한 것이라고 생각했다. 예를 들어, Erikson은 사람들이 그들의 사회적 환경과 일평생 상호작용하는 것은 성격이 계속적으로 발달하고 자기the self를 출현시키는 본능만큼이나 영향력이 있다고 주장했다. 후기 Freud 학파와 신 Freud 학파들이 생겨났는데 여기에는 애착이론(Bowlby, 1969, 1973, 1980), 단일 자아(Fairbairn, 1952), 참 자기/가짜 자기(Winnicott, 1965), 심리적 원형, 집단무의식(Jung, 1970) 그리고 다른 많은 이론들을 포함한다. 이러한 많은 이론적 견해는 상호보완적이기보다는 모순되는 면이 더 많다. 정신역동 '학파'는 전통적으로 논쟁을 좋아하는 면이 있는 것 같다!

수년간에 걸쳐 정신역동 세계에서 내부적인 정치, 이론에 대한 논쟁, 그리고 권력 싸움은 격렬하였고 심지어는 악하기까지 하였다. Freud는 반대하기 어려운 인물이었다. Freud 학파에서 대가the Master, 즉 Freud의 주장에 동의해야 한다는 것은 잘 알려진 사실이다. 당신은 국제정신분석학회에 동의하는 파 즉, Freud에게 인정받는 파이거나 그렇지 않거나 둘 중 하나일 것이다. 만일 당신이 Freud의 주장에 동의하지 않는다면 당신은 위에서 언급된 학회나 학파에는 소속되지 않는 편이 더 나을 것이다. 서열을 깨뜨리고 모순된 의견을 개진한 사람들은 확실히 제거되었다. 초기의 이탈자는 융이었다. 융은 생리적으로 파생되어 나온 욕동은 성격발달의 전체적인 그림 중의 일부에 지나지 않은 것이라고 생각했다. 그는 사람들은 자기에 대한 통합과 성취를 할 수 있는 욕동을 가지고 있으며, 무의식을 이해하는 것은 영적이고 초월적인 요소를 이해하는 데 반드시 필요하다고 주장하였다(Jung, 1965). Ferenczi와 Rank도 중요한 치료적 기술을 반박했다는 이유로 떨어져 나왔다. 뛰어난 많은 이론가들이 비-Freud 학파로 쫓겨났다.

Melanie Klein은 초기 정신분석 정통파들에 대한 얼마 안 되는 주요한 비평가인 Melanie Klein 역시 Freud 학파의 승인을 얻지 못했다. Freud 정통파에 대한 그녀의 초기 재해석은 나중에 정신역동이론의 대상관계학파로 알려지게 되는 토대를 닦게 되었다(Klein, 1997). Klein 정신분석에서 나온 '대상'이라는 용어는 무생물이나 사물을 의미하지 않는다. 이것은 어떤 사람과의 관계를 의미하는 대상들(또는 목표들)을 의미한다. 이것은 내적인 대상(내재화된 자기), 외적인 대상관계(사람 등), 관계를 상징하는 외적인 대상(아이가 안전감을 느끼기 위해 껴안는 담요), 그리고 부분대상(엄마 자체 보다는 양육자의 가슴)을 의미한다.

Freud 학파의 전쟁

Melanie Klein은 원래 비엔나에서 Freud 밑에서 훈련을 받았고 그후 1926년에 영국으로 이주하였다. 그녀는 1919년에 처음으로

창설된 영국정신분석학파에서 뛰어난 회원이 되었다. 그녀의 아버지와 함께 오스트리아로 도망을 갔던 1938년에, Freud의 딸인 Anna는 이미 영국 정신치료 현장에서 논쟁이 되고 있는 문제와 관련이 되었다. 그 둘 사이의 긴장관계는 1940년대 초반에 그 당시 유명한, 그리고 굉장히 경쟁적인 영국정신분석학파의 파벌들 간의 긴장이 심각한 갈등으로 분출되었다(Rayner, 1990). 특별히 Melanie Klein과 Anna Freud 사이에는 기본적인 불일치가 있었다. 1942년까지 강적인 이 두 여성은 영국 정신분석학계에서 과도한 긴장과 경쟁관계를 만들어냈기 때문에 그 협회는 서로 양립이 안 되는 분쟁 간에 평화를 유지하려는 노력의 일환으로 일련의 전문적인 토론을 하기로 결정을 했다. 이것이 오늘날 '논쟁적인 토론' 으로 알려진 유명한 서신 교환 시리즈가 나오게 된 배경이었다 (King & Steiner, 1991).

그러나 평화 중재자의 노력에도 불구하고 논쟁은 더 심해져 긴장이 고조되었다. 결국 1946년에 영국정신분석학파는 그 틈을 메우기 위한 대안을 찾기 위해 노력하였고, 그 결과 세 그룹으로 나눠지게 되었다. 즉, 순수 Freud 학파(Freud의 사후에 Anna Freud가 이끄는 그룹), 대상관계 이론가(Melanie Klein이 이끄는 학파), 영국 독립학파로 불리는 다소 느슨한 경계를 가진 그룹으로 나누어졌다. 영국 독립학파는 사실상 세 학파 중에서 가장 컸으며, Gillespie, Milner, Winnicott, Bowlby, Rycroft와 Balint와 같은 유명인들이 포함되어 있다.

다행히, 1940년대와 1950년대에 있었던 많은 당파 간 불일치가 대부분 사라진 것처럼 보이고 또 엄청나게 많은 화해가 이루어졌다(Jacobs, 2004). 그들이 전문적으로 성장함에 따라 정신역동이론가는 대개 자기 자신만의 개인적인 스타일과 정신역동이론에 대한 자신들만의 이론을 세우게 되었다. 다행히도 정신역동학과 사이에는 치료사들이 그들의 환자와 작업을 할 때 마음에 품는 기본적인 원리에 대해서는 인식을 같이하고 있다. 그러한 원리로는 정신, 무의식과 전이와 같은 보편적으로 가지고 있는 몇몇 견해를 포함한다.

정신

상담사와 심리치료사는 종종 정신역동의 개념들을 사용하기는 하지만, 그렇다고 해서 그들이 곧 Freud를 추종하거나 정신분석학파가 되지는 않는다. 많은 치료사들(Jacobs, 2005)에게 있어, '정신역동'은 활동적인 부분을 설명하는 포괄적인 표현이다. 즉, 정신(psyche) 또는 내적 자기(일종의 마음과 감정, 영혼의 혼합으로 묘사되는 것)는 일상생활에서 활동하고 있는 것이다. 근대의 많은 정신역동이론가들에 의하면, 정신의 활동은 Freud에 의해 설명된 본능적인 힘보다 더 복잡한 욕동drive으로서의 힘을 행사하는 것으로 설명된다. 오늘날에는 정신의 작업은 활동(역동)에 의존한다고 믿고 있는데, 그 활동은 사람들 사이에, 그리고 사람과 그 자신의 환경 사이에서(사람들이 그들 자신과 관계하는 방법) 계속적으로 발생하는 상호관계이며, 우리의 내적 · 외적인 과거의 경험들이 의식적이든 무의식적이든 현재의 행동과 상호작용에 어떻게 영향을 미치는가에 관한 것이다. 현대의 정신역동치료사는 정신이 외적으로는 자기 밖의 사람(대상)과의 관계뿐만 아니라 내적으로 자기self와 상호작용한다고 주장한다. 다시 말해서, 정신은 정신과 상호작용하고, 자기는 자기와 상호작용한다. 예를 들면, 초콜릿 바를 먹어야 할지 말아야 할지에 대해 고민하는 가운데 당신의 착한 자기와 나쁜 자기는 갈등하게 되고 이에 당신은 불안을 경험하게 되는 것이다. 또한 당신은 의사가 당신에게 너무 살이 쪘다고 말했던 것 때문에 염려할 수도 있다. 정신(자기)은, 좋은 자기와 나쁜 자기가 내적으로 상호작용을 하는 것과 마찬가지로, 다른 사람(예를 들면 의사)과 외적으로 상호작용을 하고 있는 것이다. 그 예들은 다음과 같다.

누군가가 제 정신이 아닌 것 같은 행동을 하고 있는 자신을 발견했다고 가정해 보자. 심각한 문제를 토론하고 있는데 평소 자신과는 다르게 경솔하고 무심하게 행동하게 되었다. 그때 누군가 '그것은 너답지 않다.' 고 말할 수 있다(이는 외적인 상호작용이다). 그 사람은 '나는 오늘 바보같네.' 라고 말할 수 있다(내적 상호작용이다). 이것이 의미하는 것은 현재의 일탈적이고 '부적절한' 자기와는 다른 진짜 자기인 '적절한' 자기가 실제로 있다는 것이다. 그러나 적어도 지금까지는, 일반적이고 합리적인 자기는 주기적으로 이상하고 바보 같은 자기로 대치되어 왔다. 그러나 이러한 교환이 일어나고 있다는 자각은 또 다른 제3의 자기가 있다는 것을 암시한다. 이는 판단하는 자기('비판')로서, 바보 같은 것과 그렇지 않은 것이 무엇인지 결정한다. 아마도 자기-비판은 '까부는 것은 하지 말아야 한다.' 는 신념을 무의식적으로 가지고 있는 사람에게서 나왔을 것이다.

대부분의 정신역동학파들이 가진 공통된 믿음은 정신역동 과정이 대개 어떤 사람의 과거의 관계(그 사람 자신과의 관계이든 외적 대상과의 관계이든)가 현재에 미치는 영향을 이해하는 것과 관련이 있다는 것이다. 이것은 정신역동치료의 핵심으로서 정신은 내담자가 의식하든, 의식하지 않든 간에 항상 작용하고 있다는 것이다. 더 나아가 과거와 현재에서, 정신의 활동은 어떤 사람의 현재의 행동, 관계 패턴, 정서적인 생활방식으로 나타난다. 상담과정 중에 나타나는 것을 포함해서, 내담자가 현재의 자신을 나타내는 다양한 방법은 그의 내적인 심리와 정서적인 과정을 보여 주는 것이다. 그러므로 내적, 외적 관계를 해석하는 방법으로 정신을 표현하는 것은 정신역동심리학 치료자들의 주 활동인 것이다.

처음에는 의식과 무의식의 차이를 단순한 것으로 여길 수 있다. 당신은 당신에게 일어나고 있는 일과 그렇지 않은 일을 알아차리고 있을 것이다. 그러나 실제는 그렇게 단순하지 않다. 왜냐하면 알아차림과 알아차리지 못함의 단계에 차이가 있기 때문이다. 예를 들어, 당신은 2년 전에 있었던 친구의 장례식을 분명하게 기억하고 있다고 생각할 것이다. 당신은 친구가 죽었다는 소식을 들었을 때 느꼈던 슬픔을 분명히 알고 있다. 그러나 당신은 그 슬픔과 고통이 실제로 얼마나 압도적이었는지에 대해서는 기억하지 못할 것이다. 그 고통은 너무나 커서 일상적으로는 잘 떠오르지 않을 깊은 단계에 안전하게 저장되어 있을 것이다. 인생은 그와 같은 방법으로 더 단순하게 느껴진다.

첫 번째는 쉽게 기억이 떠오를 수 있는 단계다. Freud는 이 단계를 전의식이라고 불렀다. 예를 들면, 당신은 오랫동안 보지 못한 연인에 대해 거의 기억을 잊고 있을 것이다. 그러나 이 수준의 기억은 오래된 친구가 조금만 상기시켜 주어도 당신의 기억 속에 다시 떠오를 것이다. 두 번째는 좀 더 깊은 단계로, 좀 더 깊게 묻혀진 기억이 있다, 이 기억은 무의식 안에서 조금 깊이 내려가 있어서 기억해 내는 데 어려움이 있을 수 있다. 예를 들면, 어떤 사람은 부모에 대해 강하고 원시적인 분노의 감정을 느낄 수 있는데, 그러한 감정을 겉으로 드러낼 수는 없을 것이다. 그러한 잠재적이고 파괴적인 감정을 인식하는 것을 두려워하는 사람에게는 이상화된 부모상에게 공격적인 감정을 표출할 기회를 주는 것이 도움이 될 수도 있을 것이다.

그처럼 깊이 묻혀 있는 기억(진짜 무의식)을 찾아 내는 것은 매우 어렵고 때때로 불가능할 수도 있다. 정신역동치료사들의 임무는 감정적이고 심리적인 불안의 근원을 추론하고, 찾고, 정의하는 것이다. 이상적인 치료장면에서, 정신역동치료사는 내담자의 무의식을 의식으로 끌어올리고, 알아차리지 못한 것을 알아차릴 수 있도록 돕는다. 정신역동치료사들에 의하면, 강력하게 제한되어 있고 무의식적으로 구성된 정서적 족쇄가 내담자를 개인적이면서도 심리적인 감옥에 잡아두는데, 이 감옥은 의식할 수 없는 자기 안에 구성되어 있다고 하면서 이 족쇄를 깨뜨림으로써 내담자의 정서적인 성장을 증진시키려는 시도를 한다.

정신역동치료에서 기본적으로 요구되는 것은 상담사가 내담자의 현재 삶에 영향을 미치는 무의식적인 경험과 정서, 그리고 신념을 기억해 내게끔 하는 것이다. 이것은 상담실에서 내담자의 행동을 반영함으로써, 그리고 치료적 관계의 성공과 실패에 참여함으로써 가능하다. '말하는 내용보다는 말하는 방법' 에 관여함으로써

생각해 볼 거리

당신이 누군가에게 결코 화가 나지 않았다고 말하지만, 당신이 그 말을 하면서 탁자를 주먹으로 세게 내려치고 있다고 가정해 보시오.

- 당신의 말에 영향을 받는가 아니면 당신의 행동으로부터 좀 더 큰 영향을 받는가?
- 당신의 '숨겨진' 마음에서 무엇이 일어나고 있다고 추측할 수 있는가?

현대 정신역동치료사는 말할 때 어떻게 행동하느냐를 중요하게 여긴다.

정신역동치료사들이 소망하는 것은 무의식을 의식화함으로써 내담자들이 그들의 삶을 더 잘 조절하고, 정서적으로 덜 불안하고, 더 만족스럽게 되는 것이다. 내담자는 더 이상 비현실의 노예가 되어서도 안 되고, 자기 자신인 무의식의 일부 안에 있는 조절할 수 없는 힘(정신역동)에 의해 지배되어서도 안 된다.

전이

정신역동치료사는 사람들의 내적 자기와 외적 자기(Freud, 1986 참조)뿐 아니라, 과거 경험과 현재 경험 사이에도 연결이 있다고 주장한다. 다시 말해서, 우리는 우리 내부에서 영향을 받았던 방식대로 현재에도 관계를 만들고 있을 뿐 아니라, 과거의 경험에 의해 영향을 받았던 방법대로 행하게 된다. 여기에 2가지 예가 있다.

1. 한 사교클럽의 오랜 회원이었던 Bob은 새로운 회원인 Jim이 본능적으로 싫었다. Jim은 꽤 멋있는 친구였기 때문에 이것은 비합리적으로 보였다. 한 가지 설명할 수 있는 것은, Jim은 의식할 수 없다 하더라도, Bob에게 무의식적으로 어린 시절 관계에서 혐오스런 기억을 생각나게 할 만한 무엇이 있을 수 있다는 것이다. 물론 Bob은 그것을 알아차리지 못할 수도 있다. Bob은 '나는 그를 좋아하지 않아.' '나는 수염을 깎지 않은 사람을 참을 수 없어.' 라는 자신의 말을 분명히 믿을 것이다. 그러나 의식할 수 없는 단계에서 그것은 실제로 Bob이 '나는 수염을 깎는데 전혀 신경 쓰지 않았던 게으름뱅이 아버지를 기억해 내고 싶지 않아.' 라고 말하고 있는 것일 수도 있다.
2. Josephine은 보통은 얌전한 성격인데, 일을 할 때면 괴팍한 사람이 되어 버린다. 그녀의 동료는 '그녀에게 무슨 일이 있는 걸까?' 의아해한다. 반면 Josephine은 '나에게 잘못된 것은 아무 것도 없다.' '그들이 나를 동요케 하는 것이다.' 라고 확신하고 있다. 그러나 실제로 일어난 일은 Josephine이 새로운 매니저를 만난 순간 초등학교 시절에 혐오했던 잘난 척하는 선생님이 Josephine의 무의식 수준에서 기억난 것이다. 그래서 그 결과 스스로도 인식하지 못한 상태에서 Josephine의 기분은 나빠진 것이다.

무의식에 저장되어 있는 이러한 감정들 때문에, Bob은 자신이 수영을 좋아하지 않는다고 믿고 있고, Josephine은 그녀의 동료들이 그녀를 짜증나게 한다고 생각하게 한 것이다. 위의 두 가지 경우에서, Bob과 Josephine은 주변 사람들을, 생의 초기 단계에 자신들이 싫어했던 사람들처럼 여기고, 그들을 힘들게 하고 있다는 사실을 전혀 알아차리지 못하고 있는 것이다. 다시 말해서, Bob과 Josephine은 무의식적으로 그들의 과거로부터의 경험을 현재에 전이하고 있는 것이다.

정신역동상담의 회기에서, 내담자의 기억 속에 묻혀진 감정이나 정서와 같은 이러한 초기 경험은, 상담사와의 관계에서 종종 의식하지 못한 상태로 드러나게 된다. Bob과 Josephine처럼, 내담자는 무의식적으로 그들의 과거를 현재에 전이한다. 이것이 '전이'로 알려진 심리학적인 과정이다. 물론 전이는 매일의 삶 속에서 일어난다. 임상적으로 중요한 전이(치료사에게 전이하는 내담자)는 종종 치료과정 중에 일어난다. 그와 같은 전이는 치료사의 방 밖에서 일어나는 심리적으로 건강하지 못한 전이를 나타내는 것이다.

종종 내담자-상담사의 관계는 내담자가 밖의 사회에서 다른 사람들과 어떻게 관계하는지에 대한 많은 단서와 힌트를 준다. 내담자를 돕기 위해선 내담자와 상담사 사이의 상호관계 과정(전이)을 이용하는 것이 정신역동치료사의 하나의 업무다. 치료사는 내담자의 현재의 생활과 관계에 치료적으로 유익한 방법으로 내담자의 과거의 관계들이 재발견되도록 노력해야 한다. 그러므로 정신역동상담사는, 전이가 상담과정 중에 나타났을 때에, 내담자의 전이를 가지고 작업하여 그들의 숨겨진 상호관계에 대한 감정이 드러나도록 돕는 것이 중요하다.

매일의 삶 속에서, 내담자는 많은 부류의 사람들과 많은 종류의 전이를 경험한다. 그러나 치료의 방에서는, 단지 2명의 사람만이 존재하는데, 그것은 내담자와 치료사다. 그러므로 상담실에서 전이는 내담자와 치료사 사이에서만 일어난다. 다른 사람들은 단지 '과거로부터 온 유령들' 로서 나타날 것이다. 다시 말해서, 내담자는 치료사를 만날 때에 전에 경험했던 모든 것을 가져온다. 때때로 이러한 '유령들' 이 나타나지만 알려지지 않는다(내담자는 알아차리지만 그것에 대해 말하지 않는다). 때때로 그들은 나타나지만 실재하지 않는다(내담자의 무의식 속에 묻혀있다).

물론 전이는 2가지가 있다. 치료사는 그 자신의 과거가 내담자와의 상호작용에서 영향을 받는다는 가능성에 대해 면제되어 있지 않다. 이러한 치료사-내담자 전이는 '역전이' 라고 알려져 있다.

Bob과 Josephine의 경우는 둘 다 부정적인 전이다. 그러나 많은 긍정적인 전이가 매일의 삶과 치료실에서 일어난다. 긍정적인 전이가 일어나도록 하는 것은 치료적으로 유용할 수 있다. 예를 들면, 치료사는 내담자가 그들에게 따뜻한 감정을 갖도록 하는데(긍정적인 전이), 이것은 치료적인 관계를 형성하도록 돕는 것으로서 내담자가 자신의 어렵거나 수치스러운 주제에 대해 이야기할 수 있도록 돕는 것이다. 상담사에게 위험한 것은, 전이가 하나의 유용한 은유가 아닌 실제, 그리고 구체적으로 존재하는 것이라고 믿는 것이다(구체화reification로 알려진 오류). 어떤 상담사는 그들이 '부정적인 전이' 를 경험했다고 인정하는 대신에, 자신이 누군가를 싫어하고 좋아한다는 것을 마지못해 인정한다.

정신역동치료의 실제

◐ 사례연구 3-2

June은 의도적으로 Andrew를 선택했다. 왜냐하면 그녀는 "나는 항상 남자들과 더 잘 지낸다."라고 말했기 때문이다. 그녀는 자신이 왜 성인들과의 관계에서 대개 실패하게 되는지 알기를 원했다. June은 명백하게 성적인 태도를 보였다. 그녀는 노출이 심한 옷을 입고 삶과 문제에 대해 하는 모든 말들 속에 성적인 내용을 포함시켰다.

Andrew가 보기에 그녀는 전에 만났던 치료사들을 포함해서 대부분의 남자들을 유혹하고 있었다. 3번째 회기에, Andrew는 자신은 그녀의 다음 목표물이 되지 않을 것이라고 말했고, June은 눈에 띄게 불안해했다. 그러나 다음 회기부터 더 성적인 태도를 보였다.

이후의 회기를 통해, June은 자신이 Andrew에게 그녀의 어린 시절에 대해 이야기하고 있다는 것을 알았다. 그녀의 아버지는 그녀와 그녀의 여동생들에게 신체적으로 폭력을 행했다. 충분히 나이가 들어감에 따라, June은 동생들을 보호하려고 노력했고, 이에 아버지의 공격성을 막기 위해 아버지에게 성적인 만족감을 제공했다. 그러나 이것이 항상 잘 통하지는 않았다. 그래서 그녀는 그의 폭력성은 자신이 충분히 성적이지 못하기 때문이라고 생각하면서 자신의 잘못이라고 믿게 되었다. 결국 June은 성을 제공하는 것은 자신이 삶에서 값을 치르는 방법임을 알게 되었다.

June의 경우, 그녀는 마침내 무의식 속에서 3가지 '삶의 규칙'을 보게 되었다. '남자는 무섭다. 그들에게 성을 제공함으로써 그들의 위협을 돌릴 수 있을 것이다. 그리고 결국 자신의 부적절성 때문에 그녀의 전환 전략은 실패한다.' June은 의식적으로는 자신의 3가지 규칙을 알아차리지 못했다. 그리고 그녀는 자신의 분명한 성적인 행동을 의식하지 못했다. 그녀가 의식한 것은 '내가 일을 할 때 좀 더 편하기 때문에 이렇게 입는다. 그리고 남자는 결국 언제나 당신을 실망시킨다.' 이다. Andrew는 상담실에서 명백하게 드러난 전이와 관련된 가능한 원인들을 숙고한 끝에 June의 무의식적 과정에 대해 처음으로 모호하지만 통찰하게 되었다. 그리고 그 의심은 그가 June의 행동의 대해 거절했을 때에 그녀가 불안을 느끼면서 치료를 지속하는 것을 꺼려하는 모습을 보면서 확실해졌다. 상담을 몇 회 하지 않았는데도 June이 성인들과의 관계에서 많은 실패를 했던 진짜 원인을 찾아보고 싶고, 성이 아닌 다른 방법으로 다른 사람과 관계해 보려는 시도를 해 보고 싶을 만큼 자신을 신뢰할 수 있다는 안전감을 느끼게 되었다.

생각해 볼 거리

- 당신은 공공연하게 드러내는 성적인 행동이 실제로 심리적인 전이라고 믿는가 아니면 호르몬 문제라고 믿는가?
- June의 경우에 그녀가 여자 상담사를 만났다면 어떤 방법으로 도움이 될 수 있었을까? 전이와 역전이는 어떻게 다른가?
- 정신역동적 관점에서 보면, 당신과 당신 내담자와의 관계는 비성적일 수 있는가?

더 읽을거리

Appignanesi, R., & Zarate, O. (2007). *Introducing Freud: A graphic guide to the father of psychoanalysis*. Cambridge: Icon Books.

Jacobs, M. (2004). *Psychodynamic Counselling in Action* (3rd ed.). London: Sage.

Jacobs, M. (2005). *The Presenting Past* (3rd ed.). Buckingham: Open University Press.

Mander, G. (2000). *A Psychodynamic Approach to Brief Therapy*. London: Sage.

제4장 인지행동이론에서 상담사의 역할

핵심지식

- ❖ 일부 심리학자들은 우리가 생각하고 행동하는 방식이 바로 그 사람을 만든다고 주장한다.
- ❖ 행동은 자동화될 수 있다(고전적 조건화).
- ❖ 행동은 만들어지거나 수정될 수 있다(조작적 조건화).
- ❖ 생각은 사람들이 일상생활에서 발생한 사건에 반응하는 방식에 영향을 준다. 사람들은 자기 방식으로 세상을 해석하고, 자신이 해석한 방식에 따라 자기존재가 형성된다.
- ❖ 인지행동치료사는 사람들이 어떻게 생각하고, 행동해야 하는지 모르기 때문에 정서적 어려움과 심리적인 문제가 발생한다고 믿는다.
- ❖ 인지행동치료란 치료사와 내담자 사이의 협력 관계로서, 내담자는 어떤 상황에 대한 새로운 행동방식과 새로운 사고방식을 발견함으로써 심리적 문제를 해결하도록 치료사에게 도움받는다.

성격에 대한 인지행동 이야기

성격에 대한 인지행동적 설명은 아주 간단하다. 인지행동은 사람의 생각과 행동을 단순히 연결하며(Ellis, 1962; Kelly, 1955), 사람의 행동과 행동에 대한 생각을 연결하는(Bandura, 1977; Skinner, 1953) 접근법이다. 인지행동치료사들은 생각하고 행동하는 과정의 결합이 그 사람을 형성한다고 본다. 이것이 인간 성격에 대한 인지행동주의적 설명의 전부다. 성격이 발달함에 따라 드러나게 되는 숨겨진 의도나 무의식적인 과정은 없다. 성격발달은 보이는 그대로인 것이다. 또한 숨겨져 있거나 미리 정해진 성격발달 계획 같은 것이 없기 때문에 그러한 계획을 따라갈 필요도 없다. 당신이 보는 그대로가 그 사람인 것이다.

성격발달에 대한 인지행동적 견해는 정신분석 접근과 명백한 대조를 이룬다. 정신역동주의자는 성격이란 내적 정신활동에서 이루어지며, 어떤 규칙에 따라 일정한 방식으로 발달한다고 보았다. 그러나 역사적으로 Freud를 비난하는 사람들에 따르면 원초아id는 보이지 않고, 자아ego는 측정될 수 없으며, 초자아superego는 조사할 수 없기 때문에 Freud의 주장이 본질적으로 취약하다고 주장한다(Shilen, 1987; Thorndyke, 1932; Watson, 1925). 따라서 Freud 이론을 비난하는 사람들은 Freud가 주장하는 내부 정신역동과정은 증거가 부족한 주장이라고 말한다. 정신역동과정은 이론으로만 존재할 뿐 실제로 존재한다는 증거는 없다. 그들의 비판에 따르면, Freud의 견해가 가끔씩 치료적으로 유익할 때조차 정신역동과정은 여전히 신화일 뿐이며, '만일 그것이 사실이라면' 이라는 가정 하에서 성격을 설명할 수 있을 뿐이라고 주장한다(Eysenck, 1990; Shlien, 1987). 인지행동주의자에 의하면, Freud의 추측 이론에 대한 대안은 개인에게 실제로 무슨 일이 일어나는지를 이해하는 것이다.

인지행동주의자는 성격이란 삶에서 사건이 발생했을 때 대처하는 자기관찰 과정을 통해 이해할 수 있다고 주장한다. 따라서 성격에 대한 인지행동적 접근은 자연과학과 실제 관찰에 기초한다. 인지행동주의자의 성격모델이 매우 객관적이라는 점은 경험적 연구자로 하여금 성격을 연구하도록 하는 동기가 된다. 인지행동이론의 중요한 매력은 명백하게 증거에 기초한다는 것이다.

인지행동주의자는 사람이 어떻게 생각하고 어떻게 행동하느냐에 따라 그 사람의 성격이 형성된다고 본다. 그러나 행동심리학자(Eysenck, 1967, 1991)는 사람의 생각과 행동이 개인의 생물학적인 요소에 의해 적어도 일정 부분은 지배된다고 생각했다. 어떤 성격 특성은 선천적일 수 있다는 것이다. 예를 들어, 어떤 사람의 뿌리 깊은 고집불통은 오랫동안의 습관에서 기인된 것일까 아니면 유전적으로 타고난 것일까? 그럼에도 불구하고 인지행동주의자는 사람의 성격이란 생각과 행동의 결합이라는 확신을 유지하고 있다.

만일 인간의 성격이 모두 행동과 사고의 결합이라고 믿는다면 사고방식이나 행동방식의 변화는 성격의 변화를 일으킬 것 처럼 보인다. 예를 들면, '나는 항상 실패해.' 에서 '나는 유능해.' 라는 자기지각 변화나 금연과 같은 행동 변화를 가정해 보자. 인지행동의 관점에서 보면 이러한 생각이나 행동의 변화가 어떤 측면에서는 성격의 변화를 초래할 수도 있다는 것이다. 당신의 생활양식이나 태도에서 당신이 이룬 처음의 변화는 클 수도 있고 작을 수도 있다. 즉, 그 영향력이 클 수도 있고 거의 없을 수도 있다. 다음 사례는 엄청난 사건이 많은 변화를 일으킨 이야기다.

◐ 사례연구 4-1

50세쯤 된 Bill은 대형은행에서 평생 일해 왔다. 최근 그는 불안과 우울, 심한 고통으로 인해 생활이 엉망이 되어 갔다. 그래서 그는 상담사를 찾아갔다. Bill은 세 번째 상담에서 매우 충격적인 이야기를 했다. Bill은 지난주에 결혼생활과 직장을 모두 잃었다고 하였다. 지난 월요일에 27년 동안 같이 살아 온 아내 Barbara는 불행하다며 곧 떠나겠다고 간단히 말했고, 목요일에는 은행에서 해고를 당했다. Bill은 충격에 빠졌고 재정적인 어려움과 더 이상 미래는 없다고 말했다. 세 번째 상담은 매우 힘들었고 Bill은 불안정했다.

하지만 네 번째 상담에서 Bill은 매우 다른 모습으로 왔다. 상담사가 이전에 한 번도 만난 적이 없는 사람 같았다. 지난 2주 동안 일어났던 충격적인 사건들이 Bill의 가슴속에 오랫동안 잠자고 있던 불꽃을 일깨웠다.

벌레같이 한심한 인간이 변했다.

"나는 휴가다."라고 간단히 말하고서 Bill은 "세상이 그를 원하지 않는다면 그도 세상을 필요로 하지 않기로 결정했다."고 말했다. Bill은 그가 소유한 모든 것을 현금으로 바꿔서 세계 일주 여행 항공 티켓을 끊었다. "나는 오늘 단지 작별인사를 하러 왔어요."라는 말만 하고 Bill은 사라졌다.

18개월 뒤에 상담사가 우연히 Bill을 만났을 때 Bill의 모든 것이 바뀌어져 있었다. Bill의 몸가짐과 옷차림도 변화되었고 인생에 대한 태도도 완전히 달라졌다. 생기를 되찾은 Bill은 영국으로 돌아와서 새로운 삶을 행복하게 살았다. Bill은 안정적이지도 않았고, 장기 계획도 없었고, 돈도 한 푼 없었다. 그럼에도 그는 행복한 사람이었다.

활동

다음 사항을 잘 생각해 보고 동료들과 토론해 보시오.

- 일련의 충격적인 사건들이 Bill의 성격을 정말 변화시켰는가? 아니면 그 사건들이 '진정한 Bill' 이 태어날 수 있도록 하였는가?

인지행동이론-행동이론

20세기 초 '비-Freud 학파' 의 성격발달 연구는 주로 전형적으로 왜 한 사람이 하나의 성격을 가지고 하나의 방식으로 행동하고, 다른 사람은 다른 방식으로 행동하는가 하는 물음에 집중되었다. Pavlov(1927), Skinner(1953), Wolpe(1958)를 포함한 유명한 연구자들은 성격이란 사건을 통해 학습한 결과라고 믿었다. 예를 들면, 고장 난 전기공사에서 전기충격을 받은 사람은 전기가 위험한 것이라는 것을 배우게 되고, 그 이후부터 전기선을 만지는 것을 항상 두려워한다는 것이다. 또한 어떤 행동이 여러 번 반복되면 그 결과로 특정 행동이 자동적으로 나타나거나 익숙해진다고 믿었다. 예를 들어, 고통스러운 화상 경험을 한 사람은 뜨겁지 않더라도 빨간 물체만 보면 자동적으로 물러서게 된다는 것이다.

성격이 학습된 행동에서 나온다는 주장은 성격발달을 단지 기계적 과정으로 볼 수 있는가에 대한 의구심을 불러일으킨다. 만일 행동주의자의 주장이 옳다면, 사람은 필요에 맞게 만들어질 수도 있고, 만들어지지 않을 수도 있고, 수정해서 다시 만들 수도 있다. 만약 어떤 사람이 필요하다면 우리는 인간 기계human machine가 작동하는 방식을 간단하게 바꾸면 된다. 심리학적인 약간의 조치로 간단하게 조정하면 작업이 끝날 수 있다는 것이다.

성격에 대한 행동모델 또는 행동주의(Burrhus F. Skinner, 1904~1990)는 우리가 행동하고 존재하는 경험으로부터 학습이 일어난다는 인식에 기초한다. 만일 이것이 사실이라면, 우리가 원하지 않는 자신의 모습을 재학습 과정을 통해 변화시킬 수 있다는 것이다. 치료사가 생활에 '잘못된' 정서반응을 하도록 학습한 내담자를 만난다면, '잘못된' 감정을 버리고 '올바른' 정서반응을 배우도록 도움을 줄 수 있다. 만일 우리가 정말로 내담자에게 이런 도움을 줄 수 있다면, 미묘한 '내적 존재'로 끝없이 괴로워하는 내담자를 돕기 위해 수많은 시간을 낭비하기보다 내담자를 간단하면서도 실질적으로 치료해 줄 수 있다. 이것이 행동주의의 기본적인 사고다.

학습이 어떻게 진행되는지 명확하게 이해한다면 성격 유형이 학습과 어떤 관련이 있는지 대답할 수 있다. 학습과정은 자극과 반응 기제라고 말한다. 다음 그림은 학습이 일어나는 가장 단순한 과정을 보여준다.

행동이 학습되는 경우에서 이러한 과정을 이해하는 방법은 일종의 '검은 상자black box' 안에서 일어나는 인간의 내부를 시각화하는 것이다. 우리는 검은 상자 내부에 무엇이 일어나는지 볼 수도 없고, 실제로 관심도 없다. 왜냐하면 행동은 단순히 생각의 결과이기 때문에 내부에 대한 이해는 중요하지 않다. 이러한 학습을 '연합학습associative learning'이라 한다. 즉, 이것은 자극에 반응이 자동적으로 연결되며 사고는 포함되지 않는다. 이것이 학습이 일어나는 과정이다.

사례 1

당신이 와인 잔을 가지고 있다고 생각해 보라. 혹은 베이컨 샌드위치나 초콜릿 등 당신이 좋아하는 어떤 것이라도 좋다. 당신은 찬장에서 와인 병을 가지고 온 다음 소리 내어 연다. 당신이 와인 병 코르크 마개뽑이를 당겨서 뽑을 때 코르크 마개가 열리는 소리가 들리고 와인을 잔에 붓는다. 지금 와인을 마실 준비가 되었고 와인을 마실 수 있다. 이것이 고전적 조건화 반응classically conditioned response이다(Ivan Palov, 1849~1936). '소리 자극'에 대한 학습에 기초한 반응은 너무도 강력해서 당신이 반응하기 위해 무슨 일이 일어나고 있는지를 항상 확인할 필요가 없다. 와인을 따를 때 무슨 일이 발생했는지를 설명하는 것은 많은 사람들에게 흥미진진하다. 당신이 식초 병을 열고 식초를 와인 잔에 부을 때 옆방에서 온 사람들은 와인 병 코르크 마개 따는 소리를 들었기 때문에 식초를 와인으로 오해하고 '나도 와인 좀 주세요.' 라고 할 것이다. 이것은 바로 먹이 종소리가 울리면 타액이 나오는 것을 학습한 Pavlov의 개 실험인데, 그 개들은 음식이 없을 때조차 종소리가 울리면 타액을 분비했다. 또한 고전적 조건화 반응을 경직rigid 반응이라 부르기도 한다.

사례 2

직장에서 처음 일하는 십 대를 생각해 보라. 십 대들은 학교에서 또래들의 압력으로 청바지를 입도록 배웠다(행동 1을 배움). 그러나 직장에서 청바지를 입은 십 대들은 사회적 압력으로 불편함을 느껴 공식적인 정장 옷을 입도록 영향을 받는다(행동 2를 배움). 경영자는 회사 이미지를 소비자 친화적으로 만드는 사람을 승진시키기로 하고 직원들에게 편안하게 옷을 입도록 하였다. 그러자 십 대들은 동료들이 어떻게 옷을 입는지 본 후 멋지고도 편안한 옷을 입기 시작했다(행동 3을 배움). 명백하게, 행동 변화가 이와 같이 간단하고, 권위적 위치에 있는 사람이 행동 변화를 원한다면, 미묘하게 숨겨지거나 혹은 드러난 보상(압력) 시스템이 타인의 행동을 마음대로 변화시키거나 조종하는 데 이용될 수 있다.

다소 복잡하지만 지속적으로 변화 가능하고 직접적인 행동 패턴은 조작적 조건 반응operantly conditioned responses 혹은 도구적 조건화instrumental conditioning로 알려져 있다. 그러한 반응은 쉽게 변화되거나 왜곡될 수 있으므로 '플라스틱plastic' 반응이라 한다. 이러한 행동(반응수정)은 **행동조성**behaviour shaping으로 알려져 있으며 바람직하고 적절한 행동을 격려하기 위해서 학교, 정신병원, 감옥과 유사한 기관에서 사용될 수 있다. 이런 기관의 입소자는 적절한 행동을 했을 경우 다양한 치료나 특권을 보상으로 받을 수 있다. 만약 상태가 나빠지거나 회복되지 않는다면 보상을 받지 못하는데, 이러한 과정을 토큰 경제token economies라 한다

Skinner와 같은 행동주의자에 따르면, 학습이 성격을 형성한다고 본다. 성격이란 개인이 습득한 학습행동의 결합으로 구성된 효과적인 자동장치다. 태어날 때 우리는 백지상태였으나 생활 속에서 발생한 사건이 개인의 성격에 영향을 주었다. 예를 들면, 당신이 인생에서 여러 차례 무시당한 경험을 할 수 있고 그 결과로 내향성을 습득할 수도 있으며, 어떤 사람은 오로지 칭찬과 찬사를 받아 외향성을 습득했을 수도 있다.

인지행동이론-인지이론

지난 20세기 중엽부터 성격이론가들은 점점 더 사람이 환경에 단순하게 반응하지 않는다는 견해를 갖게 되었다. Bandura(1977), Mahoney, Arnkoff(1978) 같은 심리학자 이외에도 많은 학자들은

사람이 사건에 단순히 반응하는 것이 아니라 자신에게 무슨 일이 발생했는지를 이해하고자 하며, 이해한 후에 반응을 어떻게 할지 결정한다고 주장했다. 예를 들면, 어떤 사람이 당신에게 총을 겨눌 때 진짜 총이라면 매우 놀라지만 물총이라면 웃을 것이다. 즉, 사람은 어떤 일이 발생했을 때 어떻게 이해했는지에 따라 행동이 달라진다는 것이다.

만일 우리가 어떻게 생각하는가에 따라 성격이 결정된다면, 우리는 자기 생각을 변화시켜 성격을 바꿀 수 있다. 성격에 대한 인지이론은 정신역동에서 이야기하는 본능적인 작동 과정이 무의식에서 작동되기보다 인생 사건을 해석하는 방식에 대한 의식적인 생각과 의식적인 선택으로 각 개인의 성격이 형성된다고 본다.

인지적 관점에서 인간은 '유리 상자glass box' 이고 우리는 그 내부에서 진행되는 것을 보고 싶어 한다. 우리는 사람의 내면에서 일어나고 있는 인지과정에 대해 알고 싶어 한다. 이런 종류의 해석에 기초한 학습을 개념 학습conceptual learning이라 한다. 개념 학습은 인지적으로 자극과 반응을 연결하는데, 여기에 사고가 필수적으로 포함된다.

다음의 자극 반응 기제를 살펴보자.

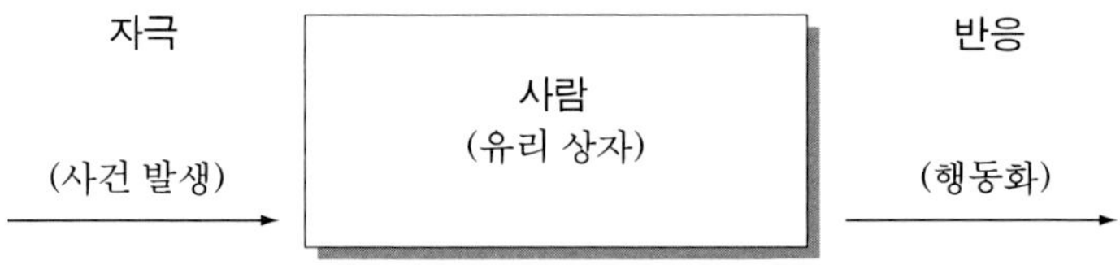

개념 학습은 인생관의 일부인 핵심신념이 있을 때 발생한다. 그것은 다음과 같이 작동한다. 당신이 방에 앉아 책을 읽고 있다고 가정해 보자. 누군가 당신에게 깨끗하게 페인트를 칠한 벽에 대해 이야기했다고 생각해 보자. 당신의 즉각적인 반응은 벽에서 떨어지려 하거나 가까이 있다면 조심하려 할 것이다. 그러한 반응은 '나는 항상 깨끗하고 단정해야 해.' 라는 당신의 핵심신념 때문일 것이다. 당신의 확립된 사고는 '새로운 페인트' 와 '젖은 페인트' 의 개념을 연결하도록 도와주며, 그때 '젖은 페인트는 내 옷에 묻을 거야.' 라는 것을 연결시킨다. 이것은 모든 것이 깨끗해야 한다는 핵심신념에 어긋나기 때문에 당신은 페인트에 묻지 않으려고 노력하게 된다.

새로운 페인트에 대한 나의 이야기가 당신을 전혀 괴롭히지 않을 수도 있다. 그렇다면 아마 당신의 핵심신념은 '깨끗하고 정리정돈하는 것은 중요하지 않아.' 일 것이다. 이것은 옷에 페인트가 묻어도 당신은 전혀 걱정하지 않고 아무런 반응을 하지 않을 수도 있다는 것을 의미한다. 근본적인 질문은 이것이다. 두 가지의 다른 핵심신념, 즉 '깨끗해야만 한다.' 와 '깨끗하지 않아도 된다.' 는 신념은 서로 다른 성격을 만든다는 것이다. 즉, 인지성격이론가는 성격에 대해 다음과 같이 말한다.

인지이론가는 사람들이 세상에 반응하는 방식뿐 아니라 발생한 사건을 해석하는 방식으로 개인의 성격이 형성된다고 보았다. 따라서 개인의 성격은 주로 사람의 특징적인 사고패턴인 인지cognitions에 의해 만들어진다. 인지적 관점에서 성격 유형은 사람들이 사고를 조직화하는 방식과 주위 환경에서 얻은 정보를 관리하고, 통합하고, 조직화하는 방식으로 형성된다. 따라서 성격 형성은 다음과 같은 방식에 달려 있다.

- 우리가 생각하는 방식, 즉 세상을 해석하는 방식
- 획득된 정보를 처리하는 방식
- 환경 변화에 대한 신념과 사고를 변화시키고 수정하는 자기 조절 방식

인지이론과 행동이론의 결합

성격에 대한 인지이론에 행동이론을 결합하는 것에 대해 심사숙고한 초기 연구자는 인간 성격이 인지와 행동 과정의 결합이라고 주장하는 현대 이론가들(Scott et al., 1996)에게 길을 열어 주었다. 많은 이론가는(Mcleod, 2003) 인지와 행동이 결합하여 작동한다고 말한다.

내담자가 우리를 만나러 왔다고 가정해 보자. 우리는 인지행동 치료법을 사용하기로 결정했다. 예를 들면, 심리치료사는 내담자에게 강박행동적 성격이라고 이야기했다. 내담자는 지속적으로 자기 주위를 깨끗하게 통제하고 조직화한다. 그래서 '지저분한 방' 같은 사건이 발생하면, '지저분함은 견딜 수 없어.' 라는 괴로운 생각이 떠오른다. 이러한 생각은 '나는 더러운 것은 싫어.' 라는 고통을 갖게 하여, '방을 완벽하고 깔끔히 치워야 해.' 라는 강박적인 행동을 유발한다. 그러나 완벽하게 깨끗함이란 불가능하다. 내담

자는 깔끔한 행동을 반복해야 한다고 느끼지만 당연히 완벽함은 성취할 수 없다. '완벽하게 깨끗해야만 해.' 라는 사람의 생각과 '나는 이것을 이룰 수 없어.' 라는 현실 사이에서 심리적 갈등은 신체적인 증상(빠른 심장박동, 땀 흘리기 등) 및 정서적 증상(불안, 우울 등)과 같은 스트레스 반응을 발생시킨다.

앞의 예시를 고려해 보면, 모든 인간의 감정, 행동, 생각과 신체적 증상은 어떤 방식으로든 상호연결되어 있는 것으로 보인다. 각자의 연결패턴이 개인의 성격을 형성한다. 성격에 대한 인지행동이론은 이러한 가정에 기초한다. 이러한 과정을 보여 주는 [그림 4-1]의 '4개의 출입문4gates' 모델은 Scott과 Dryden(1966, p. 157)이 생각해 냈다.

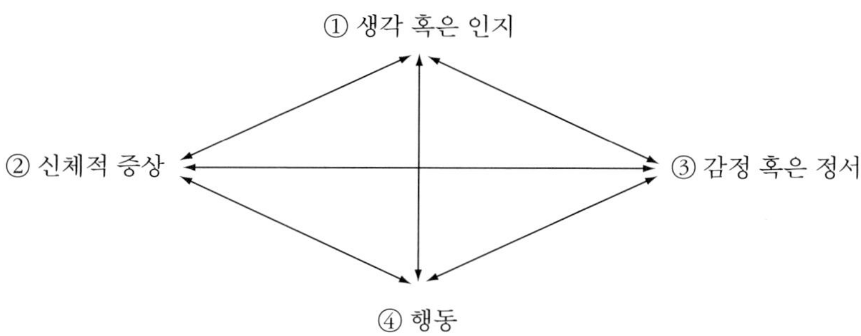

[그림 4-1] 4개의 출입문 모델

우리가 '출입문' 을 통해 사람의 성격이 형성된다는 4개의 출입문 모델 구성 요소에 대해 생각한다면, 4개의 출입문은 사람의 성격 수정을 시도할 수 있는 적당한 출발지점이 될 수 있다. 예를 들면, 우리가 앞에서 이야기한 충동 강박적인 내담자의 경우, 우리는 다음과 같은 치료 전략에 대해 생각할 수 있다.

- 1 출입문-생각의 문 들어가기: 문제를 재구성하는 방법을 제안함으로써 건강하지 않은 생각과 인지를 제거하거나 변화시키는 방법을 탐색하기
- 2 출입문-신체증상의 문 들어가기: 이완요법이나 신체 운동과 같은 증상 조절기법을 가르치기
- 3 출입문-감정의 문 들어가기: 심리치료나 다른 형태의 정서적 전환 방법을 제공하기
- 4 출입문-행동의 문 들어가기: 자조집단 참여하기나 분노 관련 책 읽기 등, 자기 통제력 획득에 도움이 될 만한 새로운 행동 프로그램에 동의하기

전통적으로, 심리치료사는 3 출입문('감정/정서' 출입문)을 통해 성격을 이해하고자 했다. 그 이유는 이곳에 내담자의 가장 중요한 문제가 있다고 생각했기 때문이다. 실제로 많은 상담사는 행동치료가 다른 출입문은 무시하고, '오직 증상만 치료하는 것' 으로 폄하하고 '진짜 문제' 에는 도움을 주지 않는다고 비판한다. 강력한 대안적인 주장(Beck, 1991)으로 정서장애는 인지와 신체 장애를 알려주는 지표(증상)라는 주장이다. 증상은 원인이 아니다. 만일 이러한 주장이 사실이라면 인지행동적 증상을 치료하는 것이 실제로 내담자를 돕는 좋은 방법임에 틀림없을 것이다.

활동

어떤 내담자가 인지행동치료로 도움을 받는다고 가정해 보자. 내담자는 좀 더 건강한 삶과 일 사이에서 균형을 유지하라고 배웠다.

- 이 내담자는 정말 변화되거나 개선되었는가? 아니면 지금 약간 더 나아진 느낌인가?

이 질문에 대한 답을 해 보시오.

인지행동이론은 어디서 나왔나

인간 성격에 관한 인지행동적 견해는 표면적으로는 확실히 매력적이다. 그것은 검증할 수 있기 때문에 학자들에게 호소력이 있다. 인지행동치료가 내담자에게 매력적인 이유는 이 방법이 빠르게 고통을 완화시켜 줄 것으로 믿기 때문이다. 결국 내담자들은 치료하러 오는 것이지 치료에 대해 이야기하러 오는 것은 아니다. 또한 인지행동치료는 치료사에게도 매력적인데, 왜냐하면 그것이 성공적인 치료사가 된다는 데서 오는 전문가로서의 만족감이나 개인적인 만족감을 누릴 수 있기 때문이다. 그러나 성격에 대한 인지행동이론의 중심에는 '학습상자'가 있다는 것을 기억해야 한다. 우리는 검은 학습상자 속을 들여다볼 수 없고, 단지 유리 학습상자 속을 볼 수 있다. 우리는 아직 성격에 대한 인지행동 설명을 평가할 수 없다. 인간의 내면에서 무엇이 진행되는지에 대해 지금보다 더 많이 알게 될 때, 더 잘 판단할 수 있을 것이다.

심리치료에서 인지행동적 관점

인지행동접근에는 중요한 두 가지 치료적 요소가 있다.

인지Cognitive 인지(생각, 신념, 자기 이미지 등)가 자극과 반응 사이에 개입한다는 가정에 기초한 치료방법들이 있다. 이러한 치료방법 중 한 가지 예는 Albert Ellis(1913~2007)가 개발한 합리적 · 정서적 행동치료모델Rational Emotive Behavioural Therapy: REBT이다. 이 치료기법은 잘 알려진 ABC원리를 바탕으로 한다(Dryden, 2005; Ellis, 2001). 이 방법은 자극과 반응이 직접적으로 연결되는 것이 아니라, 신념에 의해 수정된다고 가정한다. 예를 들면, 나는 총을 가진 사람을 본다(A: 활성화 사건). 만일 나의 사고(B: 신념)에 총을 소지한 사람은 모두 폭력 범죄자라고 하는 사고(B: 신념)가 개입되면, 나는 두려움을 느낀다(C: 결과). 그러나 만일 총을 소지한 사람이 나를 보호하기 위해 거기서 근무 중인 경찰이라는 것을 곧이어 알게 되면 나의 공포는 안심으로 변할 것이다.

행동Behavioural 행동은 주로 Joseph Wolpe(1915~1997)의 연구에 기초한 치료방법이다. 남아프리카 태생으로 미국 시민권자가 된 Wolpe는 필라델피아 템플 의과대학에서 1965년부터 1988년까지 연구하고 후학을 양성하였다. 그는 UCLA에서 학생들을 가르치고 캘리포니아에서 학문적인 연구를 하였다. 행동치료에 대한 Wolpe의 큰 공헌은 탈민감화desensitisation에 대한 연구다. 이것은 정서적인 고민이나 역기능적인 행동을 수반하는 신체적 · 정서적 증상의 감소나 제거를 돕기 위해 바이오피드백을 사용하는 기법이다. 예를 들면, 거미를 매우 두려워하는 사람에게 땀이 나고 심장 박동이 증가하는 것과 관련된 불안 증상을 줄이기 위해 이완기법을 어떻게 사용해야 하는지 가르친다. 이 기법은 내담자의 두려운 감정이 감소하도록 돕는다. 두려움이 줄어들면 신체적 증상이 감소되고 이것이 계속 반복되면 우리는 이것을 '긍정적인 피드백 순환' 이라고 부른다. 결국 이 접근법은 처음의 불안과 공포가 수용될 수 있는 수준으로 줄어들거나 소멸된다는 것이다(Wolpe, 1976, 1990). Wolpe의 접근은 자극(거미 발견)과 즉각적인 반응(불안)이 직접 연결된다고 생각하며, 그 사이에서는 어떠한 개입과정도 없다.

성격에 대한 행동이론은 초기에 지배적이던 정신역동적 관점에 대한 반발로 발전했다. 1950년대 중반, 많은 행동주의자는 인간의 성격이 학습된 행동의 결과라고 주장하였다(Skinner, 1953, 1971). 그러나 1970년대는 또 다른 반발이 일어났는데, 극단적인 행동주의자의 입장에 반발하는 시대였다. 이 두 번째 반란은 '인지 혁명 The Cognitive Revolution' 으로 불린다(Westbrook et al., 2007). 인지이론가는 사고 또한 성격발달에 중요한 요소라고 주장하였다.

인지치료는 Aaron T. Beck의 연구(b. 1921)에 상당히 많이 의존한다. 그는 펜실베이니아 대학에서 은퇴하고 정신의학과 명예교수가 되었다. Beck은 모든 정신과정(생각, 신념, 평가 등)이 인간의 심리적 조건에 기여한다고 주장했다(Beck, 1999, 1975 등). 정신과정이 건강하지 않을 때, 사람들은 정서적으로 고통을 경험한다. 고통이 너무 심할 때, 사람들은 도움을 요청한다. 내담자들의 고통스런 생각을 변화하도록 돕는 것이 인지치료사들의 임무다. 예를 들면, 승진에 실패할 수 있다고 믿는 사람은 자신이 무가치한 사람이라는 기본적이고도 일반적인 신념을 가지고 있을 수 있다. 이처럼 낮은 자기 가치는 해를 거듭할수록 강화되어 삶에서 계속해서 실패하게 되고, 시도하려는 노력을 너무 빨리 포기하게 된다('뭐지? 나는 이길 수 없어!'). 흔히 우리는 이런 사람을 두고 스스로를 기꺼이 실패할 준비가 되어 있는 사람이라고 말한다. 이런 경우, 인지치료사의 과업은 이런 내담자로 하여금 자신의 정체성을 확립하게 해서, 부정적인 핵심 자기 이미지에 도전하도록 돕는 것이다.

인지행동치료의 탄생

인지행동치료는 다양한 치료적 접근을 기술하는 용어다. 이 접근은 학습, 생각, 행동 사이에 확립된 관련성을 연구하다가 도출된 일반적 원리에 기초한다(Beck, 1995; Leahy, 2003). 인지행동치료방법은 한 가지가 아니다. 내담자의 개인적 요구와는 무관하게 모든 내담자에게 맞는 단일치료기법을 제공하지 않는다. 인지행동치료는 각 내담자의 특별한 요구에 가장 잘 맞는 '맞춤형' 치료 프로그램으로 치료사와 내담자가 상호 동의하여 실시하는 상호협력적 접근이다. 인지행동치료에서 내담자는 매우 적극적인 역할을 한다.

행동치료와 인지치료는 초기부터 함께 발달해 왔으며, 두 이론 모두 괄목할 만한 성장을 했다. 초기 행동접근은 불안장애에 사용되는 경향이 있었고, 인지접근은 우울과 같은 기분장애에 사용되는 경향이 있었다. 그러나 치료현장에서의 연구결과, 시간이 지날수록 이 두 접근이 상호보완적이므로 단일치료형태가 되는 것이 바람직하게 여겨졌다. 두 접근은 심리적인 조건과 정신과적인 조건 영역을 확장시키는 데 훨씬 효과적이라는 것이 밝혀졌기 때문이다(Westbrook et al., 2007). 두 접근은 함께 발전했으며 서로에게 영향을 주면서 운명적으로 합쳐졌다. 두 이론의 결합은 오늘날 건강 서비스 치료 프로그램에서 보편화된 인지행동치료의 일반적 모델을 만들어 냈다.

인지행동치료의 기본 개념

- 사람이 경험하는 사건 그 자체는 중요하지 않다. 중요한 것은 개인이 이 사건을 어떻게 해석하느냐가 중요하다('담배는 단지 담배다.', 즉 담배가 나에게는 흡연하는 즐거움을 줄 수도 있으나, 당신에게는 그냥 담배일 수도 있다).
- 중요한 것은 우리가 어떻게 생각하고 어떻게 영향을 받느냐다. '내가 두려움을 느낄 때마다 …… 나는 행복한 리듬으로 휘파람을 불고 …… 행복한 리듬은 절대 두렵지 않다는 확신을 준다.'는 노래 가사가 있다.

- 정신이 완벽하게 건강한 사람은 아무도 없다. 우리들 대부분은 다양한 정서적 연속체인 행복과 슬픔, 부끄러움과 용감함의 상태가 뒤죽박죽이다. 인간은 개인에 따라 다른 방식으로 영향을 받는다. 즉, '어떤 사람에게는 약인 것이고, 다른 사람에게는 독이 될 수도 있다.'
- 지금 내담자가 무엇을 경험하는지가 중요하다. 내담자에게는 현재 그 지점에서 치료적 도움이 필요하다. 만일 집에 불이 난다면 즉시 소방서에 신고전화를 하고, 그 화재가 사고인지 방화인지는 나중에 생각할 것이다.
- 감정, 사고, 행동, 신체 증상은 모두 실뜨기 놀이처럼 상호작용한다. 가장 가까운 곳에 있거나 가장 당기기 쉬운 심리적 줄이 제일 먼저 딸려 나온다.
- 모든 것은 경험적 증거에 기초한다. 당신의 치료가 내담자 상태를 호전시킬 것이라고 주장하지 말고 증거를 보여야 한다.
- 인지는 마음에서 두 가지 다른 수준으로 존재한다.
  ① 의식 수준이나 쉽게 회상 가능한 기억에 대한 사고
  ② 접근하기 어려운 수준으로 자각하지 못하는 수준의 사고로 이런 사고를 의식 수준으로 떠올리게 하기는 매우 어렵다.

왜곡된 인생 사건이 어떻게 문제를 야기하는가

만일 우리가 건강하지 못한 생각이나 왜곡된 인지로 생각하는 것으로부터 빠져나올 수 없다면, 우리 자신에게 심리적인 문제가 발생할 수 있다. 인지행동치료사의 중요한 임무는 내담자 인생에서 왜곡된 사건이 어떻게 발생했는지 발견하도록 돕는 것이다. 그럴 때 내담자는 자신에게 발생한 일을 바람직하게 해결하도록 도움을 받을 수 있다. 지식이란 내적인 힘이다. 우리는 두 가지 방식으로 자기 자신이나 자신에게 닥친 사건에 대해 잘못된 사고를 할 수 있다.

부정적 자동적 사고 Negative Automatic Thoughts: NATs 우리는 부정적 자동적 사고를 하는데, 이는 우리 자신에 대한 고정관념으로 '나는 잘 할 수 없어.' '사람들은 나를 좋아하지 않아.' '나는 무엇을 하더라도 틀려.' 와 같은 것이다. 부정적 자동적 사고는 자신을 판단할 때 가치절하하는 방식으로 평가한다. 이름이 내포하는 것처럼, 부정적 자동적 사고는 자기 존재를 자동적으로 짜 맞춘다. 부정적 자동적 사고는 매우 그럴듯해 보인다. 'Maria, 오늘 밤 나와 함께 술 한 잔 하러 갈래?' '미안해 오늘 밤은 어려워.' 부정적 자동적 사고는 상대방의 거절을 당신이 인기가 없다는 증거로 해석한다. 그러나 사실 Maria는 야간 근무자로 밤에 일을 해야 하므로 당신과 저녁을 함께 못하는 것을 안타까워하고 있을 수 있다. 부정적 자동적 사고는 일반적으로 의식 수준에 있거나 의식 수준 바로 아래에 놓여 있다. 부정적 자동적 사고를 벗어날 수 있는 한 가지 방법은 그것에 도전하는 것이다. Maria에게 주말에 시간이 있는지를 물어볼 수 있는 용기를 가져라. 당신은 아마 놀라운 경험을 하게 될 것이다.

핵심신념Core Beliefs: CBs 이것은 자신에 대한 기초적 견해를 제공하는 근본적인 생각이다. '나는 형편없어.' 라는 핵심신념은

'사람들은 나를 좋아하지 않아.' '나는 모임에 참여할 수 없어.' '나를 좋아한다고 말하는 사람들은 그런 척 하는 거야.' 와 같은 부정적 자동적 사고의 기초를 이루고 있다. 핵심신념은 무의식 수준 깊은 곳에 묻혀 있어 확인해서 변화시키기 어렵다.

부정적 자동적 사고와 핵심신념으로 구성된 인지과정(NATs와 CBs)은 심리적인 문제에 영향을 준다. 이들의 근본적인 목적은 삶의 사건들을 해석하는interpret 방식에 영향을 주는 것이다. 이 해석은 유익할 수도 해로울 수도 있다. 다음의 기본적인 모델은 인지행동치료 이론가들이 부정적 자동적 사고를 어떻게 생각하고 있으며, 핵심신념이 어떻게 삶을 방해하는지 설명한다.

인지행동치료 기본 모델

인지행동치료 이론가는 세상과 자신에 대한 태도가 인생에서 발생한 사건을 해석하는 방식에 달려 있다고 이야기한다. 인지행동치료는 다양한 방법으로 심리치료에 접근해야 한다고 주장한다. 즉, 내담자 치료계획은 개별적으로 접근해야 한다는 것이다. 만일 우리가 '해석이 전부 다.' 라는 개념을 '4개의 출입문' 성격모델과 결합한다면, 대부분의 심리적 어려움을 해결할 수 있는 유용한 인지행동치료모델을 구성할 수 있다. '결합모델' 에서 만일 무엇인가가 또는 어떤 위치가 잘못되었다면, 인지행동치료사는 그 위치에서 작업을 시작한다. 결합모델은 [그림 4-2]와 같다.

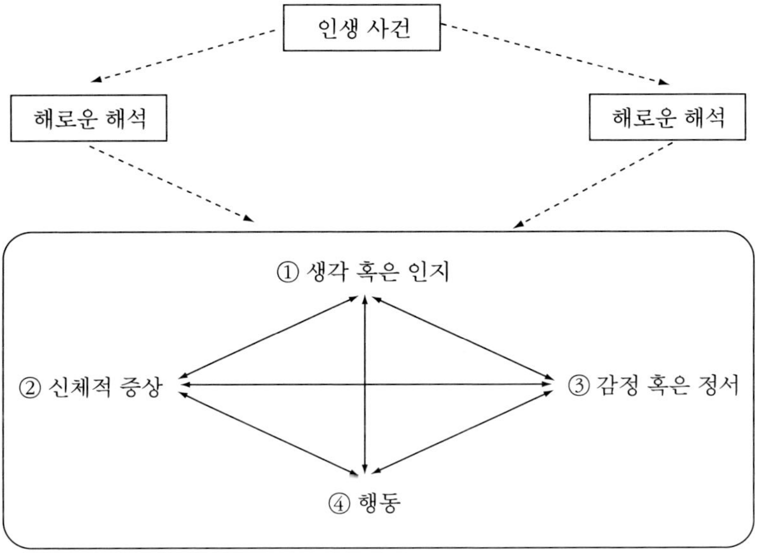

[그림 4-2] 결합모델

◐ 사례연구 4-2

Bertie의 결혼생활은 불행했다. 아내를 포함한 모든 사람에 대한 Bertie의 극심한 분노로 아내는 남편 Bertie에게 두려움을 느껴 그를 떠났다. Bertie는 사람들에게 상처를 주었고, 자신도 상처를 받았다. 그는 인지행동상담사인 Valerie에게 상담을 요청했고, 어떻게 자신을 통제할 수 있고 결혼생활을 회복할 수 있는지 물었다. 상담사 Valerie는 Bertie가 신체적 · 심리적으로 지쳐 있다는 것을 발견했다. 결과적으로 상담사는 Bertie의 문제가 매일 새벽 4시에 시작된다는 것을 발견했다. 그 시간은 그의 이웃 Tony가 크고 시끄러운 화물자동차 시동을 걸고 일하러 가기 위해 운전을 시작할 때였다. 이러한 상황은 새벽에 Bertie의 잠을 깨웠을 뿐 아니라 이러한 이웃의 배려심 부족(인지1)으로 인한 격노로 Bertie를 하루 종일 화나게 했다. Bertie는 매일 아침 화난 상태(정서)였으며 잠을 다시 잘 수 없었다(행동 1). Bertie는 매일 기분 나쁜 하루를 시작하며 상태는 점점 악화되었다.

상담사는 Bertie에게 Tony의 배려심 부족(해로운 해석)에 대한 그의 생각을 물었다. 그 생각이 올바른가? 상담사는 Bertie가 Tony에게 말하고 싶었던 것과 실제로 일어난 것을 확인해 보라고 제안했다. 그다음 주에, Bertie는 다음과 같은 이야기를 상담사에게 했다. Tony는 집에서 아주 먼 직장에 출근하기 위해 일찍 나서야 한다는 것을 알게 되었다. 그래서 Tony가 이른 시간에 집을 나가야 한다는 것이다(유익한 해석). Bertie는 이웃에게 매우 미안함을 느꼈다(인지 2). Bertie는 지난 이틀 동안 분노가 다소 가라앉는다는 것을 알아차렸다(행동 2). 그러나 Bertie는 여전히 잠을 자지 못하고 있었다.

그다음에 상담사는 Bertie에게 이완기법을 가르치고 집에서 실제로 해 보게 했다. Bertie는 새벽에 일찍 깨었을 때 이완기법을 시도했다(행동 3). Bertie는 곧 잠을 잘 수 있다는 것을 알았다(행동 4). Bertie가 새로 배운 기술을 실제로 적용해 보고 나서 몇 주 후에는 Bertie는 Tony의 화물 자동차가 출발하는 것을 더 이상 알아차리지 못했다.

문제 사정

내담자에 대한 적절한 사정은 어떤 처치를 계획하기 전이나 인지행동치료가 시작되기 전에 하는 것이 필수적이다. 내담자 인생 전체가 평가되어야지 현재 드러난 문제만 평가되어서는 안 된다. 예를 들어, 우울한 내담자를 치료하려는 상담사가 내담자의 알코올남용 문제를 발견하지 못한다면 실패할 것이다. 그러나 내담자 문제가 심리적인 특성이라면 문제가 발생한 특별한 이유와 근본적인 원인이 평가되어야 한다. 그다음 내담자의 나쁜 행동이 현재까지 왜 유지되었는지 내담자 문제가 평가되어야 한다. 요약하면, 상담사는 내담자 문제가 어떻게 발생하였는지 뿐만 아니라 문제가 어떤 이유와 방식으로 현재까지 유지되었는지 이해하려는 노력이 필요하다. 상담사는 내담자의 문제행동을 유지하는 것이 무엇인지 알아내야 한다. 만일 그렇게 하지 않고 내담자의 부적응 행동을 차단하는 방법을 발견하지 못한다면 내담자를 돕기 위한 모든 노력이 헛수고가 될 것이다.

예를 들면, 당신이 암에 걸릴까 봐 두려워하고 있다고 가정해 보자. 흡연은 단기적으로 당신의 불안을 감소시키지만 그렇게 함으로써 암에 대한 두려움은 더 오랫동안 지속된다는 것을 알게 될 것이다. 일반적으로 역기능적 행동을 유지하는 과정은 무수히 많지만, 그것들은 매우 미묘해서 발견하기가 어렵다. 내담자는 자기 패배 방식으로 행동하는 것을 의식하지 못한다. 이처럼 문제가 유지되는 과정은 다음과 같다.

안전하게 행동하기

안전한 행동은 위협이 발생하지 않도록 하기 때문에 유지될 수 있다. 예를 들어, 실제로 매우 건강하지만 심장마비의 공포를 느끼는 사람은 위험한 운동을 피하므로 위험에 빠지지 않는다. 사람들이 '실제의 나'를 좋아하지 않을 것이라고 두려워하는 사람은 자기 욕구를 포기하면서 타인들을 돕기 위한 호의를 베풀 것이다.

회피하기

어떤 사람은 문제 자체로부터 도망침으로써 자기 문제를 회피한다. 예를 들면, 인터넷 쇼핑을 선호한다고 주장하는 사람은 실제로는 군중에 대한 공포 때문에 사람을 만나면서 누리는 쇼핑의 즐거움을 무시하는 것일 수도 있다.

철회하기

철회는 특히 우울한 사람에게 공통적으로 나타나는 행동이다. 우울은 기분을 가라앉게 한다. 우울은 밖으로 나가거나 사람을 만나는 것이 가치 없는 것이라고 믿는 사회적 신념을 가진 사람들에게서 나타난다. 이와 같이 정상적인 활동의 감소와 그로 인해 초래되는 자극의 감소는 우울을 더욱 심하게 한다. 이것은 다시 활동을 줄이게 하고, 그리하여 그 사람의 기분은 더욱더 저조해지는 악순환이 자리 잡는다.

비관적으로 생각하기

이것은 내담자가 모든 것에 대하여 최악의 상황으로 해석하는 것을 말한다. 어떤 것도 약간 잘못되는 것은 없으며, 약간의 실수도 전체적인 재앙으로 여긴다. 예를 들어, 한 조각의 초콜릿으로 버티면서 다이어트를 하는 사람이 목표 체중으로 나아가는 중에 일시적으로 약간의 체중 증가가 일어났음에도 불구하고 혼란스러운 내담자는 그러한 과오를 전체 실패를 나타내는 것으로 여기고 다이어트라는 것을 완전히 포기할 수 있다.

지나치게 걱정하기

이것은 전형적인 사건으로 잘 설명할 수 있다. 예를 들면, 자동차 충돌 사고로 다친 경험이 있는 운전자는 다른 자동차가 안전하게 운전을 하고 있더라도 그 차가 가까이 오면 자동적으로 지나치게 불안을 느낀다. 이러한 과도한 걱정을 과각성hypervigilance이라 한다. 이러한 내담자는 항상 걱정하기 때문에 작은 문제에도 두려움을 느낀다. 위 통증은 소화불량이 아니라 결장암 증상이며, 기침은 사소한 감기가 아니라 폐결핵 증상이라 생각한다. 설령 이러한 잘못된 인식misconception이 의사에 의해서 바로 잡혀진다 하더라도, 그것은 그 사람의 신체적 · 심리적 불안과 고통 수준을 계속 증가시키고, 그리하여 이미 확립된 지나치게 걱정하는 경향성은 더욱 확고해진다.

미리 예견하기

거절을 두려워하는 내담자는 사회적으로 불안을 느끼고 타인들에게 적대적인 태도를 보인다. 이러한 적대적 태도 때문에 사람들도 호의적인 태도를 보이지 않게 되고, 내담자는 사회적 불안이 더 증가하여 적대적 태도가 더 증가한다. 이러한 내담자는 '사람들이 나를 좋아하지 않는다.' 는 자기 충족 예언을 가지고 있다.

물론 다른 많은 문제행동이 있는데, 그것들을 발견해 내기가 어려운 까닭은 대부분 그럴듯해 보이기 때문이다.

활동

Victoria는 '10년 젊게 보이도록 보장' 한다는 특별한 크림을 사용한다. 친구는 "그런 일은 절대 일어나지 않아" 라고 주장하자 Victoria는 "확실히 효과가 있어, 내가 크림을 바를 때 나는 훨씬 젊어지고 매력적으로 느껴져." 라고 말했다.

- 기본적인 인지행동치료 모델을 사용해서 Victoria와 친구 사이에서 오고 간 대화를 설명하시오.
- 얼마나 많은 방식으로 설명할 수 있는가?

소크라테스식 질문

인지행동치료에서 매우 중요한 기본적인 치료방법은 소크라테스식 질문으로 불리는 접근 방식이다. Padesky(1996)는 이것을 인지행동치료의 핵심토대라고 주장했다. 다시 말하면 이것은 소크라테스의 철학 스타일로 내담자를 도전하게 하는 질문 방식이다. 물론 최종적인 결론을 내릴 권리는 내담자 스스로에게 있다. 어떤 이론가는(Beck et al., 1979) 인지행동치료 내담자들이 자기 스스로 효과적인 치료사가 될 수 있다고 말한다. 소크라테스식 질문은 내담자가 자기 상황에 대한 현재의 생각을 재평가하도록 격려하는 데 사용된다. 이것은 '올바른' 사고를 하도록 격려하는 것이 아니라, 자기 생각을 평가하고 필요하다면 자신의 생각을 수정하도록 격려한다. 소크라테스식 질문이 심리치료에 얼마나 유용한지 다음 예를 보자.

◐ 사례연구 4-3

Miranda는 자신이 낙제할 것이라고 확신했다. 그녀의 상담사 Angus는 소크라테스 질문이 도움이 될 것이라고 생각했다. 소크라테스 질문은 다음과 같다.

• 평가

Angus: 당신이 낙제할 것이라고 처음 생각한 때는 언제인가요?

Miranda: 지난 10월 대학에 복학한 후부터요. 룸메이트와 같이 쓰는 내 방을 누군가에게 주어야 했기 때문에 머물 장소를 빨리 찾아야만 하는 시기였어요.

Angus: 시험에 대해 생각할 때 마음이 어떤가요?

Miranda: 대학은 저를 원하지 않아요. 그래서 저를 쫓아내고 싶어 해요.

• 발견

Angus: 당신이 지금 시험 보는 강의실에 앉아 있다고 상상해 본다면, 무엇을 하고 있나요?

Miranda: 시험지를 폈지만, 볼 수가 없고 당황해서 도망치는 것이 보여요.

Angus: 당신이 시험지를 보고 정답을 안다고 가정한다면 어떨까요?

Miranda: 안전하게 느껴지고 내가 필요한 사람이라고 느껴져요.

• 도전

Angus: 당신이 실패한다면 어떨까요?

Miranda: 그런 일은 없겠지만, 그렇다면 그것은 내가 거기 있으면 안된다는 것을 보여 주는 것이지요.

Angus: 당신이 이 대학에 필요하지 않은 사람이라는 것을 어떻게 알지요?

Miranda: 그렇지 않으면 나를 왜 나가라고 했겠어요?

Angus: 정말 어느 누구도 당신을 원하지 않는다고 생각하세요?

Miranda: 글쎄요…… 지금 그 부분에 대해 생각하고 있어요. 스포츠 동아리에서는 시합할 때 저를 필요로 해요.

• 문제 해결

Angus: 이 대학에서 당신이 필요하다는 것을 어떻게 알 수 있을까요?

Miranda: 어떤 친구들에게 방을 같이 쓰자는 소리를 듣는다면요. Pete가 방을 같이 쓸 사람이 필요하다고 하는 소리를 들었어요.

Angus: 그것들을 어떻게 알 수 있지요?

Miranda: 오늘 밤 Pete에게 물어보죠.

(1주일 후)

• 검토

Angus: Pete랑 어땠어요?

Miranda: 지난밤에 이사했어요.

Angus: 공부는 어떻게 진행되고 있나요?

Miranda: 지금은 다소 쉽게 느껴져요. 선생님께서 저에게 무엇을 하신 거죠?

Angus: 난 아무것도 안했는데. 당신은 무얼 했나요?

행동치료기법

인지행동치료에서 행동수정 요소 대부분은 내담자가 제안하고 내담자가 주도하는 실험을 통해 이루어졌다(Bennett-Levy et al., 2004). 치료사는 내담자 스스로에게 행동실험을 수행해서 자신의 신념을 확인하도록 격려함으로써 이 과정을 도왔다. 내담자는 자신의 신념과 기대가 실제로 효과가 있는지를 확인하기 위해 이 실험과정을 수행했다. 내담자는 자신의 공포를 완화시킬 수 있는 새로운 행동방식을 고민하고 시도하도록 격려받았다. 예를 들어, 군중을 두려워하는 사람들은 스스로 점차적으로 많은 사람이 있는 환경에 노출하는 실험을 하도록 격려받는다. 각각의 경우마다 시도 방법을 나열하고, 쉽게 접근할 수 있는 탈출통로를 가진다. 각 실험의 말미에 내담자는 자신의 고통 수준을 10점 척도로 평가한다. 내담자가 실험을 계속 하게 되면 자신의 고통 점수가 점차 감소하여 최종적으로 0점으로 줄어드는 것을 알게 될 것이다. 이러한 첫 번째 과정이 **탈민감화**in situ desensitisation다. 두 번째 과정은 **간접 탈민감화**vicarious desensitisation인데, 이 기법은 일종의 정서 역할놀이로서, 상담실에서 내담자를 고통스런 상황을 상상하도록 함으로써 시행될 수도 있다.

세 번째 과정은 잘못된 신념을 제거하고 불안을 빨리 감소시키기 위해 극단적인 노출을 사용하는 방식으로, **홍수치료**flooding 또는 **내파기법**implosive이라 불린다(Stampfl, 1973). 하지만 집에서 이것을 사용하면 안 된다. 많은 치료사는 이것을 아무 장소에서나 사용하지 말라고 경고한다! 이 방법은 놀랍도록 간단하고 단순하다. 예를 들어, 어떤 사람이 뱀을 무서워한다고 가정해 보자. 독이 없는 뱀이 가득 들어 있는 방에 뱀을 무서워하는 사람을 가두어 문을 잠근 다음, 그 사람으로 하여금 뱀이 사람을 해칠 수 없다는 사실을 발견할 때까지 거기에 내버려 두는 것이다. 이 기법은 사람은 언젠가는 냉정을 찾고, 두려움은 사라질 것이라는 발상에서 나온 것이다. 어쨌든 이것은 이론이고, 이론이 효과가 있으면 당장 놀라운 효과가 나타난다. 그러나 살아오면서 정서적인 상처가 있는 사람의 경우 이것이 고통을 더 고조시킬 수 있다. 이런 경우 이러한 방법은 내담자에게 도움이 되는 걸까 아니면 내담자를 학대하는 걸까?

인지치료기법

인지행동치료에서 인지적 요소의 주요 원리는 현재의 사고가 재평가되고 재구성될 수 있다는 것이다. 만일 사건을 해석하는 방식을 변화시킨다면 그 사건에 반응하는 방식을 바꿀 수 있다. 첫 번째 할 일은 내담자의 생각이 어떤 감정과 관련이 있는지 발견하는 것이다. 예를 들어 우울한 사람은 '나는 슬퍼.' '나는 실패자야.'와 같은 무력감이나 미래가 없다는 생각을 할 수 있다. 조증인 사람은 '아무도 나를 방해할 수 없어.'와 같이 실패하지 않거나 위험으로부터 항상 안전할 것이라고 생각할 수 있다. 치료사의 임무는 내담자로 하여금 이런 생각을 적응하는 방향이나 다른 신념을 갖는 쪽으로 부드럽게 이끌어 가는 것이다. 그런 후에 내담자에게 새로운 사고방식이 좀 더 적절하거나 도움이 되는지 점검test out해 보도록 요청한다. 만일 새로운 사고방식이 도움이 된다고 한다면(그렇다고 한다면) 다른 많은 것들도 그 내담자를 위하는 방향으로 결국은 변할 수 있을 것이다. 다음 예를 살펴보자.

◐ 사례연구 4-4

Jessica는 남편 Frank에 대해 잔소리를 멈출 수가 없었다. Frank는 아내 Jessica와의 관계를 끝내고 싶지는 않았지만 잔소리가 너무 심해서 집을 나가지 않을 수 없었다. Jessica는 Frank가 집으로 다시 돌아오기를 원했다. 자포자기의 심정으로 Jessica는 인지행동치료사인 Gerald와 상담했다. Jessica의 이야기는 다음과 같다.

"Frank와 저는 카리브에서 꿈 같은 휴일을 보내고 있었어요. 그때 월드컵 시즌이어서 Frank는 호텔 바에 있는 TV로 축구를 보고 있었어요. 화요일은 축구 결승전이고 또한 저희들의 첫 번째 결혼기념일이었어요. 우리는 기념일을 축하하기 위해 매우 로맨틱한 레스토랑에 저녁식사를 예약했어요. 결혼기념일 아침에 Frank는 월드컵 결승전이 밤에 있다는 것을 기억하고 있었어요. 그러나 그는 그 경기를 보는 대신 나와 함께 외식하러 가겠다고 말했어요. 식사를 하는 동안 저는 남편에게 잔소리를 멈출 수가 없었어요. 최악의 저녁이었어요."

상담사는 Jessica에게 "당신이 Frank에게 소리 질렀을 때, 마음속에 무엇이 일어났나요?" 라고 물었다.

Jessica는 이렇게 말했다. "Frank가 나를 사랑할 수 없다는 것을 알았어요. 만일 그가 나를 사랑했다면 축구경기를 보는 것은 생각조차 하지 않을 것이기 때문이죠."

상담사는 Jessica에게 생각을 바꿔 보는 노력을 통해 감정이 다르게 느껴지는 것을 시험해 볼 수 있냐고 물었다. "네, Frank가 축구경기 보는 것을 좋아하는 것은 사실이에요. 하지만 그럼에도 불구하고 Frank는 나와 함께 있기로 결정했다는 사실은 나를 진심으로 사랑한다는 것을 의미해요."

Jessica는 이것을 통해 Frank의 행동을 새로운 방식으로 평가하기 시작했다. "이상한 느낌이에요." "그것은 마치 내 안에 불이 켜지는 것 같은 이상한 느낌이에요."라고 Jessica가 말했다. 상담사가 말했듯이, '이상함' 은 Jessica가 실제로 '덜 화가 난다는 것' 을 의미했다.

인지행동치료사들이 해야 할 일

인지행동치료는 그 효과가 입증된 놀라운 결과물을 많이 가지고 있다(Roth & Fonargy, 2005). 현재까지의 연구결과는 인지행동치료가 다음 증상에 매우 효과적인 치료법임을 말해 준다.

- 일반 불안 장애
- 건강 불안
- 강박 충동 장애
- 공포 장애
- 광장 공포증
- 외상후 스트레스 장애post-traumatic stress disorder: PTSD
- 사회 불안
- 특정 공포증

또한 인지행동치료가 대안적인 방법으로 유용하게 사용될 수 있다는 많은 증거가 있다. 집단작업, 책을 읽거나 인터넷을 이용하는 것과 같은 자기조력 프로그램, 부부상담에도 인지행동치료기법을 활용할 수 있다. 게다가 인지행동치료에서 재미있는 변종variants으로 나타나기 시작한 자기명상치료compassion-based therapy(Gilbert, 2005), 마음챙김 인지치료mindfulness-based cognitive therapy(Segal et al., 2002), 행동활성화behavioural activation(Martell et al., 2001)가 있다. Westbrook 등(2007)은 가장 최근의 인지행동치료기법에 대한 유익한 평가를 제공하고 있다.

인지행동치료가 확실히 나아가고 있는 한 가지 방향은 가까운 미래에 국민건강보험이 선호하는 심리치료 모델이 되리라는 것이다(NICE, 2004). 따라서 지금 수련 중인 상담사나 현재의 기술을 더 향상시키고 싶어 하는 상담사는 이 점을 염두에 두어야 할 것이다.

생각해 볼 거리

- 인지행동치료는 단지 증상만을 다루고 '실제' 문제는 언급하지 않는다. 이것이 사실인가? 이것이 문제가 되는가?
- 인지행동치료사는 좋아지기 위해서 해야 할 것이 무엇인지를 내담자에게 이야기해 준다. 이것이 항상 사실인가?
- 상담사가 인지행동치료기법을 상담현장에 적용하고자 할 때 무엇인가 더 포함시켜야 할 것이 있다면 무엇을 더 추가할 수 있을까? 아니면 상담현장에서 인지치료기법의 사용이 줄어들 것인가?

더 읽을거리

Westbrook, D., Kennerly, H., & Kirk, J. (2007). *An Intrduction to Cognitive Behaviour Therapy*. London: Sage.

'입문 단계' 에 적절한 책으로, 4장의 '평가(Assessment)' 부분은 반드시 읽어볼 필요가 있다(A good 'entry-level' book. Chapter 4, 'Assessment' , is a vital read).

Wills, F. (2008). *Skills in Cognitive Behaviour Counselling & Psychotherapy*. London: Sage.

Wilson, R., & Branch, R. (2006). *Cognitive Behavioural Therapy for Dummies*. Chicheter: Wiley.

제5장
인본주의이론에서 상담사의 역할

핵심지식

- ❖ 인본주의자들에 의하면 성격은 창조성, 사랑, 성장, 자기실현, 자율성과 같은 소위 '소프트 드라이버(soft driver)' 에 의해 움직인다고 믿는다.
- ❖ 주요한 인본주의적 성격이론은 다음과 같다.
  - 인간중심 접근
  - 실존적 접근
  - 게슈탈트 접근
  - 욕구 위계적 접근
- ❖ 성격의 기본 단위는 자기(self)이고 존재의 기본 목적은 자기실현(self-actualization)이다.
- ❖ 초기의 성격발달은 대부분 사랑과 인정의 욕구에 의해 영향을 받는다. 이 욕구가 부모의 허락과 통제 하에서 채워질 때 개인의 성격발달은 '가치 조건화' 가 형성된다.
- ❖ 인간중심 또는 로저스 학파 상담은 20세기 후반의 상담과 심리치료에서 가장 중요한 발달 중 하나였다.
- ❖ 인간중심 상담은 상담기법 또는 응용된 상담규칙이라기보다는 상담사 자신의 인간적 자질에 의한 존재의 방식이다.

시작하기

무엇이 사람을 움직이게 하는지에 대한 인본주의적 설명을 성격 이론의 제3세력으로 부른다. 제3세력은 20세기 후반에 주목을 받게 되었고 심리학자는 당시까지만 해도 성격에 관한 '유일한 2가지 주류' 이었던 정신역동과 행동주의자의 사상을 뛰어넘으려고 노력하였다. 일반적으로 인본주의 이론가는 창조성, 사랑, 성장, 자기실현, 자율성 등과 같이 소위 소프트한 성격적 동기를 포함하는 인간 발달에 관한 설명을 선호하는 것 같다. 인본주의 심리학에서 잘 알려진 사람으로는 Fromm, Horney, Rogers, Maslow, Allport, Moustakas 등 많은 사람들이 있다.

다양한 인본주의자들의 성격에 관한 설명의 기본 원칙은 믿을 수 없을 정도로 단순하다. 인본주의자는 단지 그들이 지금 당장 무엇을 하는지, 오늘 무엇을 하는지, 그리고 지금 여기에서 무엇을 하는가를 살필 뿐이다. 거기엔 어떤 이상도 없고 숨겨진 청사진도 없다. 거기엔 성공을 측정하는 방법이 없으므로 실패도 있을 수 없다. 인본주의자가 사람을 이해하는 데에는 행동주의의 어려운 과학이 필요하지 않고, 정신역동적 전문가 또는 심리 통역가 같은 정신적 지도자의 고급기술이 필요하지 않다. 우리가 하려는 것은 사람들이 정말 우리에게 말하려는 것이 무엇인지 듣는 것이 전부다. 무엇이 사람을 움직이게 하는지 알기를 원한다면, 우리 모두가 해야 할 것은 단어 뒤에 숨어 있는 이야기를 진정으로 듣는 것이 전부다. 사람을 이해하기 위해서는 전문가가 아니라, 훌륭한 경청자가 필요할 뿐이다.

성격에 관한 인본주의적 견해를 이해하는 데 있어 중요한 요소는 '자기self' 의 개념이다. 인본주의 심리학자는 인간이 삶의 계속되는 경험을 되돌아봄으로써 '자기' 의 발달을 계속한다고 믿기 때문이다. 즉, '자기' 는 평생의 '과정 중인 작업' 이다. 인본주의자는 '자기' 의 성장을 극대화하고 최적화하는 것은(자기실현) 계속되는 것이고, 성격발달의 핵심적 목적이라고 주장한다. 다른 말로 하면 자기실현은 인간 존재의 궁극적인 목적이다. 이것이 어떻게 나왔는지 설명하는 인본주의 이론가들의 여러 접근법이 있다. 우리는 성격을 이해하기 위한 다음의 주요한 네 가지 인본주의 접근법을 탐색할 것이다.

- 인간중심 접근
- 실존적 접근
- 게슈탈트 접근
- 욕구 위계적 접근

인간중심 접근

인간중심 접근의 대부분은 Carl Rogers(1902~1987)의 매우 독창적인 작업의 결과다. 물론 다른 많은 이론가들(Carkhoff, Gendlin, Greenberg, Elliot, Truax 등)도 인간중심 이론의 발달에 의미 있는 기여를 해 왔고 아직도 진행되고 있다(Lietaer, 1990). 그러나

Rogers는 지난 50년이 넘는 기간 동안 인본주의 성격의 이론과 상담에서 선구적인 인물 중의 한 사람으로, 많은 위대한 사상가들처럼 그의 견해는 일반 사회에 많이 스며들어 있다. Rogers 학파의 개념들(예를 들면, 사람을 판단하지 않기, 공감하기와 개인을 존중하기 등)은 20세기의 도덕과 철학의 근본적 필수 요소로서, 진보적이고 사회적인 구성물로서 기꺼이 받아들여지고 있다. 많은 사람들에게 Rogers 학파 또는 인본주의적인 신념은 생활의 언어이고 함께하는 태도의 일부가 되었다. 예를 들어 부적응적 행동(폭력, 범죄, 약물남용 등)은 더 이해받고 덜 비난받아야만 한다는 사회 · 정치적인 가정이 있다. 다른 말로 하면 사회의 진보주의자는 누구에게나 비판단적이고 모두에 대해 존중하려는 경향성이 있다. 이는 이른바 사회의 보편적 규범들에서 벗어나 있는 사람들을 포함하는 것이다.

Carl Rogers는 프로테스탄트 신앙이 일상생활에서 중심 역할을 하는 미국 중서부의 시골 마을에서 자랐다. 그는 신학대학 시절 초반에는 교회 성직자가 되고자 하였으나, 중국에서 열리는 기독교회의 여행을 통해 다른 문화들을 접촉하면서 가정의 엄격한 종교적 배경으로부터 벗어나게 되었다. 그 후 그는 과학에 대한 애정을 갖고 돌아와 컬럼비아 대학에서 심리학을 공부하였다. 졸업 후 Rogers는 임상심리학에서 아주 성공적인 경력을 쌓기 시작하였다. 처음엔 시카고 대학에서(1945~1957), 다음엔 위스콘신 대학(1957~1963)에서 학문적으로 많은 경력을 쌓았다. 시간이 흐르면서 Rogers는 점차로 고등교육 내부에서 일어나는 힘의 정치에 환멸을 느꼈다. 그 결과 1963년에 위스콘신을 떠나 캘리포니아로 가서 참만남 집단운동에 몰입하였다. 그는 또한 La Jolla 인간 연구센터의 연구원이 되었다. Rogers의 인간중심 상담의 주된 혁신적 공헌은 대부분 1970년대 후반에 완성되었고 말년에는 세계의 분쟁해결에 관심을 가지게 되었다.

Rogers는 성직자가 되려는 초기 삶의 계획을 포기하였으나, 종교적인 배경에서 발현된 개인에 대한 존중, 무조건적인 사랑의 중요성과 타인을 용서함으로써 얻는 이득과 같은 도덕적 원리들을 지속적으로 믿었다. Rogers는 또한 모든 사람은 유일하고 우리는 모두 자기충족(자기실현)을 향해 끝임없이 투쟁한다는 자기구원self-redemption을 믿었다. Rogers의 인간중심 연구의 대부분은 이러한 특성들을 탐색하고 향상시키고 심지어는 우리 각자 내면에 있는 이러한 자질들을 재발견하는 방법을 찾는 데 집중되었다. 그는 그러한 도덕적으로 높은 수준의 태도는 실제 보이지 않더라도 우리 모두에게 있어서는 적어도 선천적이라고 믿었다. 이러한 신념은 Rogers의 업적 속에서 일관되게 나타나고 있다.

Carl Rogers의 생애에서 주요 관심사와 업적의 핵심은 상담에 관한 혁신적인 이론을 개발하는 데 집중되었다. Rogers는 상담에 가장 관심이 많았기 때문에 성격에 관한 그의 관점은 선구적인 상담이론가로서 또 상담사로서의 업적의 결과물로 나오게 되었다. 결국 그의 성격모델은 확실한 근본적인 신념을 기반으로 하였다. 예를 들어 Rogers는 인간의 행동은 '정교하게 합리적' 이라고 믿었다(Rogers, 1961, p. 194). 또한 '인간 본성의 핵심은 본질적으로 긍정적이고' (Rogers, 1961, p. 73), '인간은 신뢰할 수 있는 유기체' 라고 믿었다(Rogers, 1977, p. 7).

Rogers 학파 이론

성격에 관한 Rogers의 접근은 '자기'의 개념에 근거하고 있다. Rogers에 따르면 자기는 주어진 시간 안에 가용할 수 있는 개인적 경험의 총합이다(Rogers, 1959). 그래서 '자기'는 타인과의 상호작용의 산물이며, 개인의 존재에 대한 자각awareness이다. 사람들의 자기에 대한 지각perception이란 '자신에게 고유한 존재로서 받아들여지는 성격의 조직화된 집합체'를 의미한다(Ryckman, 1993, p. 106). 다른 말로는 우리의 자기지각이 개인적으로 어떻게 우리 자신의 성격을 기술하는가다. 동시에 우리에 대한 타인의 지각은 그들의 관점에서 우리의 성격을 어떻게 설명하는가다. '지각'이란 단어에 주목하라. 우리는 사람들이 사건을 어떻게 지각하고 해석하는지에 대해 말하고 있다. 우리는 완벽하거나 객관적인 사실에 대해 말하지 않는다.

물론 '자기다움self-ness'은 Rogers 학파 내에서 성격의 핵심 열쇠다. 만약 누군가의 경험이 그들에게 '나는 아무개라는 인간입니다.'라고 말하도록 이끈다면, '아무개다움'은 아마도 개인의 자기정체성 또는 성격의 중요한 부분이다. Rogers 학파의 관점에서는 성격에는 자기실현 욕구와 사랑과 인정의 욕구라는 두 개의 기본적인 발달동기가 있다고 주장한다.

자기실현

Rogers(1959)에 따르면, 사람들은 '실현 경향성actualizing tendency'이 있으며 이는 사람들의 정서적 능력과 신체적 욕구를 충분히 발달시키고 만족시키기 위한 함축적인 원동력이다. 실현이란 억압될 수는 있어도 파괴되지는 않는 실존하는 진보 과정이다(Rogers, 1977). 이상적으로 실현 경향성은 정신적이고 육체적인 성장의 만족감을 줄 것이다. 이러한 심리적인 구조에서 다른 시각으로 보면 실현은 '자기'를 드러내는 필수적인 기능이다. 실현이란 무엇이 사람을 움직이는가에 대한 자신의 관점과 일치하는 방식으로 경험할 수 있도록 지속시키는 원천적인 힘으로 볼 수 있다. 그래서 이러한 실현의 형태가 흔히 자기실현으로 알려져 왔다(Maddi, 1996).

사랑과 인정의 욕구

인간 발달의 측면에서 Rogers는 사랑과 인정에 대한 강한 욕구는 초기 아동기부터 존재한다고 믿었다. 그는 아이들은 당연히 부모로부터 사랑과 인정을 추구할 것이라고 하였다. 만일 사랑이 무조건적으로 주어진다면 아이는 자연스럽게 내면의 감정을 표현하고 자신의 잠재력을 충분히 달성할 것이다. 그러나 부모가 자신이 인정하는 방식으로 아이가 행동할 때만 사랑을 준다면 그 사랑은 '조건적'이라 말할 수 있다. 즉, 사랑과 인정을 얻는 것은 아이가 부모의 가치를 받아들이는 것에 의존한다. Rogers는 부모의 승인 여부에 따라 아동의 성격이 형성되는 것을 성격발달의 '가치 조건화' 과정이라 하였다.

가치 조건화는 Rogers 학파 전체에서 중요한 개념으로, 아동 발달에 관한 실제적인 요약이다. 그는 아동기 경험이 내면화된 가치가 되고 자기개념이 된다면 그것은 사람의 전체 삶에 지속적인 영향을 가진다고 주장하였다. 언뜻 보면 Rogers가 Freud에 동의하는 것처럼 보인다. Rogers의 내면화된 가치와 Freud의 초자아는 동일한 과정에 대해 단순히 말만 다르게 하는 것으로 보일 수 있다. 인본주의 이론가들은 내면화된 가치와 초자아 개념 간에는 실제 커다란 차이가 있다고 한다. Rogers의 내면화된 가치는 자신의 가치있는 개인적 특질이고, Freud의 초자아는 어린 시절에 의미 있던 타인에 대한 상징적인 표현이다. 그런 의미에서 Freud 학파의 초자아는 개인적 특질이 아니라 아동기의 '입법자'에 대한 상징이다. 또한 인본주의자는 훨씬 더 큰 중요한 차이가 있다고 지속적으로 주장한다. 그들은 Freud 이론에서 성격의 많은 부분은 아동기에 결정되는 반면, Rogers의 이론에서 성격발달은 평생의 과정이라 주장한다.

인간중심 이론에 따르면 성격이란 과거 경험의 무의식적인 재현에 의존하지 않는다(Rogers, 1961). 정신역동적 입장과 달리 인간중심 이론에서는 무의식을 위한 자리가 없다. 그럼에도 불구하고 몇몇의 인본주의 이론가들은(예, Mearns & Thorn, 2000) 내담자의 알아차림awareness이 일어나는 정신활동 영역의 가장자리에 자기의 영역이 있다고 제안한다. 그러나 Rogers 학파의 입장에서 성격이란 '지금의 나'로서의 자기와 내가 '되고 싶은' 자기를 의식적으로 이해하고 해석하는 것에 전적으로 좌우된다. Rogers 학파의 입장에서 충분히 발달된 사람(이상적인 성격)이란 충분히 기능하는 개인이다. 그러한 사람은 충분히 일치되고 행동의 안내자로서의 감정을 받아들일 수 있다. 또한 감정을 두려워하지 않고, 감정에 대해 편안하며, 경험에 대해 개방적이고, 자율적인 자기를 실현하며, 타인의 인정으로부터 독립적이다.

한편, 다수의 인본주의 심리학자들처럼 Rogers 역시 그 시대의 사회·정치적인 영향을 받은 사람이었다는 것에 대한 논쟁이 있을 수 있다. 그는 사회의 '개인중심'의 관점과 개인중심 문화에서 개인의 성격이 어떻게 발달하는지에 대해 아주 개인주의적인 제안을 하였다. 물론 세계는 계속 변화하고 고밀도의 인구분포와 미래의 자원부족 환경에서 개인주의는 집단주의에 의해 대체될지도 모른다. Rogers는 영원히 군림하지 않을 것이다.

활동

인간중심 인본주의: 인본주의 이론은 적절하게 자기관여적이고, 자기존중적이고, 자기가치적이고, 자기발달적인가? 또는 단지 자기중심적이고, 자기집착적이고 이기적인 것인가? 당신이 결정하시오.

실존적 접근

Freud 학파와 행동주의자들에게는 매우 중요한 몸과 마음의 논쟁이 실존주의자에게는 중요치 않다. 즉, 몸과 마음이 실제로는 아무 관련 없다고 주장하는 것이다. 그들의 주장은 내적자기와 외적세계에 관한 모든 정보가 오직 그 사람의 의식 내에서만 존재할 수 있다는 것이다. 거기에는 오직 나만 있고 나 이외에 다른 것은 아무것도 없다. 학문적으로 보면 자신이 관찰하는 것은 단지 서로 다른 측면들이고 그것은 결국 모두 하나라는 것이다(Husserl, 1997).

실존주의자는 인간의 성격적 특성, 즉 개인의 성격 내에 어떤 특성들이 있다고 믿을 만한 충분한 근거가 자신들이 경험하는 실존으로부터 온다고 주장한다. 사람들이 스스로를 외부에서 보는 것과 내부에서 보는 것은 모두 같은 것이다. 예를 들어 노동자와 관리자 사이의 일련의 착취적인 상호작용은 노동자가 약간 비주류가 된 듯한 느낌이 들게 한다. 또한 이 불쾌한 모든 것은 진짜 노동자에게 자신이 정말로 부적절한 사람이라는 것을 믿게 하는 원인이 된다. 만약 지금 당신이나 내가 어떤 노동자를 만난다면 이러한 부정적인 자기 평가는 완벽하게 잘못되었다고 생각할 수 있다. 우리는 노동자가 모든 것에서 괜찮다고 생각할 수 있다. 우리의 외부에서 객관적으로 가정하는 견해는 중요하지 않다. 그렇지만 노동자의 관점에서 자기 관찰과 개인적 경험에 대한 반영은 동일한 것이다. 그들의 관점에서 노동자는 제2계급의 사람이다. 이것은 실존적 사실이며 다른 사람이 무엇을 말하든 중요하지 않다.

이런 모든 의제는 우리는 '세상에 존재하는 것' 으로부터 분리된 존재도 아니고 분리된 성격도 아니라는 것이다(Cooper, 2003; Heidegger, 1962; Spinelli, 1996). 세계는 우리 없이 존재할 수 없고 우리도 세계 없이 존재할 수 없다. 이것은 공동의 의존적 상호관계다. 즉, 성격을 포함하여 우리의 전체적인 실체는 서로 간, 또는 넓은 세상과의 상호작용에 대한 개인의 해석에 근거한다. 우주는 '개인과 세상의 상호작용의 밖' 에 있는 것이 아니라, 개인 모두의 내면에 있다. 우주가 개인의 내면에 있다는 것이 사실이라면, 개인의 존재는 자신의 독특한 경험과 그 경험의 해석에 의존한다. 개인의 성격은 불완전하고 동시에 끝없는 발달과정이기 때문에 '승인' 되고 '완료' 된 개인의 성격이란 있을 수 없다. 그래서 성격은 우리가 경험의 의미를 만들어 내는 개인적인 방법에 의해 형성되고 그 의미는 '존재'를 실존주의에 어떻게 적용하고 '인간' 을 휴머니즘에 어떻게 적용할 것인가다. 이러한 추론은 결국 창조의 모든 것은 오로지 개인의 의식 내에 존재한다는 것이다. 이는 의식 내에 '우리' 가 없다면 '우주' 도 없다는 것을 의미한다. 일부의 사람들은 이러한 사고를 현실에 대한 유용한 정의로 보기보다는 지나치게 정교한 철학이론으로 받아들이기도 한다. 우리는 정말 우리 자신의 창조자인가?

스스로의 의미를 창조하고 세계를 해석하기 위한 시도들이 잘못되었을 때 성격에 관한 실존주의적인 설명이 인본주의 상담사들에게 중요해졌다. 결국 자기와 세계에서의 '의미' 가 오로지 개인의 의식 내에 존재한다면 우리 외부에 있는 것은 '무의미' (또는 아무것도 없음)해질 수 있다. 실존적 용어로 '무의미' 는 존재하지 않음(또는 죽음)이다. 이는 매우 무시무시한 발상이다(van Deurzen-Smith, 1988, 2002). 우리가 자신의 세계를 의미 있게 만들었다고 생각하는 것과 실제 경험 간에 중대한 갈등이 생긴다면, 그 존재는 대단히 위협받고 소스라치게 놀라게 될 것이다(Spinelli, 1994). 이는 실존주의자들이 '고뇌' 라 부르는 혼란된 심리적 상태다. 이론에서는 적어도 스스로를 재창조하거나 세상을 재창조함으로써 고뇌를 제거할 수 있다. 실존주의자의 관점에서 우리의 선택은 중요하지 않다. 즉, 그것은 모두 같은 것이다. 다음 사례에서 이 모든 것이 어떻게 작동되고 있는지 살펴보자.

◐ 사례연구 5-1

10년 전에 Bill은 기차 충돌 사고를 당했다. 그는 심한 부상을 입었고 한쪽 다리를 잃었다. 그는 오랫동안 병원에 있었고 그곳에서 간호사인 아내를 만났다. 그들은 10년 동안 행복한 결혼생활을 해 왔으며 쌍둥이인 두 딸이 있다.

사고가 나기 전에 Bill은 군인이었다. 그러나 다리를 잃었다는 것은 군대에서 더 이상 그가 쓸모없다는 것을 의미했다. Bill은 그의 생애에 있어서 직업의 상실은 절대로 극복하기 어려운 것으로 보았다. 철도회사에 대한 그의 엄청난 분노는 새로운 삶의 성공을 위해 노력하고 발전시킬 수 있는 것들을 막아 왔다. Bill은 상담사를 찾아왔다. 첫 회기에서 Bill은 자신이 살아온 삶을 슬퍼하는 데 대부분의 시간을 보냈다. Bill은 반복적으로 "기차가 충돌하기 5분 전으로 시계를 돌릴 수만 있다면, 또는 빨리 기차를 바꿔 탔으면 다치지 않았을 텐데……"라고 말했다.

"좋아요." 상담사가 말했다. "내가 당신에게 마술 버튼을 준다고 상상해 보세요. 그리고 이것이 당신의 세상을 다시 만들 수 있을 것입니다. 버튼을 누르면 당신은 충돌 전으로 시간을 돌릴 수 있습니다. 당신은 기차를 바꿔 타고 다치지 않습니다. 물론 그것은 당신이 다리를 다쳐 병원에 갈 일은 절대 없을 것이고, 아내를 절대 만날 수도 없으며, 딸들도 존재할 수 없다는 것을 의미합니다. 자, 이제 당신에게 모든 것이 달려 있습니다. 버튼을 누르겠습니까?" 그러자 Bill은 아주 조용히 돌아갔다.

게슈탈트 접근

게슈탈트 상담은 본질적으로 Fritz Perls(1893~1970)와 그의 아내 Laura(1905~1992)의 업적에 근거한다는 것이 일반적이다. 그들은 심리상담의 역사에서 1940~1950년대의 다른 많은 사람들처럼 나치의 위협을 피해 예술과 드라마, 급진적 정치의 전위문화의 신봉자들이 활동하는 뉴욕에 정착하였다. Fritz는 연극을 너무나 좋아했고 Laura는 뛰어난 음악가였다. Fritz의 상담 스타일은 내담자가 스스로 인생의 진실한 의미를 발견하도록 경험을 적극적으로 하도록 독려하고 문제나 힘든 상황을 직면시키는 경향이 있다. 그는 학문적인 이론을 경시하는 경향이 있었고 이로 인해 '과도하게 주지화하는 사람' 또는 '허튼소리 하는 사람'으로 언급되는 것으로 유명하였다(Ginger, 2007).

인간에 대한 인본주의 사상의 공통적 관점에서 보면, 성격에 관한 게슈탈트적 신념은 개인의 자유와 창의성에 근거한다(Perls, 1948; Perls et al., 1951). 'gestalt'라는 용어는 독일어로 '패턴' '형상' 그리고 '모양의 전체성'이라는 개념으로 정의된다. 게슈탈트 심리학자는 사람들은 성장과 발달과정에서 자신의 경험과 사고를 패턴으로 조직하며, 이는 그들이 세상과 자신을 이해하기 위해 노력하는 방법이라고 본다. 우리에게 주어진 모든 시간 동안 우리에게 영향을 미친 엄청난 양의 정보를 생각하면 이해가 될 것이다. 우리 마음의 외현 수준에서 그 모든 것을 유지하기에는 너무 많은 정보가 사방에서 흘러 들어온다. 만약 당신이 태어날 때부터 받은 정보들을 입력 데이터 흐름에 모두 추가한다면, 우리는 분명히 과부하된 정보의 심각한 위험에 처할 것이다. 이러한 과부하된 정보를 통제하기 위한 하나의 방법은 그것들을 무리, 패턴 또는 형태로 조직하는 것이다. 우리는 패턴들을 하나로 묶고, 그것을 내부정신

목록으로 정리할 수 있다. 그렇게 하고 나면 필요할 때 관련 목록을 가져와서 필요한 것을 정확한 항목 내에서 검색하는 것이 훨씬 쉽게 가능하게 될 것이다. 게슈탈트 기반의 조직화된 내부정보목록의 다른 대안은 혼란일 뿐이다.

게슈탈트 심리학은 인간을 하나의 기능하는 전체a functional whole로 본다. 게슈탈트를 기반으로 한 성격이론 역시 '전체holistic'로 여겨진다. 그들은 전체적 순환 속에서 인간을 보고, 구성의 한 부분으로는 분리하지 않는다. 성격이론에서 완성completeness이란 개인의 통합이나 자기실현의 더 높은 수준을 향해 지속적으로 노력하는 것이다. 따라서 게슈탈트 성격이론은 주로 심리적인 질병이 아닌, 건강에 초점을 맞추는 성장이론이며 교육이다(Latner, 1986).

조직화된 패턴, 즉 게슈탈트는 완전하거나 완성된 형태로 갑자기 작동되는 것이 아님을 기억해야 한다. 그것은 시간이 지나면서 완성되어야 한다. 충분히 발달된 성격이란 '전체whole'를 통합하는 것으로부터 만들어진다는 것을 의미한다. 따라서 불완전한 성격패턴이 존재한다면 더 많은 성장과 발달이 필요하거나 아직 완전한 단계는 아니라는 것을 가리킨다. 성격의 발달과정에서 성장이 지연되거나 통합되지 않는다면 그것은 스트레스적인 정서 갈등을 경험하고 있다는 것을 알게 해 준다. 사람은 충분히 기능하기 위해서 사고와 존재의 '전체' 패턴을 구축하는 것이 필요하며, 충분히 기능하는 사람은 '전체적' 성격을 가진다.

'전체'의 개념은 게슈탈트 심리학에서 매우 중요하다(Crocker, 1999). 사람의 성격을 형성하는 완성된 전체 패턴의 구성은 개인의 경험 모두가 적절하게 통합되고 충분히 상호 연관되어야 한다. 그래서 성격의 모든 것이 충분히 상호 연관될 때 전체 또는 통합된 인간은 다양한 개별적 성질이나 특성의 단순한 조합이 아닌 훨씬 더 복잡한 그 무엇이다. 예를 들어 컴퓨터의 개별적 요소들을 생각해 보자. 개별적으로 그들은 다양하게 제한된 기능들을 수행할 수 있다. 하드 드라이브는 외부 모뎀과 연결되어 있고 독립적으로 데이터를 수신할 수 있다. CD인식기는 사운드 시스템과 연결되어 있고 자체적으로 음악을 생성한다. 그러나 그 두 부분만으로는 안 되고 다른 부분이나 조각들이 모두 연결되어야 컴퓨터로서 기능할 수 있다. 게슈탈트 관점에서 우리가 '컴퓨터' 라 부르는 패턴의 완성은 개별적으로 유용한 전자 부품들을 포함하는 단순한 상자보다 훨씬 더 많은 것을 포함한다. 그것은 현재까지 사용된 많은 것과 연관성을 가진 매우 복잡한 도구다. 즉, 조립된 컴퓨터의 '완전성' 은 무엇인가를 향해 노력하고 있는 것이다.

게슈탈트 이론가는 완전성이 달성되었을 때 '전체는 부분의 합보다 더 크다.' 는 것을 의미한다고 말한다. 그래서 우리는 '성격은 근본적으로 전체적인 명제' 라는 게슈탈트적 관점으로 다시 돌아온다.

욕구 위계적 접근

Abraham Maslow(1908~1979)는 러시아인의 박해를 피해 이민 온 유대인의 여섯 번째 아들로 태어났다. Maslow는 자식들이 자신들보다 더 나은 삶을 살기를 바라는 부모님의 열망에 따라 뉴욕에서 법률 공부를 하며 자기계발을 해 나갔다. 그러나 후에 위스콘신 대학에서 심리학으로 전환하였다. 그는 컬럼비아 대학에서 학문적 경력을 쌓았으며, 1943년에 인간 성격발달의 실현화 동기에 관한 이론을 발표하였다. Maslow는 정신역동 및 행동주의 이론가와 그들의 성격이론을 강하게 비판하였다. 그는 우리의 학습과 성격 습득의 대부분은 의식수준에서 일어난다고 주장하였다. 그에 따르면 심리적 발달의 걸림돌은 바로 우리의 환경 또는 삶의 경험들에서 나타나는 부정적인 요소들이라는 것이다. 따라서 우리는 모두 자신을 더 많이 이해하고 자신의 세계를 더 수용함으로써 이러한 장애들을 극복할 수 있으며, 더 높은 수준의 심리적 성장과 성격의 발달 또는 자기실현을 성취할 수 있다고 보았다.

Maslow는 자기실현이 인간 성격의 원동력이라고 주장하였지만, 그의 더 큰 업적은 자기실현을 동기 또는 욕구 위계에 정착시킨 것이다. 자기실현은 가장 높은 동기이지만, 사람은 이 욕구에 도달하기 전에 안전이나 배고픔 같은 낮은 수준의 동기들이 충족되어야만 한다. Maslow의 실현 위계(Maslow, 1943)는 [그림 5-1]처럼 욕구의 다섯 단계를 기반으로 한다.

욕구의 한 단계가 충족되면(예를 들면, 음식이나 물과 같은 삶의 기본적인 욕구) 다음 단계로 올라갈 수 있다(안전과 보장의 욕구). [그림 5-1]의 욕구 위계에서 보듯이, Maslow에 따르면 인간의 가장 높은 욕구는 자기실현이며, 이는 낮은 욕구들이 모두 충분히 충족되었을 때 만날 수 있다. 그러나 스트레스나 심리적 불편감이 생기면 어떤 사람들은 일시적으로 낮은 동기 수준으로 후퇴하여 불편감을 다루는 것이 더 쉬울 수 있다. 예를 들어 거절당했다는 느낌으로

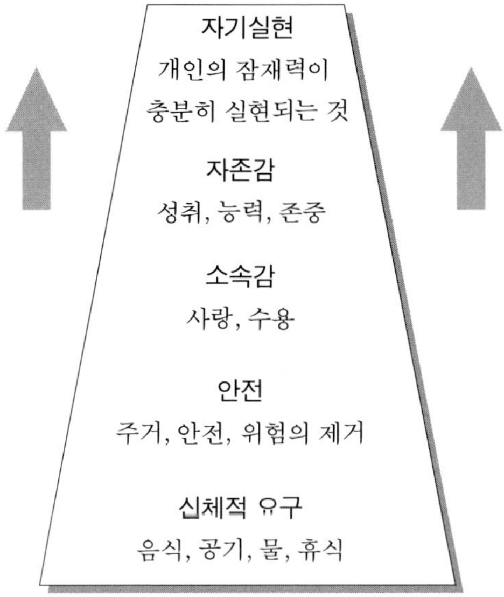

[그림 5-1] Maslow의 욕구 위계

인해 '자존감' 단계가 위태로우면 더 낮은 단계로 내려가게 되고, 그래서 위안이 되는 음식을 먹음으로써 생리적 욕구에 집중하게 된다.

그러나 Maslow는 성격의 동기이론을 제공하는 것에서 한 발자국 더 나아갔다. 그는 건강한 사람의 성격은 무엇으로 구성되며, 어떻게 성장하는지를 설명하려고 노력하였다(Maslow, 1962, 1973). 그러나 불행하게도 그가 이 아이디어를 연구할 당시에 이용할 수 있는 사례로는 오직 환자들의 임상보고서밖에 없었다. 이는 분명히 선택할 수 있는 건강한 성격의 사례들이 많지 않다는 것을 의미하나, 사례의 부족이 Maslow의 연구를 멈추게 하지는 않았다. 그는 단념하지 않고 역사적으로 유명한 Abraham Lincoln, Albert

Einstein, Eleanor Roosevelt 등 그의 롤모델을 활용하였다. 그런 사람들은 분명히 성공했기 때문에 충분히 기능하고 정서적으로 아주 건강하다는 것이 그의 가설이었다. 책을 읽고 있는 당신은 Maslow의 가정에 의문을 가질 수도 있다. 유명한 사람에 대한 연구는 심리적으로 건강한 사람, 아마도 자기실현에 성공한 사람은 다음과 같은 것을 가지고 있다고 주장하기에 이르렀다.

- 스스로에 대한 자각과 수용
- 개방성과 자발성
- 성취 목표로서의 일을 즐기고 바라볼 수 있는 능력
- 지나치게 타인에게 의존하지 않고 친밀한 우정을 발달시킬 수 있는 능력
- 좋은 유머 감각
- 절정경험을 가지려는 경향(영적이고 정서적인 만족)

Maslow가 자기실현 동기를 인간의 필수적인 욕구 상태라고 보았다는 것에 주목해야 한다. Maslow에 따르면 이것은 선택이 아니다. 가장 높은 단계의 자기실현은 자기에 대해 충분히 편안하고 충분히 이해하며, 자신이 누구인지 아는 것을 의미한다. 자기실현에 이른 사람은 사회 속에서 일체감을 느끼고 죄책감, 수치심, 증오를 뛰어넘는다. Maslow를 비난하는 일부의 사람들은 '높은 수준으로 자기실현' 한 것과 '잘난 척하는' 것의 차이를 발견하기 어려울 수 있다고 말할 수 있다.

대부분의 사람들은 낮은 수준의 자기실현 단계에 있다. 우리 모

두는 세상에서 생존하기 위해 개인의 욕구는 어쩔 수 없이 더 낮은 동기에 집중되기 때문에 우리는 중심을 잃고 사소한 욕구들에 얽매인다. 그래서 우리는 적절하게 개인의 성장을 향해 나아갈 수 없다. Maslow의 관점에서 우리는 부족하기 때문에, 진실로 자기실현을 원한다면 우리의 낮은 욕구가 충분한 보살핌을 받을 필요가 있다는 것이다. 그것은 오직 자신의 잠재력을 실행하는 데 자신의 에너지를 쏟을 수 있는 사람만이 가능하다. 그러나 현실로 돌아오면 대다수의 사람들에게 있어 완전한 자기현실은 거의 어려울 것으로 보인다. 심지어 Maslow조차 그러한 정도의 행복한 상태는 단지 인구의 약 2%만이 달성했다고 말한다. 심지어 이것도 너무 많은 수치라고 생각할 수 있다.

인본주의 성격이론 요약

위에서 언급한 네 가지 인본주의 성격이론은 모두 단지 이론이라는 것을 항상 염두에 두어야 한다. 당신이 우연히 접하게 된 다른 인본주의 성격이론이 있다면 그것도 단순한 이론에 지나지 않는다. 최근까지도 인본주의 성격이론은 임상적 평가 외에는 별도의 뒷받침할 만한 증거가 부족하였다. 이러한 부족함은 앞으로 잘해 나갈 수 있는 출발점이 된다. 특히 최근 상담에서 인본주의 접근을 지지하는 증거들이 의미 있게 확장되었다(Elliot et al., 2008; Gurman & Messer, 2005; Patterson, 2007). 성격이론에 대한 인본주의적 접근은 계속되고 있고, 심리학 전반에 걸쳐 매우 영향력이 있으며, 상담과 일반 사회의 영역까지 확장되었다. 영향력 있는 많은 심리학자들과 다른 사상가들은 성격의 측면에서 사람의 주관적인 경험이 객관적인 사실보다 분명하게 중요하다는 것에는 모두가 동의한다. 즉, 중요한 것은 현실이 아니고 우리 각자가 개인적 세계에서 드러나는 현실을 해석하는 방식이다. 이러한 구성주의적-해체주의적 태도는 현대의 지식인 사회에 널리 스며든 것처럼 보인다. 대부분의 사람들에게 과거의 확실성은 사라지고, 모든 것은 논쟁의 대상이 되고 있다. 학습과 지식에서 엄청난 진전이 일어난 것을 볼 때, 인본주의적인 관점이 유지될 수 있을지는 여전히 의문스럽다. 예를 들어 성격적 특성의 일부에 대한 유전자의 발견이 늘어나고 있다. 결국에는 우리의 성격이 심리학보다는 생화학에, 철학보다는 물리학에 더 의존하게 될지도 모르겠다.

일부에서는 인본주의 성격이론이 심리적이고 사회정치적인 면 모두에서 아직은 '시기상조' 라는 주장이 가능하다. 가까운 미래에 그들의 시대가 끝날 수도 있다. 그러나 미래가 무엇을 가져오든 간

생각해 볼 거리

- 20세기 후반의 인본주의 사상가는 그 시대를 뛰어넘어 성장하였는가? 아니면 그들의 이론 형성에만 도움이 되었는가?
- 당신은 상담계 밖에서 인본주의 사상이 퍼져 있는 것을 본 적이 있는가?
- 인본주의 이론은 집단의 욕구보다 개인에게 힘을 실어 주는 것에 집중한다. 이는 오로지 개인의 자유를 기반으로 한 사회 체계에만 적합하다는 것을 의미하는가?

에 무엇이 그렇게 행동하도록 만드는지를 끝없이 이해하려는 인본주의적인 사고의 중요성은 부인할 수 없다는 것이다.

성격이론에 관한 인본주의적인 접근은 상담과 심리치료 이론들을 많이 만들어 냈다. 그 목록으론 교류분석, 참만남 집단, 종합심리요법, 사이코드라마, 자아초월심리 등이 있고 이외에도 많은 상담유형들이 있다(Cain & Seeman, 2002). 이들 모두의 공통점은 과도하게 과거 사건에 집착하거나 미래 활동을 예측하기보다는 내담자의 '지금-여기'의 경험에 집중한다(Schneider et al., 2002). 그러나 국제적으로 가장 잘 알려지고 널리 활용되고 있는 인본주의 접근은 인간중심 상담이다. 영국에서 인간중심 상담은 아마도 1970년대 후반 이후 가장 광범위하게 활용되고 있는 상담접근이다. 국민건강보험의 상담규정의 변화가 인간중심 상담의 지배적 권위를 위협하는 것처럼 보일지라도, 인간중심 상담은 중요한 상담양식으로 남을 것이다. 따라서 이 장의 나머지는 상담과 심리치료에서 인간중심 접근을 탐색하는 데 초점을 둘 것이다.

상담 실제에서 인간중심 상담

'내담자 중심' '비판단적' 'Rogers 학파' '비지시적' '경험적' 등으로 알려진 인간중심 상담에는 당연히 Carl Rogers의 공로가 크다. 그러나 앞에서 말한 것처럼 저명한 많은 이론가들이(Gendlin 등) 인간중심 상담의 발달에 기여해 왔다. 인간중심 상담의 근본적 전제는 상담사와 내담자는 모두 본질적으로 신뢰롭고 선의가 있다는 것이다(Thorne, 2002). 인간중심 상담은 우리의 삶은 개인의 선택과 창조의 장임을 강조하고(McLeod, 2003), 사회에 대한 인간적 관점을 포함하고 있다. Rogers(1942)는 분명하고도 단순한 아이디어를 내놓았는데, 그는 상담사로서 적절한 역할은 내담자가 자신의 문제에 대해 스스로 해결책을 발견하도록 돕는 것이라고 주장하였다. Rogers에 따르면 내담자의 문제는 성격이론에서 제시한 것처럼 인간의 기본적인 두 가지 발달욕구가 적절하게 충족되지 않았기 때문에 발생한다고 주장하였다. 앞에서 말한 것처럼 그 욕구는 자기실현의 욕구와 사랑 및 인정의 욕구다. 내담자는 이 두 가지 욕구(동기)가 만족되었을 때 심리적인 건강을 향하여 성장한다.

인간중심 상담과 자기실현

자기실현이란 실제적으로 삶에서 필요한 것을 확보하려는 개인의 동기와 그들의 정서적 욕구를 만족시키는 방향으로 상승하고 전진하는 심리적 과정이다. 따라서 영적이고 창조적인 수준으로 올라갈수록, 자기실현은 내담자의 실존 전체에 대해 도움과 이익이 되는 판단을 스스로 할 수 있게 한다(Mearns & Thorne, 2000). 그래서 상담사의 가장 중요한 일은 내담자가 자기실현의 메커니즘과 특성을 탐색하도록 돕는 것이다. 이는 내담자가 자신의 잠재력을 더 잘 수행하고 정서적인 건강과 성장을 최대화하도록 하기 위해서다. 물론 자기실현 과정은 현실과 삶이 우리에게 부과하는 필연적인 타협에 의해 제한을 받는다. 그러나 이러한 제한이 내담자가 개인의 독특성과 이상을 성취하는 방향으로 시도하고 노력하는 것을 금지해야 한다는 것은 아니다. 인간중심 상담이론에서 상담사의 궁극적인 목적은 충분한 자기실현을 하려는 내담자를 북돋아 주는 것이고 그것은 실제로 도달할 수 있는 것이다. 이러한 '결함 없는flawless' 사람들은 자신의 내면 상태와 그들을 둘러싼 환경과의 자연스러운 완전한 조화를 이룰 것이다.

자기

'결함 없는' 사람들의 완벽성과는 달리 실제의 자기, 특히 '있는 그대로의 자기'는 실존의 조화로운 상태와는 거리가 멀 수 있다. 건강하지 않거나 부정적인 자기개념은 더 높은 수준의 자기실현 욕구들과 충돌할 수 있다. 간단히 말하면 우리는 현재 자신의 존재가 달갑지 않을 수 있고, 그것이 우리를 불편하게 할 수도 있으나 현실에서는 그것을 막는 방법을 찾는 것이 어려울 수 있다는 것이다. 물론 불만족스럽고 낮은 수준의 정서 상태에서는 우리가 현재 존재한다는 것을 전혀 자각하지 못할 수도 있다. 자각을 하든 못하든 간에 그 결과는 개인의 부조화와 심리적 질병의 가능성과 관련된다. 두 경우 모두 우리의 삶에서 도움이 필요하거나 도움을 구한다는 점이다. 우리의 삶과 개인의 발달이 있는 곳이 바로 인간중심 상담사가 개입할 수 있는 장소다.

Rogers 학파의 상담에서 강조하는 것은 개인의 '지금-여기'다. 중요한 것은 '있는 그대로의 자기'이지, '과거의 자기' 또는 '해야만 하는 자기'가 아니다. 타인의 판단에 많이 의존하는 사람들은 내면의 가치와 외부에서 부과된 가치 간에 잦은 갈등을 경험할 수 있다. 외부에서 부여한 가치는 또 다른 자기의 형태로서 '타인이 기대하는 자기' 다. Rogers 학파 이론에서 말하는 정서적 혼란이란 '지금의 나로서' 의 자기와 '되고자 하는' 이상적 자기 또는 '타인의 판단으로서' 자기 간에 차이가 있을 때 생기는 불안의 결과다.

일치성

내담자가 현재의 자기개념을 분명하게 탐색하도록 돕는 것이 인간중심 상담사의 핵심적 역할이다. 자기개념이란 내담자가 자신의 본질적인 자기를 정의하는 방식이다. Rogers는 자기개념이 외부에서 부과된 가치 또는 스스로에 대한 내적인 감정에 의해 생길 수 있다고 하였다. 그는 내적인 가치체계와 실제의 활동 및 경험 간의 갈등(불일치)은 정서적 혼란의 근본 원인이라 믿었다(Rogers, 1961). 만약 자기정의가 실제적인 삶의 경험과 갈등한다면 심리적인 부조화가 발생할 수 있다. 예를 들어, 당신은 스스로를 강한 사람이라고 생각한다고 하자. 만약 당신이 그에 맞게 행동한다면 모든 것은 만족스럽고 당신은 심리적으로 일치되어 있다. 그러나 스스로 강하다고 생각하는 당신이 약하다고 지각되는 방식으로 행동한다면 당신은 어떤 심리내적 갈등으로 매우 혼란스러울 것이다. 그러면 당신은 정서적으로 불일치하게 된다.

개인의 자기지각과 행동 또는 현실 사이에 조화로움(일치성)이 있다면 모든 것은 만족스럽다. 예를 들어 자신을 양육자라고 생각하는 사람이 어려움에 처한 사람을 만난다면 그는 어려움에 처한 사람에게 위안이나 도움을 줌으로써 충분히 만족감을 얻을 수 있다. 그러면 그는 일치성을 얻는다. 그러나 동일한 사람이 도움이 필요한데도 도움을 거절하는 사람을 만난다면 일치는 불가능하게 되고 심리적으로 불편감이 생기게 된다. 이러한 불편감을 없애는 방법은 도와주는 사람이 거절하는 사람을 '감사할 줄 모르는 사람' 으로 새롭게 정의하는 것이다. 또 다른 방법은 도와주는 사람이 '불필요하게 타인의 삶에 개입하는 것' 으로 자신을 재정의할 수도 있다. 이것은 훨씬 덜 일치되고 덜 편안해질 수 있다. 따라서 감정과 현실 간의 조화인 일치성이 정서적인 건강을 말한다면, 감정과 현실의 부조화를 의미하는 불일치는 정서적으로 건강하지 못하다는 것을 나타낸다.

핵심 조건

Rogers는 인간중심 상담의 목적은 내담자가 '충분히 기능하는 사람' 이 되는 방향으로 나아가도록 돕는 것이라 믿었다. 이는 정서의 총체the totality of emotion를 경험하는 것을 두려워하지 않는 사람, 모든 정보에 대해 개방적인 사람, 자기실현에 충분히 몰입하는 사람, 그리고 지금-여기에 살고 있으며 충분한 자기자각이 있는 사람을 의미한다. 강조하는 것은 타인에 대한 의존보다 개인의 자율성이 중요하다는 것이다. 이 이상화된 자기상태는 이른바 상담관계에서 '필요-충분조건' 이 존재할 때 치료적으로 촉진된다(Rogers, 1957). 저자가 수정한 다섯 가지 핵심 조건은 다음과 같다.

- 조건 1: 내담자와 상담사는 생산적인 심리적 접촉을 해야 한다.
- 조건 2: 내담자는 불일치 상태에 있고 취약함과 불안을 느낀다.
- 조건 3: 상담사는 관계에서 일치되거나 통합되어 있다.
- 조건 4: 상담사는 내담자에 대한 무조건적인 긍정적 존중을 경험한다.
- 조건 5: 상담사는 내담자에 대해 충분한 공감적 이해를 하고 소통한다.

인간중심 상담의 관점에서 일반적으로 강조되는 것을 상담사는 진실되고 공감적이고 수용적이어야 한다는 것이다. '수용' 은 '무조건적인 긍정적 존중' 으로 알려져 있다. 그러나 조건 1(생산적인 심리적 접촉)을 만족시켜야 한다는 것에 주목할 필요가 있다. 조건 1은 효과적인 상담사-내담자 간의 작업동맹이 있어야 하는 것으로 오늘날의 많은 상담사들에게 중요한 상담전략으로 고려되고 있다. 이는 오늘날의 연구가 상담관계의 근본적 중요성을 인식하고 있기 때문이다. 사실 몇몇 이론가는(Constantino et al., 2002; Safran et al., 2002) 작업동맹이 성공적인 심리상담의 거의 '전부' 라고 보았다. 다시 말하면 어떤 상담사에게는 오직 생산적인 심리적 접촉이라는 핵심 조건 1만 있고 나머지는 없다는 것이다.

생각해 볼 거리

다음의 질문을 당신에게 적용해서 생각해 보시오.

- 상담사는 정말 비판단적일 수 있는가? 아니면, 언제나 진실되게 일치적일 수 있는가?
- 인간중심의 관점에서 상담이 실제로 중단되는 때는 언제인가? 언제 중단해야 하는가?
- 개인의 자기충족을 최대화하는 Rogers 학파 상담의 목적은 유용한 상담의 구성개념이기보다 '자유롭고 진보적인' 사회의 관점을 더 많이 표현하는가?

Rogers 학파의 상담방법

Rogers 학파의 상담에서 개인의 성장과 정서적 건강은 상담사가 내담자의 모든 삶의 경험들에 대해 개방적이 되도록 도움으로써 나타난다. Rogers에 따르면 내담자가 자신의 내적세계와 외적세계를 점차적으로 더 잘 연결시키는 방법을 찾아가는 것을 하나의 과정으로 본다. Rogers 학파에 따르면, 상담의 초기단계에 내담자는 자신의 겉모습 또는 스스로 비인간적인 것에 초점을 두고 있어서 내담자 스스로의 감정을 인정하거나 다른 사람과 관계하는 것이 불가능하게 느껴진다. 그런 사람들은 타인의 판단에 매우 많이 의존되어 있다. 상담의 마지막 단계에서 이러한 경향은 역전되고 내담자는 내적인 자기와 다른 사람에 대한 신뢰가 증가하고, 지금-여기에서 실제적으로 느끼는 감정들에 편안해진다. 내담자는 자기의 판단에 따라 자기가치를 평가하고 지금의 자기평가는 무엇보다 중요하다. 이러한 자기평가와 경험에 대한 개방성을 신뢰하는 것은 상담사의 공감과 수용, 그리고 진실성에 의해서 촉진되고, 새롭고 더 잘 실현하는 존재방식을 드러내도록 촉진한다.

◐ 사례연구 5-2

Sally는 겉으로는 성공한 여성이었으나 그녀의 상담사인 Harry에게 말한 것처럼 내적으로는 모든 것이 엉망이 된 것처럼 느꼈다. 첫 상담에서, Harry는 Sally의 마음속의 취약성을 감지하였고 중요한 정서적 붕괴의 경계 지점에 있다는 것을 느꼈다. 이는 Harry로 하여금 불편을 느끼게 한 Sally의 어떤 취약점이었다.

처음 두 회기 동안, Sally는 명백하게 직업적 성공과 개인적 삶에 초점을 두고 말했다. 그녀는 자신을 표현할 때 다른 사람들의 평가적 관점에서 '여자 친구들은 모두 내가 약간 웃긴다고 생각한다.' 또는 '상사는 일에 관해서는 항상 나를 신뢰한다.' 라고 한다. Sally는 자연스럽게 이야기했으나 그것은 오로지 며칠 전에 무엇을 했고, 이번 주에 무엇을 할지에 대한 것뿐이었다. 그녀는 상담실의 지금-여기에 충분히 존재하는 것으로 전혀 보이지 않았다.

Harry는 Sally가 상담에 왔다는 것은 그녀가 실제로 무엇인가를 찾고 있다는 것을 의미한다고 보았다. 그러면 Sally가 피하려고 하는 것은 무엇이었을까? 3회기 초에 Harry는 Sally에게 기회를 주기로 결정했다. 그는 Sally가 중요한 무언가를 원한다는 것을 느꼈고, 그녀의 자신감 있는 분위기 이면의 취약하고 겁먹은 모습이 느껴졌다고 말했다. Sally는 매우 화가 났고 자신을 완전히 무시했다고 말했다. 그녀는 그 자리를 떠나겠다고 위협했고 Harry는 침묵하였다. 그는, 만약에 그녀가 지금 중단하고 나가야

겠다고 결심했더라도 여전히 다음 주 약속시간에 그녀를 위해 이 자리에 있을 것이라고 말했다. Harry는 인간중심 상담의 두 가지 원칙에 주목하였다. 감정은 사람을 놀라게 할 수 없다는 것과 자신은 그녀를 여전히 돕기를 원한다는 것을 Sally에게 보여 주었던 것이다. Harry는 Sally의 공격에 평가적인 반응을 하지 않았고 Harry의 공감은 줄어들지 않았다. Sally는 공격적인 분위기로 3회기의 남은 시간을 보냈다. 그러나 Harry는 동요하지 않았다.

Sally는 다음 주 상담시간에 나타났으며, 처음엔 주저하였으나 자신이 상담실의 지금-여기에서 무엇을 느끼는지에 대해 더 많이 이야기할 것처럼 보였다. 그녀는 지난주에 자신의 폭발적 감정에 대한 Harry의 통제된 반응에 매우 놀라웠으며, 지금은 Harry가 진실로 말할 수 있는 한 사람으로 보인다고 하였다. 그녀는 "선생님은 안전하게 느껴져요."라고 말했다. "선생님은 알고 있지요? 내가 처음으로 도망치고 싶지 않다는 것을……" Sally는 드디어 진실된 한 인간으로서 상담에 임하게 되었다.

인간중심 상담과정

많은 상담훈련기관에서 제안하는 상담기술 훈련과정과는 반대되는 분명한 증거에도 불구하고, 인간중심 상담을 지지하는 공식적인 상담기법은 없다. 달리 말하면 Rogers 학파의 상담을 '제대로 하는' 방법이란 없다. Rogers 자신은 인간중심 상담의 전달체계가 고정된 과정과 기법으로 설명될 수 있다는 생각을 강하게 반대하였다(Thorne, 2002). 본질적으로 인간중심 상담은 내담자가 자기인식과 자기수용을 얻을 수 있도록 돕는 방향으로 내담자와 함께 몰입할 수 있는 상담사에 의존한다. 상담사는 내담자에게 Rogers 학파의 가치, 특히 개인의 타고난 선함과 개인적 신뢰에 초점을 둔 가치를 전달할 필요가 있다. 그렇지만 이것은 내담자에 대한 존중과 가치 속에서 행해져야 한다. Rogers 학파에서 상담과정은 내담자가 이끄는 것이지 상담사가 지시하는 것이 아니다. 내담자 개개인은 고유한 존재이므로 '만능적인' 치료기법을 적용해서 얻을 수 있는 치료적 과업은 없다. 아주 기본적인 관점에서 보면 인간중심 상담은 단순하게 내담자가 말했던 것을 반복하거나 수시로 상담실에서 무언가 일어났다고 상담사가 믿는 것보다 훨씬 더 큰 의미를 갖는다. Mearn과 Thorne(2007)은 인간중심 상담과정에서 내담자의 성장은 3단계로 이루어진다고 하였다.

- 1단계: 내담자는 내담자 자신과 상담사, 상담과정에 대한 신뢰감을 형성할 수 있도록 도움을 받는다.
- 2단계: 상담사와 내담자는 우호적인 친밀감이 생기고, 그러면 내담자가 자신의 내면, 즉 마음과 몸에서 일어나고 있는 것을 점점 드러낼 수 있다고 느끼고, 기꺼이 자신의 경험을 탐색할 수 있게 된다.
- 3단계: 내담자와 상담사의 관계에 깊은 신뢰감이 형성되고, 상담사와 내담자 모두 자기개방이 편안해진다. 이 마지막 단계는 상담사에겐 매우 보람 있고 내담자에겐 자기만족을 준다. 그러나 분명한 것은 상당히 숙련된 관리가 요구된다는 것이다. 전문적이고 윤리적 범위에서 신중하게 주의를 기울이는 것이 꼭 필요하다.

인간중심 상담사는 치료기법의 단순한 적용으로는 세 단계 중 어떠한 것도 적절하게 촉진될 수 없다고 단언한다.

생각해 볼 거리

- 자기개방은 상담사의 꿈인가 아니면 상담사의 악몽인가?
- 이론을 보완하는 기법으로 상담훈련이 가능한가?
- 자기실현의 가장 높은 수준으로의 도달은 정말로 제3학파인 인본주의에만 있는 것인가?

더 읽을거리

Cooper, M., O' Hara, M., Schmid, P., & Wyatt, G. (Eds.). (2007). *The Handbook of Person-Centered Psychotherapy and Counselling*. Basingstoke: Palgrave.

Mearns, D., & Thorne, B. (2007) *Person-Centered Counselling in Action* (3rd ed.). London: Sage.

Tudor, K., & Merry, T. (2006) *Dictionary of Person-centred Psychology*. Ross-on-Wye: PCCS Books.

제6장
현대 성격이론

핵심지식

성격에 대한 정신역동, 인간중심, 그리고 인지행동적인 설명에 덧붙여 다음과 같은 현대 성격이론을 포함하였다.

❖ 특성이론
- Eysenck의 세 가지 성격 차원
  - 내향성/외향성
  - 신경증/정서적 안정성
  - 정신증/비정신증
- McCrae와 Costa의 '5요인(big five)' 성격 차원
  - 외향성: 흥분성, 사교성, 주장성
  - 우호성: 긍정적인 사회성
  - 성실성: 사려 깊음, 성취 중심, 목적성
  - 신경증: 정서적 불안정, 불안, 우울
  - 개방성: 통찰, 정서 지능, 폭넓은 관심

❖ 생물-유전 이론: 내적 생화학적 또는 타고난 유전 형질에 따른 성격

❖ 상호작용 학습이론: 성격발달에 영향을 미치는 사회적 압력

복합적인 성격이론은 성격발달과 관련하여 알려진 모든 영향을 통합하고자 시도한다. 이러한 과정은 상담과 심리치료에 대한 통합이론의 일부를 지지한다. 통합이론은 다음을 포함한다.

❖ Ryle의 인지분석이론: 정신분석이론과 인지적 방법론을 통합한다.
❖ Clarkson의 5개 유형이론: 치료적 관계는 필수적인 것이며 5개 유형(작업동맹, 전이, 회복/발달, 면대면/현실, 초월)으로 나누어진다고 주장한다.
❖ Evans와 Gilbert의 관계 · 발달이론: 치료실 안과 밖에서 이루어지는 내담자의 모든 관계를 포함한다.

성격에 대한 최근 이야기

인간을 움직이게 하는 것이 무엇인지 이해하기 위한 노력을 이야기하려면 끝이 없을 것이다. 지금까지 이 책에서 우리는 3대 전통적 이론인 정신역동이론, 인간중심이론 및 인지행동적 성격이론의 탐색에 초점을 두었다. 또한 이 세 이론들이 어떻게, 왜 심리치료에서 그렇게 중요한지를 탐색하였다. 우리가 알다시피, 대부분의 상담은 '3대' 심리학 이론에 기초한다. 그러나 시대가 변하면서 심리학에도 전반적인 변화가 있었는데, 특히 성격이론에서 변화가 많았다. 성격이론에서 유행이 바뀌는 것처럼, 심리치료에서도 많은 유행이 있었다. 그 결과 현대적 추세에 따른 심리이론의 부분적

수정과 병행하여 독립적으로 전통적 치료의 진정한 가치가 폭넓게 재평가되고 있다. 이것은 상담사가 끊임없이 성격심리학의 발달에 대한 최신정보를 습득할 필요가 있음을 의미한다. 왜냐하면 그러한 변화는 장차 심리치료의 발전에 영향을 미칠 수 있기 때문이다. 오늘날 '3대' 성격이론은 심리치료이론에서 더 이상 독보적인 존재가 아니다. 사람을 움직이게 하는 것이 무엇인지에 대한 다양한 현대 사상들이 있으며(Schustack & Friedman, 2007), 실제로 이론들이 너무 많아 여기에서 모두 소개할 수 없다. 현재 추가된 인기 있는 성격이론 중에서 다음 중 일부는 상담사와 심리치료사들에게 특히 많은 관심을 받을 것으로 보인다.

특성이론

특성이론의 기원은 훨씬 초기 이론으로 거슬러 올라갈 수 있지만, 특성이론은 성격이론에 관한 매우 현대적인 접근이다. 1936년에 Gordon Allport는 영어 사전에서 성격에 대한 단어를 4000개 이상 발견했고 그 단어들로 모든 성격특성을 설명할 수 있다고 생각했다. 그는 단어를 세 차원으로 나누었다(Allport & Odbert, 1936).

- 기본 특성cardinal traits: '자아도취적인' '교활한' 등
- 중심 특성central traits: '지적인' '교묘한' '정직한' 등
- 2차 특성secondary traits: 특정 상황에서만 나타나는 '불안한' '놀란' '참을성 없는' 등

그로부터 30여년 후인 1965년에 Raymond Cattell은 Allport의 목록을 16개의 핵심 성격특성으로 재분류했는데, 그는 그것을 인간 성격의 기본 구성요소라고 주장했다. 그것은 다음과 같다.

따뜻함	사회적 대담성	걱정
이성적인	민감성	개방성
정서적 안정성	경계	자기의존성
지배성	추상성	완벽주의
생기 넘침	개인적임	긴장
지배의식		

동시에, Eysenck는 성격특성의 3차원 모델을 만들기 시작했다(Eysenck, 1992a). 이 모델은 성격이 세 가지 연속선상에 위치한다고 주장한다.

내향성 ←——→ 외향성
신경증 ←——→ 정서적 안정성
정신증 ←——→ 비정신증

현대 특성이론은 '5요인' 성격이론에 관심을 갖는다(McCrae & Costa, 1997). 일반적으로 이 이론은 성격특성을 5개의 범주로 나눈다.

- **외향성**: 민감성, 사교성, 적극성 등

- 우호성: 신뢰, 호의성, 이타주의와 같은 긍정적인 사회성 등
- 성실성: 사려 깊음, 성취 중심, 목적성 등
- 신경증: 정서적 불안정, 불안, 우울, 기타 등
- 개방성: 통찰, 정서 지능, 폭넓은 흥미 등

상대적으로 쉽게 관찰 가능한 성격특성을 위의 목록 중의 어떤 단어로 기술할 수 있다는 제안은 합리적으로 보인다. 예를 들면 Cattell의 16개 특성, Eysenck의 세 가지 연속성 또는 McCrae와 Costa의 '5요인'이 있다. 물론 특성들의 집합 또는 부분집합을 어떻게 선택할 것인지를 결정하는 것은 어렵다. 그리고 가장 적절한 특성의 수와 유형에 대한 논쟁은 여전할 것이다. 이유야 어떻든 간에 이 같은 특성 목록의 대부분이 상식에 지나지 않는다는 것은 논쟁의 여지가 있기 때문이다.

특성이론이 가지는 또 다른 문제는 성격이론의 예측가능성이 빈약하다는 데 있다. 특성이론은 당신이 어떤 종류의 사람인지는 말해 주지만 5분 후에 당신이 어떻게 될 것인지에 대해서는 확실히 말해 주지 않는다. 우리는 어떤 사람이 특정한 상황에서 보여 주는 행동이 그와 유사하거나 또는 다른 상황에서도 똑같은 행동을 할 것이라고 생각하지 않는다. 특성이론의 문제는 어떤 사람이 어디로 갔는지는 말해 주지만, 어떻게 도착했는지는 알려 주지 못한다. 하물며 그들이 어디로 가고 있는지에 대해서도 알려 주지 못한다. 특성이론은 특성에 대한 실제적인 설명 없이 단지 사람을 분류한 것이다.

생물 및 유전 이론

성격이론과 비슷하게, 무엇이 우리를 사람으로 분류하도록 만들었는지에 대한 생물학에 기반을 둔 많은 설명은, 사실 아주 오래된 생각이나 신념의 최신 버전이다. 지난 세기에는 성격유형을 생리학적으로 설명하는 초기 이론이 유행하지 않았지만 생물학적 지식의 발전에 의해 다시 부활하고 있다.

예를 들어, 1848년에 Phineas Gage라는 철도노동자는 폭발로 인해 철심이 그의 머리를 관통했는데도 불구하고 살아 남았지만, 상해로 인해 그의 성격은 돌이킬 수 없게 변했다. 이와 비슷한 많은 사례의 발견은(Lishman, 1996) 동시대 이론가들이 성격은 생리학적 차원이라는 것에 대해 논쟁하도록 하였다. 그럼에도 불구하고 심리학적 관점에서 성격에 대한 심리학적 제한 또는 한계에 대한 관심은 20세기 이론가들이 개인의 자유와 생리학적 선택을 강조하면서 배경으로 사라지는 것처럼 보였다. 그러나 많은 현대 연구자는 성격발달에서 생물학적 동인driver을 발견 또는 재발견했다고 주장한다. 예를 들어, Eysenck(1990)는 대뇌피질의 높은 각성은 내향성을 나타내는 반면 대뇌피질의 낮은 각성은 외향성을 나타낸다고 제안했다. 신경과학의 현대적 발전은 성격유형과 연관된 뇌활동을 보여주는 수많은 생리과정을 발견할 것으로 기대된다(Yager, 1999).

대중언론에 따르면, 오늘날 DNA과학에서는 성격특성과 연결되었다고 가정되는 특정 유전자가 있다고 주장한다. 의심의 여지없이 그와 같은 발견은 아직도 많이 이루어지고 있다. 생물학적 성격이론과 관련해서는 '계속 지켜보아야 할' 사항이다. 분명히 이것은 윤리적으로 위험할 수 있다. 당신은 뇌를 화학적으로 처치해서 성격을 재설계하기를 원하는가? 만약 우리가 그렇게 할 수 있다면 사회는 어떤 상담사도 필요하지 않을 것이다. 화학자는 아마도 우리의 일을 더 빨리 그리고 더 저렴하게 할 수 있을 것이다. 참으로 Huxley의 '멋진 신세계' 다.

사회 상호작용 학습이론

전통적인 학습이론가(Pavlov, Skinner 등)는 성격발달을 사람이 환경과 상호작용하고 어떻게 생활사건에 반응하는지를 학습하면서 획득한 혼합된 특성으로 보았다(Carver & Scheier, 2000). 후대 이론가는(Funder, 1997; Rotter, 1981) 이 같은 학습과정이 단순한 자극과 반응 그 이상이라고 주장했다. 그들은 학습이 훨씬 더 복잡한 현상이며, 사회적 압력에 의해 강하게 영향을 받기 때문이라고 주장했다. 이것은 다음과 같은 관찰에 의해서 증명되었다. 많은 사람들이 비슷한 상황을 경험함에도 불구하고 그 반응은 다양한 것을 볼 수 있는데, 그것은 작고 다양한 문화 속에서 살기 때문이라는 것이다. 예를 들면, 특별한 재난에서 살아남은 사람들 모두가 똑같은 심리적 외상을 경험하지는 않는다. 또한 '몰락하는 집안' 에서 성장한 사람 모두가 사회적으로 적응 못하는 사람이 되는 것도 아니다. 이것은 부분적으로 학습에 기반한 성격특성의 발달이 사회적 또는 문화적으로 결정된다는 것을 시사한다.

단순한 자극-반응 학습과 사회학습 간에는 중요한 차이가 있다.

사회학습은 (명확한 보상에 의한) 강화 없이도 일어날 수 있다(Rotter, 1982). 이것은 어떤 사람이 이타주의적인 행동을 학습할 수 있고, 다양한 성격특성이 발달한다는 것을 보여준다(보상 없는 학습). 다른 사람들은 무형의 또는 지연된 이익의 가치를 어떻게 평가하는지에 따라 행동할 수 있다(보상-지연 학습). 이 같은 개념은 선택한 특정 행동에 대한 충분한 보상이 오직 내적으로 '좋은 느낌' 이라는 Sullivan(1953)의 관점과 동일하다. 그러나 Sullivan은 그러한 보상이 일반적으로 내면화된 불안의 제거를 포함하고(즉각적 보상), 반면 Rotter의 주장은 이타적인 행동에 대한 보상은 궁극적으로 증가된 개인의 가치감일 수 있다는 가능성을 인정한다(보상 지연).

성격에 관한 사회적 상호작용 학습의 관점은 개인의 발달이 아주 복잡한 과정, 즉 많은 내적 · 외적 힘과 동인의 생산물인 것처럼 보일 수 있다는 것이다. 아마도 진정으로 사람을 이해하는 것은 누구에게나 너무 복잡한 일이어서 차마 반박하려고 시도하지 않을 것이다.

이론적 혼란에서 벗어나기

성격이론을 파악하는 것은 특정 내담자와 최고의 상담을 어떻게 할지 결정하려는 상담사에게 중요하다. 항상 그러하듯 상담사에게 가장 기본적인 딜레마는 어떤 성격이론을 가지고 상담할 것인지를 결정하는 것이다. 즉, 무엇을 선택하고 무엇을 버릴지를 결정하는 것이다. 이러한 어려움으로부터 탈출할 수 있는 하나의 방법은 고정된 이론이나 특정 이론을 선택하지 않는 것이다. 만약 우리가 성격이 많은 요인에 의해 좌우된다는 관점을 취한다면, 상담사는 개인 사례에서 중요하게 보이는 요인 중 어떤 것이라도 다룰 필요가 있다. 어떤 성격이론인가? 어떤 상담방법인가? 라는 질문에 대한 답은 언제 누가 요구하느냐에 따라 다르다. 어떤 경우에, 그 대답은 치료과정이 전개되면서 바뀔 수도 있다. 그러므로 여러 입장을 조합하여 성격을 고려하는 것은 유용하며, 그 중의 하나나 그 이상의 것들이 다른 입장보다 더 영향력이 있을 수도 있다. 그리고 다음 페이지에 있는 [그림 6-1]은 우리가 의미하는 것에 대한 더 나은 아이디어를 제공할 것이다. 나는 정신역동적 입장을 두 개의 부분, 즉 고전적 정신분석과 정신역동치료로 나눴고 인지행동적 부분은 인지와 학습요소로 접근하였다.

생각해 볼 거리

당신이 지금 알고 있는 '아주 다른 사람'에 대해서 생각해 보시오. 무엇이 그러한 변화를 일으켰는가? 그것은 영원할까?

- 당신에 대해서 말해 보시오.
- 당신은 어떤 사람인가?
- 10년 전 당신은 어떤 사람이었는가?
- 20년 후 당신은 어떻게 될 거라고 생각하는가?
- 이 모든 것은 왜 그런가?

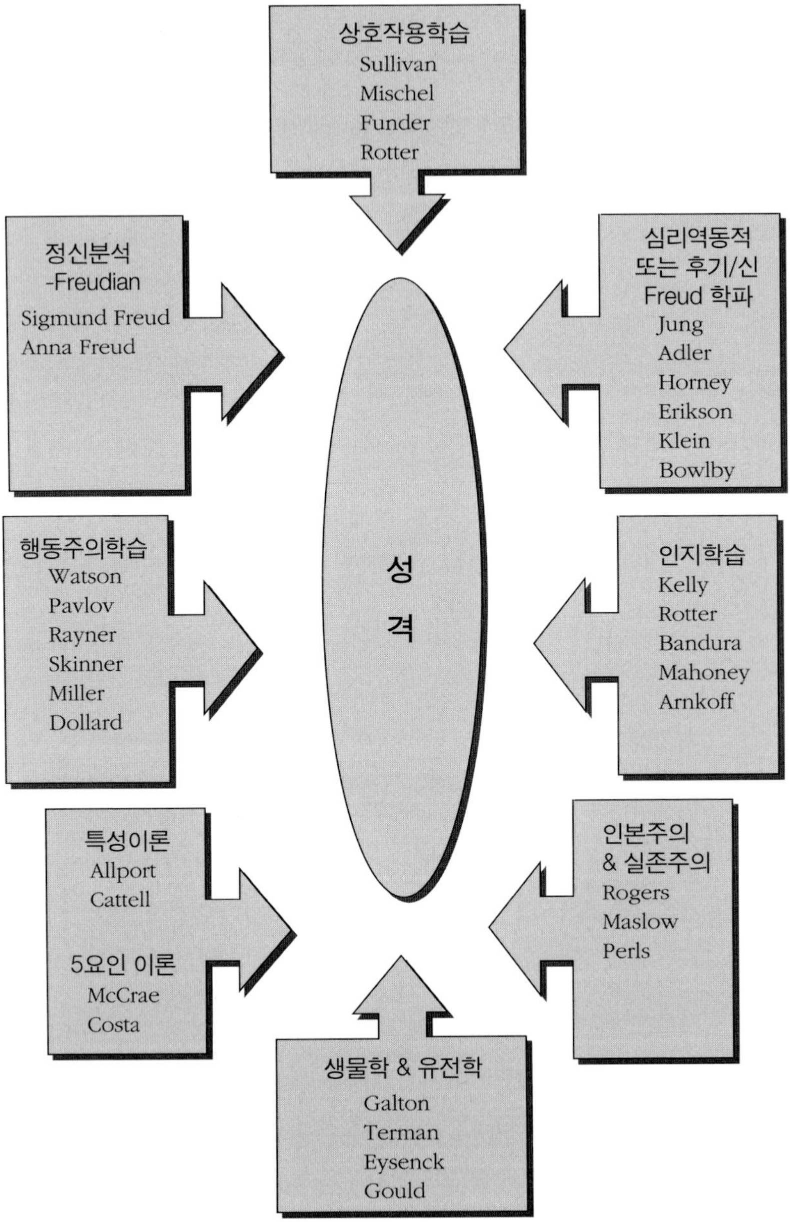

[그림 6-1] 성격에 영향을 미칠 수 있는 요인들

오늘날의 상담

오늘날 상담과 심리치료에 돈과 시간을 투자하려고 생각하는 사람은 광범위한 치료 선택 목록에 직면한다. 내담자나 상담사는 많고 많은 치료 중에서 어떤 것이 자신에게 가장 적합하고 최선이고 효과적일지 어떻게 알 수 있을까? 진실은 아무도 모르지만 어떤 치료는 특정 상황에서 대개 효과가 있는 것처럼 보일 수도 있다(Cooper, 2008). 그러나 이 사실이 다른 치료방법은 도움이 되지 않는다거나, 다른 사람의 경우에도 효과적일 것이라는 것을 의미하지는 않는다.

많은 연구는 심리치료가 대개 62~65%의 비슷한 '치료율'을 보인다는 것을 지적한다(Stiles et al., 2007; Wampold, 2001). 그러한 발견은 새로운 것이 아니다. 비슷한 연구들이 상담과 심리치료의 역사를 통해서 유사한 결과를 나타냈다(Dollard & Miller, 1950; French, 1933; Luborsky et al., 1975; Project MATCH, 1997). 이론가는 모든 심리치료에서 공통적인 '치료' 요인이 있다는 것을 일관성 있게 설명하였다(Norcross & Goldfried, 2005). 정확히 확인된다면 이러한 공통요인은 일종의 최고의 치료super-therapy로 통합될 수 있다. 그 다음 모든 것을 포괄하는 무엇보다도 중요한 치료모델이 나타날 수 있다. 분명히 전부를 포함하는 치료모델의 발견은 매우 매력적인 기대다. 그것은 많은 상담사들이 치료통합에 관심을 갖는 이유다. Roth와 Fonagy(1996)는 모두 동일한 현상에 대한 모델이기 때문에 '궁극적으로 이론적 방향은 통합되어야 할 것'이라고 제안했다.

일반적으로 내담자와 상담사 간 양질의 치료관계가 생산적인 작업동맹과 결합되었을 때, 긍정적인 상담성과가 예상된다(Castonguay et al., 2006; Hubble et al., 2000; Norcross, 2002 등). 그러므로 현재 통합적인 심리치료에 대한 관심이 내담자-상담사 관계의 중요성을 포함한다는 것은 당연하다. 개인치료의 질보다 관계의 질에 집중함에 따라, 상담사는 단일학파 모델single-school model의 이론적 경계를 무시하는 선택을 할 수 있다. 그러므로 통합치료는 일반적으로 특정한 모델이 없다. 통합상담사는 상황에 따라 다양한 치료방법들을 도입하고 혼합하거나 자기 스타일화하는 것에서 자유롭다. 상담사가 증가함에 따라, 통합 심리치료는 대부분의 상황에서 대부분의 내담자에게 가장 많은 도움을 제공할 수 있는 것처럼 보이는 치료법으로 등장했다.

현재 가장 발달된 형식의 통합치료는 Ryle의 인지-분석 이론, Clarkson의 치료관계 모델, 그리고 Evans와 Gilbert의 관계-발달 모델이다. 그 외에도 많은 통합모델이 개발 중이거나 시작되었다.

Ryle의 인지-분석 이론

Ryle(1990)은 인지방법론을 가지고 정신분석이론을 통합하려고 시도했다. 이 기법은 내담자의 신경증적 행동패턴을 밝히기 위해 인지적인 기법을 사용하는 것이다. 즉, Ryle의 인지-분석기법은 상담사의 신중한 시도를 통해 내담자의 심리적 문제에 대한 정서적 반응을 재형성시킴으로써 내담자의 신경증적 행동패턴이 점차 비활성화되도록 하는 것이다. Ryle 모델은 심리치료이론에 기여하는 여러 중요한 측면을 포함하지 않기 때문에 진정한 통합은 아니라는 논란이 있을 수 있다.

Clarkson의 치료관계 모델

Petruska Clarkson(1948~2006)은 치료관계가 심리치료의 초석이라고 생각한다(Clarkson, 2003). 그녀는 내담자-상담사 관계는 5개 영역으로 설명될 수 있다고 주장하였다. 그러나 이것은 순차적 단계이론은 아니다. 왜냐하면 이 모든 영역은 항상 잠재적으로 활동하기 때문이다. 각 영역의 중요성은 치료가 진전됨에 따라 나타났다 사라졌다를 반복한다.

영역 1. 작업동맹

이 관계는 상담사와 내담자 간 협력적인 동의에 근거하며, 내담자의 요구를 충족시키는 것을 목적으로 합의된 치료적 목표를 위해 함께 작업하는 것이다. 예를 들어, 알코올을 오용하는 내담자와 작업하는 상담사는 내담자가 금주해야 하는 것에 서로 동의해야 한다는 것을 제안할 수 있다. 그러한 작업동맹의 치유력은 상담사가 내담자에게 다음과 같이 말하는 것에서 나타난다. "나는 당신이 술에 취해 있을 때 당신을 만나지 않을 것입니다. 그러나 당신이 술에 취하지 않은 상태에서는 당신을 위해 언제나 거기에 있을 것입니다." 다른 말로 '계약' 은 그들의 만남을 좌우하게 될 치료적으로 유익한 상태(내담자를 위해)를 제시한다. 사실, 만약 내담자가 금주를 할 수 있다면, 심리학적으로 유익한 결과인 그러한 성취는 너무나 강력해서 더 이상의 어떤 도움도 필요하지 않을 수 있다. 실제로, 어떤 이론가는(Horvath et al., Greenberg, 1994) 작업동맹이 '모든' 심리치료에서 가장 강한 힘을 발휘할 수 있다고 주장한다.

영역 2. 전이/역전이 관계

이 관계는 '무의식적인 바람과 두려운 경험이 치료관계로 이동되는 것' 이다(Clarkson, 2003, p. 67).

상담사에 대한 내담자의 지각으로 내담자에게서 생기는 감정인 전이는 치료적으로 도움이 될 수도 있고 해로울 수도 있다. 추측컨대 확인하거나 해석한 전이는 상담사들에게 내담자들이 어떻게 다른 사람들과 관계 맺는지에 대한 통찰을 제공한다. 역전이는 내담자 이야기에 반응하는 상담사로부터 야기되는 감정을 말한다. 여기 어떻게 전이관계가 상담하는 동안 나타나는지에 대한 예가 있다.

어려서 기숙학교로 보내졌을 때 외롭고 무서웠던 어떤 내담자가 상담사에게 회기가 끝날 때마다 슬픔에 압도되는 것을 느낀다고 말한다. 이 슬픔은 내담자가 무의식적으로 상담사와 거부적인 부모를 연관하여 생각하기 때문에 나타난 것일 수 있다. 무의식적인 수준에서, 상담사는 그녀에게 완고한 아버지를 떠올리게 했을 수 있다. 이것이 전이이며, 만일 내담자가 자신과 상담사와의 현실적 관계를 수용할 수 있다면 전이는 끝나거나 중요하지 않을 수 있다. 이것은 그녀의 진정한 자아에 대한 더 나은 이해를 하도록 도와줄 수 있다. 또한 내담자가 혐오스러운 기숙학교에서 직원으로부터 어떻게 괴롭힘 당했는지를 들으면서 상담사는 개인적으로 분노를 강하게 느낄 수도 있다. 이 경우 상담사는 그녀의 이야기를 개인적으로, 무의식적으로 자신의 초기와 연관시켜 자신의 삶 속에서 위압적이고 권위적인 인물을 경험했다는 것을 알아채지 못하는 것이다. 그러한 상황에서 역전이는 내담자와 상담사와의 관계에 중요한 역할을 한다고 볼 수 있다.

영역 3. 회복하는/발달적으로 필요한 관계

이 관계는 '초기 양육이 결핍, 학대, 또는 과잉보호적인 경우에 상담사가 의도적으로 제공하는 교정적/회복적 또는 보충적인 부모 관계' 를 말한다(Clarkson, 2003, p. 13).

내담자의 어린 시절에 결핍되었거나 상처받은 관계는 상담사에 의해서 보충되거나 회복될 수 있다(Clarkson, 2003, p. 13).

여기 설명에 도움이 되는 예가 있다. 한 내담자가 여성에 대한 두려움을 극복할 수 있기를 기대하면서 여성 상담사와 상담할 것을 결정했다고 가정해 보자. 상담회기 동안 여성과 관련된 내담자의 무력감은 어린 시절 거부적인 엄마와의 나쁜 관계에서 기인한 것이라는 점이 명확해졌다. 어린 아이인 그에게 행하는 어머니의 학대는, 내담자가 성인이 된 후에도 남자-여자 관계는 위험하다는 확신을 갖게 했다. 이 같은 특별한 사례에서 발달적으로 필요한 치료적 요소는 내담자가 정서적으로 퇴행하고 고통스러운 어린 시절을 재방문할 수 있도록 상담사가 돕는 것이다. 상담사는 초년기의 발달적 '실수(errors)' 로부터 내담자가 벗어나도록 도와야 한다. 예를 들어, 내담자가 초년기 성격발달의 잃어버린 부분에 대해 치료하는 동안 상담사가 내담자에게 위협적이지 않은 긍정적 관심을 제공한다면 내담자는 치료될 수 있다. 덧붙여 내담자에게 비판단적인 태도를 제공함으로써, 상담사는 그에게 회복시키는 관계를 제공하기 위해 노력할 수 있다. 즉, 그가 여자와 '안전한' 교제 경험의 혜택을 받도록 하는 것이다.

영역 4. 면대면/현실적인 관계

이것은 핵심관계 또는 '나-너' 관계(Buber, 1970)로 알려져 있다. 이 관계는 인간의 평범한 일상을 포함하는데, 그것은 상담사와 내담자가 서로 관계되어 있음을 경험하는 것이다. 이것은 '지금-여기'에서 즉시성과 상호의존성의 출현, 치료과정 동안 내담자가 인지하고 탐색하도록 격려하는 '사람 대 사람의 관계'를 포함한다. 이 방법으로, 내담자의 이해가 증진되고, 상담사의 진실된 자아와 실시간으로 관계함으로써 치료가 촉진된다. 이러한 관계는 상담사들이 내담자에게 공감, 무조건적인 긍정적 관심, 일치성, 진정성, 그리고 따뜻함을 제공할 때 촉진된다. 예로써, 아래 대화를 살펴보자.

내담자: (상담사 이외의 모든 것을 이리저리 바라보며 아무렇게나 중얼거리면서) "시시해" "웃겨" "말도 안 돼."

상담사: (현실적인 그리고 즉시적인 치료적 관계를 유지하면서) "지금, 나는 이 회기에서 너무 소외된 느낌이 드네요. 나의 관심은 오늘 당신이 말하고자 하는 것이 무엇이냐는 것입니다."

내담자: (비현실적인 관계를 상상하며) "죄송해요, 잘못된 모든 일에 대해서 얘기를 한다면 당신은 나에게 질려버릴 거예요."

상담사: (현실에 관계를 고정하고) "아니에요, 나는 당신에게 질리지 않아요. 나는 이 방에서 당신에게 무슨 일이 일어나고 있는지 알고 싶어요."

어쩌면 상담은 지금부터 시작할 수 있을 것이다.

영역 5. 초월적인 관계

초월적인 관계는 영적이고 신비로운 혹은 말로 설명할 수 없는 치유적인 관계를 말한다(Clarkson, 2003, p. 18).

Clarkson은 이러한 관계는 설명하기 어렵다는 것을 인정했다. 왜냐하면 그것은 추측컨대, 언어를 초월하고 물리적인 것을 뛰어넘기 때문이다. 그녀 스스로 그것은 '심리치료 관계의 시간을 초월한 측면으로, 이 부분은 설명이 불가능하지만 그러나 치료관계에 대한 영적인, 신비한 또는 현재 말로 설명할 수 없는 차원' 이라고 설명했다(Clarkson, 2003, p. 20).

치료에 대해 정의 내리기 어려운 사례를 발견하는 것은 결코 쉽지 않다. 어떤 이론가는 초월적 관계에 대한 예는 놀이치료, 예술치료, 또는 융의 원형, 신화 그리고 동화와 같은 상징과 관련된 치료에서 창조적 형태를 사용하는 치료적 개입 중에 발견할 수 있다고 믿는다. 초월적 관계에 대한 치료의 초점은 영적자아에 대한 내담자의 자각을 촉진시키는 것으로 여겨진다. 초월적 관계에 대한 최고의 정의는 '당신이 전율을 느낄 때 당신은 그것이 초월적이라는 것을 안다.' 는 것이다.

Evans과 Gilbert의 관계 · 발달 이론

Evans와 Gilbert(2005)는 모든 내담자의 주변 관계에 자기개발력, 즉 치유력이 있다는 것을 믿는다. 이들은 상담실 안과 밖에서의 관계를 포함한다. Evans와 Gilbert 모델의 매력은 상담회기가 아무리 집중적이고 장기적이더라도 내담자 삶에서 아주 작은 비율을 차지할 것이라는 점을 분명히 인식한다는 것이다. 이것은 내담자의 개인적 발달에 대한 상담사의 기여를 지나치게 강조하고 있는지도 모르며, 어쩌면 비임상적인 관계가 치료적으로 더 중요할 수 있다는 가능성을 제기한다. 통합적 심리치료에 대한 이 같은 독특한 접근에 대한 매우 간단한 '맛보기' 는 다음의 사례연구에서 설명한다.

◐ 사례연구 6-1

Muriel의 담당의사는 통합적인 접근을 하는 상담사 Adam에게 그녀를 의뢰했다. "내가 왜 여기 있는지 모르겠어요." "나는 보내졌기 때문에 온 것뿐이에요."라고 그녀가 Adam에게 말했다. Muriel은 현재 자신의 주요 문제를 연로하신 어머니를 요양원에 입원시키는 것으로 보았으며, 자신이 사회복지사를 한 경험이 있어서 혼자 힘으로도 문제를 잘 해결할 수 있다고 생각했다. 그녀는 Adam을 필요로 하지 않았다.

Adam은 처음에 그 자신의 능력을 무시하는 Muriel에게 분노를 느꼈다. 그러나 곧 그는 그녀를 돕는 데 자신이 충분히 유능하지 않을지도 모른다는 느낌을 갖게 되었다(전이 또는 역전이). 그는 또한 현실적이고 개방적인 작업동맹을 시작하기 위한 시도가 그들의 약한 치료관계를 치명적으로 파괴시킬 수도 있다는 것을 알았다.

"어머니는 어떠세요?" 라고 묻자 "몹시 끔찍해요."라고 Muriel이 대답했다. "잔소리 심한 노인은 내가 제안하는 곳마다 반대해요. 요양원을 제안하는 것은 항상 나인데, 어머니는 너무나도 허약해서 혼자 힘으로는 아무데도 찾을 수가 없어요." 그녀가 그것을 말할 때, Adam은 Muriel이 점점 더 긴장되어 가고 속으로 눈물 흘리는 것을 보았다. "어떤 엄마도 문제가 있을 수 있어요." Adam이 대답했다. "우리 엄마는 항상 그랬어요. 내가 하는 것은 어떤 것도 맞다거나 좋아한 적이 한 번도 없었어요."라고 Muriel은 씁쓸하게 대답했다. Adam은 Muriel이 어머니를 객체 즉 "나-그것"의 관계로 묘사하는 것을 주목했다. 그와 동시에 Muriel은 "나-너"의 감정을 부인하는 것 같았다. 그럼에도 불구하고 어머니와의 현실적인 관계는 마치 방안에 함께 있는 것 같았고, 바로 그 자리에서 그녀를 화나게 하고 좌절감을 느끼게 하기에 충분할 만큼 강력했다.

"그래서, 환자로서 내가 어떻게 해야 하나요?" "당신은 나에게 도움이 되는 보고서를 의사에게 써 줄 수 있나요? 나는 당신이 그러지 않을 거라고 확신해요. 나는 이미 당신을 귀찮게 했어요."라고 Muriel이 말했다. Adam이 말했다. "나는 당신을 귀찮게 생각하지 않습니다." "나는 당신이 슬플 거라는 느낌이 드네요." 이 같은 즉시성이 Muriel을 무력하게 만드는 것 같았다. "맙소사, 당신은 마치 제 아버지 같아요."라고 그녀가 대답했다. "아버지가 주변에 있을 때면 그는 내가 너무 작게 느껴지도록 했어요." Adam은 Muriel을 안심시키고 그는 그녀를 무시하지 않는다고 말했다. 이것이 그녀를 기분 좋게 하는 것처럼 보였다(회복시키는/발달적인 관계).

결론

일반적으로 심리치료의 미래는 많은 논쟁과 토론 속에서 복잡해질 가능성이 있다. 이런 점에서 통합상담은 전반적인 심리치료 직업의 미래를 반영할 수 있을 것 같다. 그러나 치료라는 관점에서 통합상담은 여전히 초기단계다. 설령 통합상담이 논란의 근원이었다 할지라도, 지난 25년 동안 연구해 온 사례에 그대로 남아 있다(Norcross & Goldfried, 1992). 통합상담이 발달할 것인가 말 것인가에 대한 논란의 핵심은 상담, 상담사, 치료에서 실제 치료적 요인이 무엇인가에 달려 있다. 어쩌면 결국은 이것이 당신 스스로에게 말하고 싶은 이야기일지도 모르겠다.

생각해 볼 거리

이러한 문제가 당신에게 어떻게 영향을 미치는지 생각해 보시오.

- 다양한 치료법이 통합될 수 있겠는가? 잘 맞는 치료법을 갖는 것이 더 나을 수도 있지 않을까?
- 어떻게 내담자의 요구를 충족시킬 수 있는 치료 스타일을 결정할 수 있는가? 단일 치료법으로 수련하는 기관에서 배우는 수련상담사는 어느 수련기관에 등록해야 할지 어떻게 알 수 있는가?

더 읽을거리

Clarkson, P. (2003). *The Therapeutic Relationship* (2nd ed.). London: Whurr.

Evans, K., & Gilbert, G. (2005). *An Introduction to Integrative Psychotherapy*. Basingstoke: Palgrave Macmillan.

Palmer, S., & Woolfe, R. (Eds.). (2000). *Integrative and Eclectic Counseling and Psychotherapy*. London: Sage.

제3부

상담사와 심리치료사는 어디에서 일하는가

상담과 심리치료 이야기가 왜 그렇게 많은 방법과 다른 목적으로 진화되었는지에 대한 이유는 아주 많다. 지금까지 우리는 주로 이론적 관점에서 이 이야기를 생각했다. 그러나 상담과 심리치료의 발달을 만든 또 다른 강력한 힘이 있다. 그것은 광범위하고 다양한 내담자들에게 실제 심리치료 서비스를 실시하는 다양한 치료사, 치료조직이 자신들의 목적을 성취하기 위해 가장 효과적인 방법을 찾으려는 필요성에서 나온다. 여기서 나는 이론가에서 실천가로 변화된 상담사에 대해서 언급할 것이다. 지난 몇 년간 많은 서비스가 시작되고 변화 · 발전되었다. 그러한 서비스는 다음과 같다.

- 개인이 운영하는 상담실
- 다수가 운영하는 상담실
- 특정 목표를 가진 단체
- 지역단위단체
- 전국단위단체
- 자원봉사기관
- 공공 서비스
- 정부/법정기관
- 상업기관

이 서비스는 서로 연관성 없이 각자 시작된 것 같다. 대부분 이러한 상담서비스는 지역적으로나, 국가적으로 특수한 요구 또는 목표를 충족시키기 위해 시작되었다(Tyndall, 1993). 각기 독립적으로 상담서비스가 시작되었음에도 불구하고, 이 상담과 심리치료

서비스의 다양한 유형은 서로에게뿐 아니라 더 광범위한 상담세계에 영향을 미쳤다. 이 같은 치료전달체계에 대한 이야기는 이 책의 3장에서 다룬다. 따라서 다음 장에서는 당신에게 상담과 심리치료에 대해 좀 더 자세히 말하게 될 것이고, 이 장에서는 상담사가 고객을 만족시키는 실제 상황에 대해 살펴볼 것이다.

상담서비스를 제공하는 개인 또는 조직이 성공하기 위해서 주의를 기울여야 할 한 가지 필수 조건이 있다. 그것은 바로 이들 모두가 소비자 또는 고객을 필요로 한다는 것이다. 이러한 필수 집단은 내담자, 후원자, 재정지원자, 의뢰인, 또는 다른 이해 당사자들을 포함한다. 아주 단순히 말하자면, 고객이 없다면 서비스도 없다! 시간, 노력, 돈 등 치열하게 경쟁하는 모든 상담서비스가 사실은 고객의 신뢰를 얻어 내기 위한 노력이라는 것이다. 분명히, 고객은 만약 그들의 요구와 목표가 충족될 것이라는 점을 믿는다면 투자를 할 것이다. 이것은 어떤 서비스나 지원, 투자는 소비자의 구매를 이끌어 내야 한다는 것을 의미한다. 결과적으로, 그러한 모든 서비스는 시장의 영향에 취약하다. 실제로 살아남기 위해서 그들은 종종 적극적으로 소비자들의 요구에 부응해야만 한다. 이것은 최고의 이타적인 자원봉사단체, 최고의 정부출연기관 서비스 그리고 세계적인 상업적 상담과 심리치료 컨설팅도 마찬가지다.

심지어 서비스가 무료라 하더라도 모든 상담서비스는 시간과 노력과 같은 개인적 지출을 요구한다. 사실상 그러한 지출은 시장에 적합한 방법으로 서비스를 만들어 가는 잠재적 수요다. 이러한 수요는 필연적으로 이 같은 서비스를 제공할 필요가 있는 상담과 심리치료 유형에 영향을 미치게 될 것이다. 예를 들어 대부분의 직장상담기관은 시간 제한적인 또는 해결 중심적인 방법에 찬성하고, 일반적으로 내담자에게 최대 다섯 또는 여섯 번의 회기만을 제공한다. 어떤 연구자는 연구결과가 현대 상담방법이 무제한일 필요가 없으며, 그래서도 안된다는 것을 보여 준다고 주장한다(Draper et al., 2002; McLeod et al., 2000). 그러나 오늘날 상담을 짧고 간결하게 끝내야 한다는 주장은 과연 이론적인 근거를 가지고 있는 것인가? 단기 상담에 초점이 맞춰진 현재 추세는 단순히 모든 경쟁기관 간의 강력한 상업적인 경쟁으로 인해 피할 수 없는 결과인가?

이 모든 것은 상담사 사이에 직·간접적으로 그리고 명시적·암묵적인 상호작용이 있음을 시사한다. 그들이 일하는 조직, 그들의 내담자와 자금지원자/후원자는 제공되는 다양한 서비스의 유형, 타입, 접근, 목표 기간에 대해 모두 눈에 띄는 영향을 미칠 수 있다. 모든 상인들과 비슷하게, 상담사들도 선택권이 있다. 그들은 그들의 제품을 소비자의 요구에 맞추거나 또는 폐업할 수 있다. 따라서 상담과 심리치료 이야기를 더 많이 이해하기 위해서는 어떻게 시장의 요구가 전문적 실제를 만들어 가는지에 대해 이해하는 것이 필요하다. 거래 상황에서, 다양한 조직 시스템과 압력이 상담과 심리치료의 실제적 적용에 얼마나 영향을 미칠까?

물론, 상담과 심리치료는 그것에 영향을 미치려는 일체의 외부 시도로부터 독립적이어야 하는 이타적 사업이라고 믿는 사람들이 있다. 이러한 순수주의 상담사는 윤리적이고, 내담자 주도적인 client-led 전문적 실제가 어떤 수단과 방법으로도 타협될 수 없고, 되어서도 안 되는 절대적인 것이라고 주장한다. 반면에 상담이 사회사업이며 그러므로 사회의 폭넓은 요구와 필요에 의해 영향을 받는다고 믿는 사람들도 있다. 이 같은 현실주의 상담사는 "누구라도 비용을 지불하는 사람이 결정권을 갖는다."라는 옛말에 동의한다. 다시 말하면 현실주의 상담사는 상담과 심리치료 시장이 필연적으로 상담기간을 선택하고 통제할 수 있는 치료법을 선택하게 될 것이라고 주장한다.

이러한 관리 상담 및 심리치료 서비스의 관점에서, 순수주의자/현실주의자의 논쟁은 때때로 무의미하게 보일 수 있다. 그들이 서비스를 실행하고 그것을 관리하기 위해 가지고 있는 자원은 제한되어 있다. 실제로 서비스를 제공하는 사람에게 상담은 실용적이고 목적성 있게 제공되어야 한다. 유료 또는 무료로 제공되는 상담과 심리치료 서비스는 많은 유급 또는 무급 상담사들의 주된 사용자employers/users다. 그러므로 우리는 이러한 서비스의 발달이 어떻게 상담에 영향을 미치는지에 대해 더 귀 기울일 필요가 있다. 개인적 목적에 대한 우리의 이해를 증진시키기 위해, 만약 상담과 심리치료에 대한 유용한 평가를 얻기 원한다면 대중에게 상담과 심리치료를 제공하는 조직과 기관이 필요하다.

3부에서 설명하는 각 장들은 상업부분, 교육부분, 그리고 국민건강보험에서 다루어지는 상담과 심리치료 이야기다. 각 부분에서 이용할 수 있는 서비스의 범위는 거대하나 아주 제한된 사례만 제시될 것이다. 7장의 상업분야에서는 사설상담과 심리치료에서의 논쟁점과 직장상담에 종사하고 있는 상담사들의 관심사에 대한 이야기를 다루어 볼 것이다(직장상담). 8장의 교육부분에는 초·중등 교육기관과 대학에서 일하는 상담사들의 관심이 탐색된다. 국민건강보험에서 일하는 상담사들과 심리치료자들 또한 하고 싶은 이야기가 있고 그것은 9장에서 설명한다.

3부에서 빠진 것이 한 가지 있다. 그것은 자원봉사자에 대한 이야기다. 이 이야기는 조심스럽게 남겨 두었는데 그 이유는 너무 방대해서 한 권의 책으로 정당하게 평가하기가 어렵기 때문이다. 자원봉사 부분은 공식적으로 조직된 매우 작은 그룹에서부터, 지역이나 전국 단위의 기관과 같은 조직을 통해 상담을 제안한다. 그것은 지역의 소규모 단체(즉, 여성보호시설, 청년단체, 보호소 등)에서부터 국가적 그리고 국제적인 압력 단체(즉, 물질남용, 특정질병/신드롬, 수감자 복지, 관계 지도 등)까지 많은 전문 분야에서 일하는 상담사와 심리치료자들을 포함하며, 그 목록은 끝이 없다. 어떤 자원봉사기관은 비공식적인 체계로 활동할 수 있는 반면, 다른 것들은 엄격한 규제하에 기능할 수 있다. 물론 자원봉사자가 활동하는 다양한 방법에 대한 보다 더 종합적인 그림을 가지고 있다면 아주 유용할 것이다. 그러나 불행하게도, 치료영역에 대한 연구가 현재 매우 제한적인 것처럼 보인다(Moore, 2006). 비록 Tyndall(1993)과 Stimpson(2003)이 유용한 관점에 대해서 제공했지만, 이용 가능한 핵심적인 문제와 관련 이론에 대한 현대적인 교재는 상대적으로 거의 없는 것으로 보인다. 우리는 다른 저자들과 연구자들이 시장에서 이러한 격차를 다루는 것에 집중하기를 희망한다.

3부에서는 상담 이야기가 더 많이 나오는데, 이번에는 상담서비스를 제공하는 사람의 관점에서 벗어나 서비스를 이용하고자 하는 사람의 입장에서 말하고자 한다. 우리는 이제 상담이론에서 평범한 상담사의 일상적인 현실로 나아간다. 그다음에 현장에서 상담사와 심리치료사가 하는 일에 대한 이야기가 이어질 것이다.

제7장
상업분야에서 일하기

핵심지식

❖ 개업상담사

자신이 일하는 방식을 자유롭게 선택할 수 있다.

한 번에 한 명의 내담자와 관계를 맺고 책임진다.

전문적 조직의 회원이 되거나 공식적인 자격을 갖추지 않아도 된다.

스스로 영업활동을 해야 한다.

전문적인 접촉을 유지하며, 직업적으로 고립되지 않아야 한다.

❖ 직장상담사

종종 여러 가지 일을 한꺼번에 해야 한다.

대체로 여러 이해관계자들을 책임져야 한다.

때로는 전통적인 상담과는 매우 다른 방식으로 일해야 할 때가 있다.

개인 내담자가 요구하는 것 이상을 고려해야 할 때가 있다.

❖ 모든 상업분야의 상담사

'사업적 인식' 이 필요하다.

스스로를 판매할 수 있어야 한다.

개업상담 이야기

오늘날 사설 개업 심리치료의 원형은 1886년에 비엔나에서 Freud가 심리적 문제를 가진 개인 환자들과 일하기 시작한 것에서 비롯되었다. 이때는 그의 초기 연구단계(1886~1899)로서, 그가 심리적으로 장애가 있는 그의 개인 환자들에 대해 정신분석이라는 새로운 '과학'을 적용하기 시작한 단계다(Mulhauser, 2008). 이는 20세기 초에서 중반까지 소위 Freud의 '제자들' 및 그의 추종자들의 대부분이 유명한 개업 심리치료사였다는 점에서 명백하다.

일부 역사가는 개업상담에 있어서 상담과 심리치료의 제대로 된 이야기는 실제로는 제2차 세계대전 말부터 시작된다고 주장한다. 이때는 갈등과 관련된 개인의 심리적 외상으로부터 감정적인 상처를 입은 전 세계 인구에 이르기까지 심리치료의 수요가 폭발했던 시기였다(Romero & Kemp, 2007). 그러나 개업 심리치료가 실제 언제 시작되었는지를 무시하더라도, 오늘날 많은 상담사와 심리치료사의 직업적 삶에 있어 중요한 부분을 차지한다. 지역 전화번호부나 인터넷을 훑어 보면 대부분의 지역에서 개업상담사와 심리치료사들이 얼마나 많은지를 알 수 있다.

왜 개업상담인가

왜 상담사가 개업해서 일하고, 왜 이것이 보편적인 현상인가에는 많은 이유가 존재한다. 자기 지역에서 일할 기회가 제한되어 있는 일부 상담사에게는 그들이 상담하기를 원한다면 개인 내담자를 만나는 것이 필수적이라는 의미일 수 있다. 어떤 상담사는 파트타임으로 일하건 혹은 소속이 되어 있건 간에 제한된 곳이나 한곳에 얽매인 고용 의존도를 줄이고 싶어 하는 경우가 있다. 개업상담은 이러한 소망을 성취해 주고 이들의 소득을 보장 혹은 보충해 주는 유용한 방법이다. 교수, 컨설턴트, 수련상담사 등과 같은 상담사는 내담자와 정규적이고 직접적인 연락을 취하지 않는 방식으로 일하기도 한다. 따라서 전체 상담서비스에서 한정된 숫자의 개업상담사를 포함한 전문상담사의 경우, 서비스 목록은 그들의 전문적인 기술을 유지하고 다양한 전문단체의 등록요건을 만족시키는 중요한 방식이 되고 있다. 그러나 상담사들이 개업을 하는 이유를 불문하고 대부분의 경우 이는 상업적인 활동이다. 그들은 거의 모두 상담료를 요구한다.

일반적으로 대부분의 개업상담사들과 심리치료사들이 혼자 일하는 경향이 있다고 해도, 상당수는 소규모의 공동 개업사무실에서 함께 일한다. 어느 경우건 개업의 가장 큰 이점은 치료모델이나 치료방식을 내담자에게 자유롭게 적용할 수 있고, 이로 인해 상담사가 직업적으로 편안하다는 것이다. 상담사를 직접 고용하는 단체들(학교, 국민건강보험공단, 봉사단체 등)은 그들의 직원인 상담사에게 고용주 자신의 특정한 상담모델을 활용해서 상담할 것을 요구한다. 이러한 고용주는 제한적인 상담규정을 가지고 특정 운영절차를 따르도록 요구할 가능성이 많다. 물론 개업상담사들도 그들의 일반적인 직업윤리규정을 따라야 하지만, 직접적으로 고용된 자들에 비해서는 훨씬 자유롭다. 이렇듯 개업은 상담사들이 전문적 경계를 자유로이 드나들고 상담과 심리치료 직업을 폭넓고도 창의적으로 탐구할 수 있게 해 준다. 다시 말해서 개업상담사는 점점 더 늘어나는 광범위한 내담자들에게 도움이 될 수 있는 정통하고, 효과적이며, 창조적인 개입을 통해 풍부한 결과물을 개발할 자유가 있다(Lane & Corrie, 2006). 직접적으로 고용되어 있는 동료들과는 달리, 개업상담사는 그들 자신의 이야기를 할 수 있다. 그들 자신의 개인적 이야기들 말이다. 왜냐하면 그들은 다음과 같은 핵심 쟁점에 대해 스스로 결정할 수 있기 때문이다.

- 내담자에게 얼마나 많은 상담회기가 제공되는가?
- 각 회기의 시간은 어느 정도이며, 상담료는 얼마인가?
- 내담자와 상담사는 얼마나 자주 만나는가?
- 어떤 상담과 심리치료방식이 적용되는가?
- 어떤 유형의 문제가 다루어지는가?
- 상담실 위치, 룸의 형태, 가구 등 상담환경은 어떠한가?

그러나 상담사가 개업을 하는 이유가 결정이 되었다고 해도, 개업이 성공하려면 전문적이고 실질적인 많은 문제를 고려해야 한다(Pritchard, 2006). 결국 가장 중요한 것은 개업현장은 하나의 사업이고, 실제 세상에서의 상업적인 요구조건을 충족시켜야만 하는 것이다. 잠재적으로 개업을 생각하는 상담사와 심리치료사는 스스로에게 다음을 질문하고 이에 대해 현실적으로 준비된 대답을 가지고 있어야 한다.

- 당신은 스스로가 사업의 주인이 될 자세가 되어 있는가?
- 전문적인 안전망을 제공하는 동료 없이도 일할 수 있을 만큼 충분히 경쟁력을 갖추었는가?
- 어떤 종류의 내담자를 상담할 것인가? 어떤 종류의 내담자는 받지 않을 것인가?
- 내담자를 만나러 어디로 갈 것인가?
- 전문분야를 가질 생각인가?
- 상담료는 얼마를 책정할 것인가?
- 자신의 안전을 확보하기 위해 어떤 준비가 필요한가?
- 혼자서 개업하길 원하는가 아니면 공동 개업이었으면 하는가?
- 외로운 개업상담사로서의 직업적인 고립감을 어떻게 다룰 것인가?

현재의 쟁점

개업상담사는 미래의 내담자 앞에서 어떤 이야기를 해야 하겠는가? 그들이 '차별화할 수 있는 요소'는 무엇인가? 생애 처음으로 상담을 받으려는 내담자는 무수히 많은 종류의 상담사들을 마주치게 되면서 혼란에 빠진다. 상담과 심리치료 시장은 매우 경쟁이 치열하고, 상담사들의 홍보 문구는 무척 장황하다. 개업상담사들이 모여 있는 대부분의 거리에는 돈으로 살 수 있는 상담사들이 즐비하게 늘어서 있다. 내담자는 어떤 상담사를 고를 것인가? 그들은 어떻게 그런 결정을 내리는가?

전문가 자격기준

우리의 당면 문제는 대중이 거의 인식하지 못하고 있는 단순한 사실에 있다. 만일 그 사실이 주목을 받게 되면 사람들에게 충격을 줄지도 모르는데, 예를 들면 영국에서는 모든 사람들이 스스로를 상담사 혹은 심리치료사라고 부를 수 있고 창업을 할 수 있다. 조만간 더 이상 그럴 것 같지는 않지만 현재로서는 아무런 제약이 없다('제10장 상담과 심리치료 - 다음 이야기' 참조). 이것은 미래의 내담자가 그들에게 서비스를 제공하는 다양한 상담사의 자질을 평가할 수 있는 뚜렷한 공식적인 준거 혹은 국가적 기준이 없다는 뜻이다. 내담자가 인터넷의 '상품 평가' 같은 방식으로 평가한 등급에 따라 공개적으로 등급화된 상담사는 거의 없다. 그러나 이러한 명백한 특권은 공개적으로 이용 가능한 고객 피드백을 독려하는 온라인 광고의 풍조로 인해 이제 종말이 다가옴을 알 수 있다. 그럼에도 불구하고 현재로서는 상담과 심리치료의 내담자를 위한 보호장치는 매우 적다.

일부 개업상담사는 하나 이상의 전문적인 상담기구나 조직에 소속되어 윤리규정을 따른다고 주장한다. 그러나 상당수의 개업상담사는 어떠한 전문적 상담기구나 조직에도 속하지 않는 쪽을 선택한다. 현재로서는 이것이 직업적인 선택의 문제이고, 이러한 회원자격은 영국의 상담사와 심리치료사의 요건이 아니다(적어도 지금은 그렇다. 또 다시 '제10장'을 참조하라). 실제로 일부 개업상담사는 이들 전문단체에 가입하라고 강요받으면 질색을 할 것이다. 이는 그들이 이러한 조직을 내담자와 상담사의 관계에 대한 자신의 치유력을 잠재적으로 약화시킬 수 있는 제한적인 직업적 규약에 속하게 하는 것이라고 보기 때문이다. 이것이 맞는 논제인지에 대해서는 여전히 상당한 그리고 격렬한 논쟁이 벌어지고 있다. 그러나 향후 내담자는 상담사가 전혀 직업상의 규제를 받지 않고 있거나, 상담자로서 갖추어야 할 기준을 갖추지 못한다고 해도 그들에게 아무런 제제나 처벌을 가할 수 없다는 사실을 인지해야만 한다. 개업상담사는 전문적인 정책의 형태로 자신을 구속할 필요가 없다.

전문가 자격증

보다 공식적으로 자격을 갖추고 전문적으로 훈련된 개업상담사들 중에서조차도 당황스러울 만큼 광범위한 범위의 교육 및 자격요건이 존재한다는 사실을 발견하게 되면 고객의 혼란이 더 깊어질 수가 있다. 예를 들어, 일부 상담사는 '영국상담과심리치료협회the British Association for Counselling and Psychotherapy: BACP'의 인증을 받고 있다. 그러나 이 인증을 받았다고 해서 그들이 모두 같은 자격을 갖추었다는 뜻은 아니다. 그 이유는 영국상담과심리치료협회 인증을 받으려고 노력하는 동안에 모든 인증된 상담사는 전문대학의 기초인증과정부터 주요 종합대학의 박사과정까지 여러 다른 수준의 상담사 교육을 이수하게 될 것이기 때문이다. 내담자의 혼돈을 더하는 것은 상담사로 일하기 전에 공식적으로 승인된 영국상담과심리치료협회 회원이 되는 것이 필수적인 것은 아니라는 점이다. 예를 들어, 2008년 10월에는 3만 379명의 영국상담과심리치료협회 회원들 중에 7,672명만이 제대로 인증을 받았다(개인 의사소통, 영국상담과심리치료협회 회원 부서, 2008년 10월 14일).

상담사 선택하기

상담사들이 적절한 경험을 갖고 있거나 혹은 개업상담사로서 확실한 자격을 갖추었다고 해도, 그들의 잠재적 내담자가 선택할 전문성과 기술에서는 일관되지 않은 메뉴를 제공하고 있다. 그들의 광고를 본 사람들은 상담방법의 다양성에 당황하게 된다. 내담자가 특별히 현대 상담기법에 대한 지식이 없는 상태에서, 게슈탈트, 인본주의, 인지행동치료, 해결중심, Adler 학파, 개인중심 혹은 기타 다른 치료방식을 어떻게 구별할 수 있겠는가? 그들은 어떤 접근법을 선택해야 하나? 그들은 어떻게 선택할 수 있나? 어떤 것이 최선의 상담기법인가? 미래의 내담자가 어떻게 제대로 정보를 받은 상태에서 선택을 할 수 있나? 결국 많은 고객은 그들이 어떤 종류의 도움을 필요로 하는지는 고사하고, 그들이 필요로 하는 도움이 무엇인지조차 제대로 이해하지 못하게 된다. 그들은 단지 뭔가가 잘못되었고, 상담과 심리치료가 도움이 될 거라는 사실을 들었을 뿐이다.

이 모든 것들이 그다지 혼란스러운 문제가 아니라 해도, 내담자가 개업상담실에 들어가기 전에 스스로에게 질문해야 하는 다른 문제가 또 있다. 상담사들 역시 상담을 위해 내담자를 받아들이기 전에 스스로에게 물어봐야 하는 문제다. 문제는 이것이다. 어떤 이가 상담이 도움이 될 수 있다는 종류의 문제, 예를 들자면 가벼운 우울증이나 혹은 범불안장애 같은 문제를 가지고 있다 해도, 이러한 내담자에게 정서적인 상담기법이 최선인가? 약을 복용하거나, 운동을 더 하거나, 이를 견뎌 나가거나, 야간 수업을 듣거나, 사회생활 등을 하는 게 더 낫거나 빠르지 않을까? 상담이 실제로 사태를 더 악화시키는 게 아니라고 누가 확신할 수 있는가?

따라서 개업상담 및 심리치료에 관심이 있는 사람은 그가 제공자건 수혜자건 간에 그들이 무엇을 하려 하고 그들이 무엇을 성취할 수 있는지를 생각할 시간을 가져야 한다. 개업상담사는 어떠한 종류의 전문적인 이야기를 내담자에게 해 주기를 원하는가? 내담자는 어떤 종류의 이야기를 듣기 원하는가? 내담자는 어떤 종류의 이야기를 상담사에게 해 줄 수 있는가? 내담자와 상담사 모두 다음 사항을 생각해 보는 것이 좋은 출발점이 될 수 있다.

생각해 볼 거리

당신의 관점에서 아래 질문에 답하시오.

- 개업상담 혹은 심리치료는 상담사와 심리치료사에게 안전한 것인가?
- 개업상담 혹은 심리치료는 내담자에게 안전한 것인가?

분명히 개업을 하는 데는 많은 어려움이 있고 생각해야 할 점이 많다. 그럼에도 불구하고 개업상담은 보람 있는 일이고 적절히 교육받은 상담사가 그들의 직업적 한계를 실험할 수 있는 기회가 된다. 불행하게도, 개업상담과 심리치료는 기껏해야 현재 파트타임 수준의 수입만 가져다주는 것으로 보인다. 그러나 확실한 것은 상담사에게 만족할 만한 수준의 전문적 충족감을 제공하게 될 것이라는 점이다.

◐ 사례연구 7-1

Jean은 개업상담사인 David에게 전화해서 그녀의 문제에 대해 도움을 요청했다. David는 자신이 그녀를 돕기에 적합한지 확인할 필요가 있어서 그녀에게 왜 상담받기를 원하는지 물었다. 물론, 그가 그녀를 다른 이에게 보내고자 한다면 그는 쉽게 그렇게 할 수 있다. 이는 그가 단독 개업 상담사이지만 연관된 직업에서 일하는 사람들 및 사회복지기관들과 계속 교류를 확실히 해 왔기 때문이다. 다시 말해 그는 상담은 혼자 하지만 직업적으로 고립되지는 않았다.

Jean은 그녀의 문제를 설명했다. 그녀가 감정적으로 우울해진 것이 틀림없었다. Jean은 또한 몇 년 전에 갑상선 수술을 받았고 이를 결코 극복할 수 없었다고 느꼈던 사실을 설명했다. David는 Jean에게 그녀의 문제에 대해 의사와 상의한 적이 있었는지 물었으며, 그는 그녀가 지난 12개월 가까이 의사를 방문한 적이 없었다는 사실에 우려를 표명했다. 그는 Jean에게 그녀의 첫 상담회기가 시작되기 전에 먼저 의사부터 방문해서 진찰을 받아 볼 것을 권유했다.

Jean이 첫 상담에 왔을 때 그녀는 매우 의기소침해 있었다. 그녀는 많이 울었고 David를 제대로 쳐다보지도 못했다. 그는 Jean에게 왜 여기 왔냐고 물었고 Jean은 실제로 거의 오지 못할 뻔했다고 말했다. 맨 처음 전화했을 때는 기분이 좀 나았던 날이었고, 누군가가 그녀를 '항상 더 나은 기분으로' 만들어 줄 수 있다는 희망을 가졌다고 말했다.

Jean의 우울증은 매우 심각해 보였다. 그녀의 기분이 너무 가라앉아서 그녀가 상담과정에 연결이 잘 되지 않을 것 같았다. David는 Jean에게 의사에게 갔었냐고 물었다. Jean은 갔었다고 했다가 재차 묻자 "의사를 만나지는 않았고 그저 간호사만 보고 왔다."고 중얼거렸다. David는 상담을 시작하기 전에 그녀의 기분을 향상시키는 데 도움을 줄 약 처방이 필요함을 깨달았다. 또한 갑상선 문제도 있었다. David는 갑상선 기능장애가 사람의 기분을 다운시킬 수 있음을 알고 있었다. 그는 Jean에게 그녀의 의사와 진료를 빨리 예약하라고 독려했다.

다음번에 그녀가 David를 방문했을 때 Jean은 분명히 기분이 더 나아 보였다. 그녀는 David에게 의사가 신체적으로 괜찮다고 말해 주었다고 설명했다. 그러나 의사는 그녀가 매우 우울한 상태에서는, 약간의 약을 복용하길 원했다. David는 약 복용과 상담을 병행하는 게 때로는 필요하다고 설명했다. Jean은 약을 복용하는 데 동의했고, David는 그녀를 2주 후에 만나겠다고 했다. 약의 효력이 작용할 시간을 주기 위해서였다. 다음에 그들이 만났을 때, David는 그녀의 기분이 충분히 고양되어 마치 딴 사람이 걸어 들어오는 것처럼 느껴졌다. 그때서야 그녀의 치료를 시작할 수 있었다.

생각해 볼 거리

지역상담 및 심리치료기관에 대한 인터넷 연구를 실시하여 다음에 관한 그들의 정책에 대해 알아보시오.

- 어떤 종류의 사람들이 개업상담사의 상담을 제공받아야 한다고 생각하는가?
- 개업상담사들이 해야 할 전문적 행위의 종류는 무엇인가?
- 개업상담사들이 해서는 안 될 전문적 행위의 종류는 무엇인가?

근로자 지원 프로그램 제공자들의 이야기

영국에서 근로자 지원 프로그램Employee Assistance Program: EAP 제공자들이 이끄는 직장상담이 오늘날 우리가 생각하는 것만큼 보다 광범위하게 이용 가능해진 것은 1980년대에 들어오면서 부터다. 이는 미리 계획해서 시행된 것이 아니라, 일부 기업에서 발생한 문제들을 해결하는 과정의 결과로 얻게 된 것이다. 예를 들면, 2번의 직원 자살 사건이 있은 후에 걱정이 된 Boots the Chemists 회사는 직원 상담서비스를 실시했다(Coles, 2003). 또 다른 사례로 우체국에서도 너무 많은 스트레스 관련 사고가 발생한 이후에 직원의 긴장을 풀어 주는 해결책으로 상담서비스를 시작했다(Tehrani, 1997). 다른 조직에서 발생한 다른 사건들도 비슷한 유형의 직원 상담서비스를 도처에서 만들어 냈다.

오늘날 근로자 지원 프로그램 제공자는 정서적으로 문제가 있는 근로자들을 위해 상담 이상의 것을 제공한다(Grange, 2005). 그들은 또한 광범위한 심리적 개입(경영컨설팅, 코칭, 멘토링, 교육 및 인식 프로그램 등)을 전체 인간관계의 광범위한 패키지의 일환으로 제공한다(Carroll, 2002). 직장상담사의 이야기는 끝없이 확장될 것처럼 보이며, 오늘날 조직의 상담사는 도처에서 그리고 모든 수준의 노동계에서 찾아볼 수 있다. 왜 이렇게 되는지를 설명할 수 있는 이유는 무척 다양하다. 실제로 왜 직장의 상담사가 문제 있는 직원에게 도움이 되는 것처럼 보이는가? 물론 설명은 간단할지도 모른다. 아마도 이것은 단순히 고용주 및 직원이 직장상담이 일반적으로 유용하다고 여기기 때문일 수도 있다. 다시 말해서, 이것이 효과가 있어 보여서 그렇게 한다는 것이다(Oher, 1999). McLeod (2001)가 주장한 바와 같이 직장상담이 다수의 직원들에게 개인적인 혜택을 분명히 제공하는 것처럼 보이고, 이것은 또한 조직의 혜택을 제공하는 것처럼 보이기도 한다. 그러나 이렇게 단순한 설명은 충분하지 않을 수도 있다. 다른 관찰자는 보다 세속적인 관점을 가질 수 있고, 이들은 고용주들이 직장상담을 직장에서 심리적으로 상처를 입었다고 주장하는 직원들로부터 계속 증가하는 손해청구소송을 감소시키려는 목적으로 사용하는 것은 아닌지 의구심을 갖는다(Hughes & Jenkins, 2003; Kinder, 2003).

현재의 쟁점

기본적인 수준에서 직장상담은 단지 고용주가 비용을 지불하여 발생하는 일상적인 상담일 수 있다. 직원식당, 직원할인과 마찬가지로 직장상담에 자금을 대는 것은 민간 의료보험과 유사한 직원 혜택의 한 종류일 수 있다. 아마도 이것이 대부분의 직장상담서비스가 직원 및 그의 직계가족들을 보조하고, 모든 종류의 정서적인 그리고 심리적인 어려움을 다루는 데 필요한 이유일 수 있다. 그렇다면 이것이 직장상담과 일반상담이 서로 같다는 것을 의미하는 것일까? 단지 다른 것은 자금출처일 뿐인가? 만약 그렇지 않다면 직장상담에서는 그 자체의 독특한 차별적인 특징이 있으므로 주류의 상담과는 진정 다르다고 주장할 수도 있다. 예를 들어, 직장상담은 직장에 기반을 둔 내담자에게 특별한 도움이 될 수 있는 구체적이고도 직장에 특화된 지식과 기술을 도입할 수 있다(Feltham, 1997; Summerfield & van Oudtshoorn, 2000).

직장상담이 직원뿐만 아니라 직장에도 혜택이 있다고 알려져 있기 때문에 전통적인 상담과는 다르다고 주장할 수도 있다(Orlans, 2003). 결국 심리적으로 건강한 직장을 만듦으로써 고용주에게 더 많은 이익을 보장할 수 있고(Goldberg & Steury, 2001) 직원들 간의 긍정적인 대인관계를 증진시키는 것이 효과적인 조직 수행능력에 필수적임을 보여 주는 뚜렷한 증거들이 많이 있다(Nuttall, 2004). 직장상담은 또한 오늘날의 고용상황에 드리워진 변화에 대한 상존하는 압박으로부터 발생하는 심리적인 스트레스와 장애를 다루는 데도 잠재적으로 도움이 된다(Wainwright & Calnan, 2002). 그렇기 때문에 아마도 직장상담은 일반상담과는 실제로 매우 다를 것이다.

생각해 볼 거리

다음 질문에 대한 당신의 답변을 적어 보시오.

- 직장상담과 일반상담 간의 차이점은 무엇인가?
- 직장상담과 일반상담 간의 유사점은 무엇인가?
- 누구의 이익이 우선시되는가? 직원인가? 고용주인가? 거기에 대해 확신하는가?

직장상담이란 무엇인가

직장상담이 무엇인가는 실제로 답하기 어려운 질문이다. 우선 우리는 직장상담이 여러 가지 방식으로 실시됨을 알고 있다. 이는 사내서비스, 아웃소싱 직원복지 프로그램, 개업상담사, 대면상담, 전화상담, 사이버상담, 전화회의 등을 포함한다(Colon, 1996; Cutter, 1996; Grange, 2005; Wright, 2001). 적어도 영국에서는 직장상담의 압도적인 다수는 외부적으로 아웃소싱된 근로자 지원 프로그램 제공자 및 그의 관련 상담사들에 의해 일대일 대면방식으로 제공된다. 그러니 누가 이를 제공하고 그러한 제공을 위해 어떤 준비과정이 있었는지를 아는 것만으로는 여전히 직장상담이 무엇인지를 제대로 말해 주지는 못한다. 정답은 실제로 누가 질문을 하고 누가 답변을 하는지에 달려 있다. "직장상담은 상황에 달려 있다. 직장에서 이루어지면 이는 직장상담이다(Orlans, 2003)."라는 정의가 있는 반면에, Woolfe(2003)는 직장상담을 직원에게 심리적 지원을 하는 것이라 생각했고, McLeod(2001)는 직장상담을 "직원을 위해 고용주가 제공하는 간단한 심리적 치료의 제공"이라고 정의했다. '직장상담이란 무엇인가?' 라는 질문에 대한 답변은 차라리 '당신은 당신의 돈을 지불하고 당신이 선택한다.' 가 정답인 것처럼 보인다.

직장상담이 무엇인가는 직장상담사가 하는 일을 보면 알아낼 수도 있다. 직장상담사가 수행할 수도 있는 Schwenk(2006)가 제안한 업무 중에는 다음과 같은 것들이 있다.

- 직원의 치료적 상담
- 훈련 및 보건 교육
- 조직에 대한 조언, 복지 및 정서적/심리적 건강
- 조직의 변화를 용이하게 함
- 결정적 사건의 지원, 심리적 외상 관리
- 갈등 상황의 관리, 조정 및 화해기술 사용

우리는 다음과 같은 많은 목표를 추가할 수 있다.

- 직원 가족들에 대한 서비스 제공
- 스트레스 감소 훈련
- 직원 지원
- 일/생활 균형관리
- 웰빙 전략 기획 및 기타 등등

직장상담이 무엇인지 알아내는 또 다른 방법은 조직이 직원들에게 상담 프로그램을 제공하기로 한 이유를 찾아보는 것이다.

〈표 7-1〉 Friery가 말하는 직장상담 제공의 이유

주요 이유	부수적 이유
직원에게 추가적인 지원을 제공한다.	직원 복지 제공을 증진한다.
직원을 돌볼 의무를 다한다.	인적자원관리 부서를 지원한다.
주요 변화를 통해서 직원을 지원한다.	소송으로부터 조직을 보호한다.
스트레스를 경감하도록 지원한다.	직원이 직장에 잔류하고 충성심을 갖도록 독려한다. 질병 및 결근 수준을 보고한다.

Friery(2006)가 제시한 이유들이 〈표 7-1〉에 나타나 있다.

직장상담은 어떻게 내담자와 관련되는가

직장상담사가 해야 할 일 즉, 그들이 누구와 일해야 하고, 누구를 위해 일해야 하고, 어떤 일을 해야 하는지에 대해 당신이 믿는 것과는 달리, 직장상담과 일반상담 간에는 적어도 하나의 중요한 차이점이 있다는 것은 틀림없다. 그것은 다음과 같다. 전통적 상담에서는 오직 두 명의 당사자만이 존재한다. 직장상담에서는 다수의 이해관계자들이 실질적이고 직접적인 이해관계를 갖는다. 이들은 고용기관 그 자체, 그 기관의 해당 업무 관리자, 내담자의 업무 파트너, 동료 및 가족이 포함된다.

우리가 이미 알고 있는 바와 같이, 대부분의 일반적인 개업상담 과정에서는, 한 명의 고객과 한 명의 상담사가 있다. 수퍼바이저가 배석하지 않는 한 누구도 개입하지 못한다. 직업윤리에 따르자면 상담회기를 비밀로 유지해야 한다. 따라서 [그림 7-1]의 표준 상담관계에서는 오직 두 명의 이해관계자가 존재한다.

그러나 직장상담의 경우에는 조직과 그 구성요소 또한 핵심 이해관계자이기 때문에 전문적인 관계는 보다 복잡해진다. 따라서

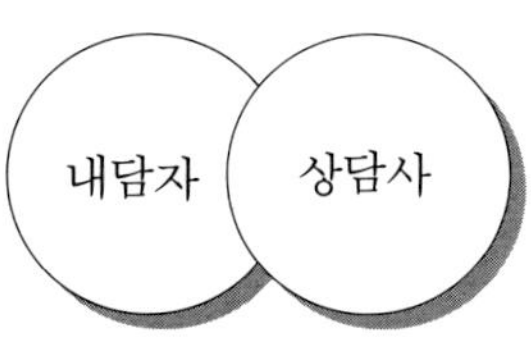

[그림 7-1] 일반적인 상담관계

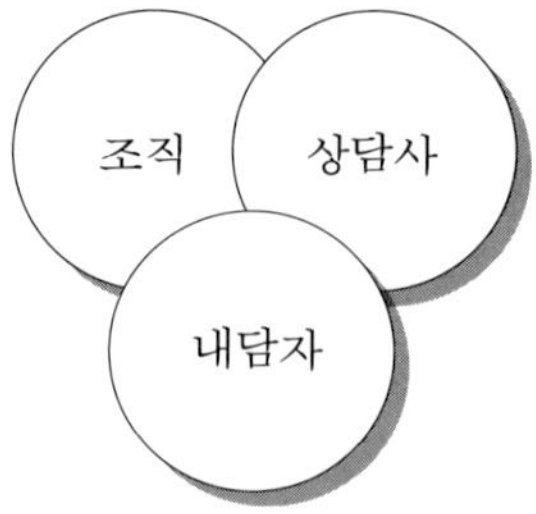

[그림 7-2] 기본적인 직장상담 관계

직장상담 관계에서는 적어도 세 명의 파트너가 존재하고, 이는 종종 [그림 7-2]와 같이 나타난다. 이러한 복잡함은 다양하게 연관된 당사자들 간의 세력 균형에 영향을 미친다([그림 7-3] 참조).

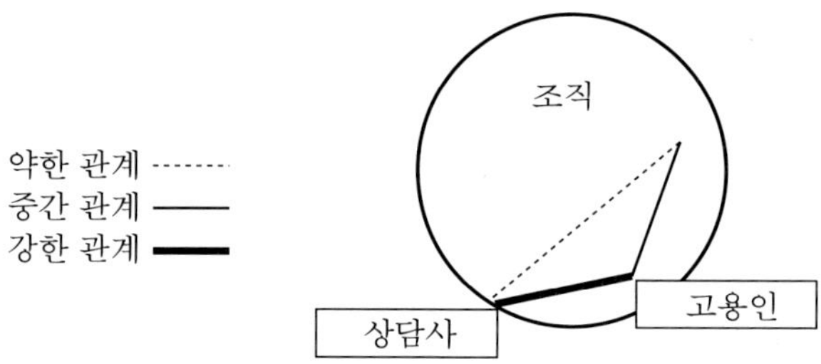

[그림 7-3] 직장상담 세력구조(Coles, 2003, p. 98)

일반상담의 관계와 비교했을 때 이해당사자들 간의 관계만 더 복잡해지는 것뿐만 아니라, 이들의 관계는 직장상담 회기가 중점을 두는 업무유형 혹은 목적에 따라 달라질 수 있기 때문에 더 복잡해진다. 아마도 직장상담은 세 명이 관련된 관계, 즉 세 명의 당사자(내담자, 조직, 상담사)와 세 개의 중점사항(행정적, 심리적, 전문적)을 가진 관계 그 이상일 것이다. [그림 7-4]는 이것이 어떻게 작용

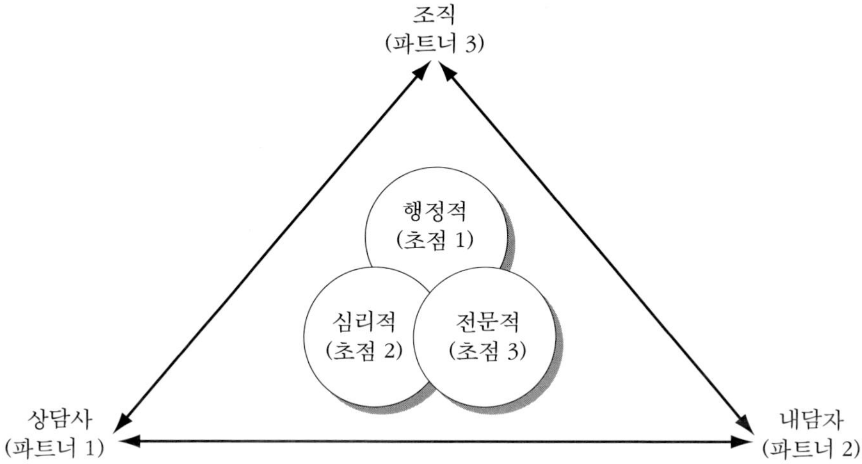

[그림 7-4] 삼각관계(저자가 약간 수정함)

하는지에 대해 Towler(1997)의 견해에 대한 저자의 해석이다.

따라서 근로자 지원 프로그램 상담사는 일반적인 주류 상담사와는 다른 종류의 이야기를 제공한다는 것은 논쟁의 여지가 있다. 이는 직장상담사가 보다 복잡한 관계 및 권력구조하에서 일하고 있기 때문일 수도 있다. 아마도 이러한 차이가 다음의 사례를 통해 더 잘 조명될 수 있다. 이는 물론 또 하나의 이야기다.

◐ 사례연구 7-2

Paul은 영국의 대형 근로자 지원 프로그램 대행사와 제휴한 회사에서 일하는 프리랜서 상담사인데, 그 대행사는 수많은 회사와 연결되어 있다. 이들 회사 중의 하나는 확장된 근무 패키지의 일환으로 업무팀을 종종 해

외로 파견했다. 이 중 한 팀이 해외에서 귀국하는 비행기에서 비행 중 비상사태에 직면했다. 화재경보가 울렸고 기장은 비상착륙을 할 것이라고 방송했다. 엄청나게 긴장된 순간이 지나간 후에 실제로는 안전하게 착륙이 이루어졌고, 승객은 컴퓨터의 작은 결함으로 인해 잘못된 경보가 발생했다는 설명을 들었다. 그럼에도 불구하고 그 사건은 승객들에게는 매우 공포스러운 것이었다.

이 사건은 Bill이 근로자 지원 프로그램 대행사를 통해서 Paul을 만나러 왔을 때 Paul의 보고서에 처음 나타난 내용이다. Bill은 귀국 기술자 중의 한 명이었다. Bill이 영국 사무소에서 처음 일을 다시 시작하게 되었을 때, 자신이 팀 동료에 대해 지나치게 화내고 있다는 것을 알았다. Bill은 예전의 Bill이 아니었다. 그의 상사가 회사의 직장상담서비스에 그를 의뢰했다.

Bill은 그의 상황을 Paul에게 설명했으며, Bill이 급성스트레스 장애(acute stress disorder: ASD)를 겪고 있는 것이 분명해 보였다. Paul이 Bill에게 급성스트레스 장애는 Bill이 비행기에서 겪은 비슷한 공포를 겪은 사람에게 일반적으로 나타나는 증상이라고 설명하자 Bill은 금방 안도했다. Bill은 자신이 미칠 수도 있다는 공포를 느꼈었다. 그의 상황이 인식할 수 있고, 설명할 수 있는 것임을 알고서 그는 매우 안도했다. 그것은 병명도 있고 치료될 수도 있는 것이었다. 이런 사실을 안다는 것 자체가 Bill에게 큰 위안이 되었고, 이것은 그의 회복에 전환점이 되었다. Paul의 지원으로 Bill은 심한 감정변화를 4~5주 동안 조절할 수 있었다. 이는 급성스트레스 장애가 사라지게 되는 시간이었으며, 그의 생활이 정상으로 돌아가는 기간이었다.

생각해 볼 거리

- 직장상담사는 모든 종류의 업무분야에 관여할 수 있을까? 당신은 그러길 원하는가?
- 일부 회사는 직장상담사가 그들에게 직원이 알코올 혹은 기타 약물을 남용하는지를 말해 주길 원한다. 내담자에 대해 '고자질하는' 것을 당신은 어떻게 생각하는가?

더 읽을거리

Carrol, M., & Waltonm, M. (1997). *Handbook of Counselling in Organisations*. London: Sage.

Hemmings, A., & Field, R. (Eds.) (2007). *Counselling & Psychotherapy in Private Practice*. East Sussex: Routledge.

Hughes, R. (Ed.). (2004). *An Anthology of Counselling at Work II*. Lutterworth: ACW/BACP.

Hughes, R., & Kinder, A. (2007). *Guidelines for Counselling in the Workplace*. Lutterworth: BACP.

www.counsellingatwork.org.uk 무료로 다운로드 가능(2009년 여름).

Palmer, S., McMahon, G., & Wlding, C. (2005). *The Essential Skills for Setting Up a Counselling and Psychotherapy Practice*. East Sussex: Routledge.

제8장

교육분야에서 일하기

핵심지식

❖ 상담사와 심리치료사는 영국의 초 · 중등 교육기관과 대학 등에서 100년이 넘게 일해 왔다.

❖ 상담사는 18세 미만의 초 · 중등교육 분야와 18세 이상의 고등교육 분야에서 일하고 있다.

❖ 18세 미만의 초 · 중등교육 분야의 경우, 여기에는 연령층에 따라 달라질 수 있는 심각한 법적, 윤리적인 쟁점들을 고려해야 한다. 중요한 사항은 다음과 같다.

내담자 비밀보장

학생내담자 보호의 의무

정보의 공개

❖ 학교에는 수많은 이해당사자들이 있는데, 부모, 교사, 학교당국, 아동보호전문가가 이에 포함된다.

❖ 학교상담에서의 비밀보장은 상담사만의 책임이 아니며, 팀 기능으로 다루어져야만 한다.

❖ 학교와 대학에서 일하는 상담사에게는 다음과 같은 두 가지 핵심과제가 부여된다.

학생내담자의 정서적 안녕과 정신건강에 주의를 다하는 것

학생의 학습경험을 최대화하는 데 최선을 다하는 것

시작하기

교육분야에서의 상담은 문제가 있는 18세 미만의 학생들에게 심리치료와 생활지도를 제공하는 것으로 여겨진다. 따라서 이러한 서비스는 초·중등학교의 학생들에게 초점이 맞추어져 있다. 학생 내담자는 거의 모두가 18세 미만이므로, 법적으로 성인과 다르게 개입해야 한다. 게다가 이 내담자 집단은 아직 정서적·심리적 발달이 급격히 진행 중인 연령대에 속하므로, 치료사에게 매우 특별하고 전문적인 도전과제를 부여한다.

18세 이상의 교육과정에 있는 학생들을 대상으로 교육분야에서 일하는 상담사의 관심영역 중의 하나는 상담과 심리치료 서비스에 관한 규정이다. 18세 이상의 학생은 성인과 동등한 권리를 가지고 있다. 그러므로 겉으로 보기에 학생들의 요구는 성인들의 요구와 다르지 않은 것으로 여겨진다. 이 장의 뒷부분에서 살펴보겠지만, 청년들에 대한 상담서비스를 제공할 때는 그들만의 특수한 문제를 고려해야 할 필요가 있다. 예를 들면, 대학의 심리치료사는 생애 처음으로 집에서 떨어져 지내야 하는 청년들의 특별한 요구들을 처리해 주어야 한다. 그런 청년들이 모두 '세상물정에 밝다.' 라고 예상하는 것은 실수임을 알아야 한다.

이 장은 초·중등 교육기관에서 일하는 상담사가 마주치게 되는 여러 가지 관심사와 쟁점을 탐색하는 것으로 시작할 것이다. 그 후에 대학에서 상담하고 있는 상담사가 직면하게 되는 어려움을 검토할 것이다.

학교상담의 역사

학교상담은 사례에서 나타나듯이 실제로 혁신적인 성과물은 별로 없다. 20세기 초반 이래로 초등학생 상담을 포함한 아동의 생활지도는 교육적 서비스와 아동건강서비스 제공의 형태로 이루어져 왔다(Lines, 2006). 예를 들면, 런던지방의회는 1913년에 Cyril Burt를 최초의 아동심리학자로 임명했고(Institute of Educational Archives, 2007). 19세기 미국 최초의 아동지도의 사례 중 하나로 1898년에 디트로이트에서는 기초적인 학생상담서비스가 시작되었다(Bor et al., 2002).

그러나 영국에서 보다 현대적인 형태의 학생상담은 Newsom Report(1963)의 결과로부터 나타나기 시작했다. 이 보고서는 학교가 교육적이고 사회적인 기준에서 눈에 띄게 수행능력이 떨어지는 학생들에게 특별히 노력을 기울일 수 있는 상담사를 고용해야 한다고 권고하였다. 그 당시에는 학교상담사의 주요 임무가 학생들의 교육적 경험을 향상시키는 것이라고 믿어 왔다. 그러므로 경험과 자질을 갖춘 교사들을 학교상담사로 훈련시켜야 한다고 제안하였다.

그러나 불행하게도 교육 예산상의 제약과 평교사들의 적절한 책임에 대한 견해의 변화로 인하여 전문화된 교사-상담사의 역할이 약화되기 시작했다. 그러므로 1970년대 중반에서 1980년대 초반경에, 이상적인 의미에서의 상담은 모든 교사들이 일상적으로 수행해야 하는 많은 통합된 활동 중의 하나로밖에 여겨지지 않았다.

상담은 더 이상 특별하게 훈련된 전문가의 유일한 영역으로 간주되지 않았다(Hamblin, 1986).

그러나 지난 25년간 우리가 보아 온 것처럼, 학교 교직원에게 부과된 업무강도는 크게 증가되어 왔고, 아직도 그 증가세는 계속되고 있다. 교사는 직무수행에 대한 검열을 점점 더 강하게 받고 있다. 국가가 교육과정을 확대시키면서 교사들에게 요구하게 되는 전문성은 끊임없이 증가하고 있다. 이러한 모든 사태는 이에 상응하는 막대한 시간적 요구와 함께, 교사의 많은 역할들이 비인간화되는 경향성과 교사들의 업무량이 기하급수적으로 증가하게 되는 결과를 낳았다(Watkins, 2008). 이것은 다음과 같은 것을 의미하는데, 이미 지나치게 역할이 늘어난 교육자가 교사/상담사 겸직을 유지하는 데 필요한 시간적 혹은 인적 자원을 찾는 것이 매우 어렵고 때로는 불가능하다는 것이다. 교사들의 역할을 도울 만한 무엇인가가 지원되어야만 했고, 그것은 주로 학생상담에 관한 부분이었다. 그러나 이것이 젊은이들이 그들의 정서적이고 사회적인 어려움을 학교에 호소하는 것을 멈추게 하지는 못했다. 학생들의 교육적이고 개인적인 발달은 여전히 어려운 상황에 처해 있었다. 상담에 대한 막대한 요구는 있었지만, 교사는 그것을 만족시킬 만한 수단으로서는 배척되고 있었다. 무언가 이루어져야만 했다.

오늘날의 학교상담

오늘날 어려움에 처한 학생들을 돕는 방법 중 하나는 학생에게 초점을 맞춘 특별한 지원서비스를 제공하도록 훈련된 상담사를 학교에 채용하는 것이다. 이러한 경우에 상담사는 종종 광범위한 학생지원에 관한 법적 규정의 요소가 되는데, 이 법적 규정은 멘토, 아동복지사, 학교사회복지사, 건강복지사, 학교심리학자, 학습지원보조교사, 또래상담사, 학교의 교사진까지 포함한다. 이렇게 확대된 상담사들의 채용은 최근에 상담사 훈련 프로그램을 통해 배출된 채용 가능한 상담사들의 막대한 증가에 의해 가능해졌다. 그러나 숙련된 학교상담사와 내담자의 요구를 충분하게 만족시킬 만한 훈련 프로그램은 많지 않은 것 같다. 이러한 상황은 새롭게 고용된 학교상담사들이 다음의 내용을 포함하는, 절차적이고 윤리적인 수많은 쟁점들을 해결해야 한다는 것을 의미한다.

비밀유지

대부분의 상담사와 심리치료사에게 있어서, 비밀유지는 그것을 누설할 바에야 차라리 감옥에 가는 것이 나은 사례가 있을 만큼 절대적이다(Jenkins, 2002). 그러나 학교 내에서는 내담자에 대한 비밀유지가 절대적이지 않고, 때로는 일부에 대한 공개가 영국 법률, 지역아동보호위원회, 지방자치단체의 실행지침서 등에 명시되어 있다. 게다가 상담사를 고용한 대부분의 학교는 그런 문제에 대한 자신들만의 정책을 가지고 있고, 많은 교장들이 교내에서의 자신들의 권리를 고수할 것이다.

여러 곳에서 학생내담자에 대한 정보를 요구함에 따라 학교상담사의 윤리적인 문제가 불거졌다. 결국 기본적으로 상담사는 미성년자들의 전반적인 복지를 보호하기 위한 도덕적 책임을 지게 된다. 이는 상담사가 성인과 같은 권리와 특권을 아동에게 제공하지 못할 수도 있다는 것을 의미한다. 이러한 문제에 대한 쟁점은 학생내담자의 나이에 따라 더욱 복잡하게 나타나는데, 9~10세 아동과 16~17세 학생들에게는 서로 다른 기준을 적용하게 된다. 예를 들면, 초등학생과 함께 일하고 있는 상담사는 보통 특정의 상담을 시작하기 전에 부모의 동의를 얻는 것이 필수적이다. 반면에 중학생을 대상으로 하는 상담사는 보통 부모의 동의를 필요로 하지 않는다. 이는 'Fraser Guidelines' (이전에 'Gillick Competense Test' 라고 알려져 있는 것)에 제시된 상급 학생들의 사생활에 대한 권리 보호에 적용되기 때문이다.

일반적으로 영국의 의료 상황에 적용되는 사전동의 규정을 학교상담에 그대로 적용하는 것이 올바른 실천 방법으로 권장되고 있다. 이는 영국의 보건부(2001a)의 출판물인 『조사 혹은 치료를 위한 참고 안내서(*Reference Guide for Consent for Examination or Treatment*)』에 자세하게 기술되어 있다. 그리고 가장 최근의 정보는 'Every Child Matters' 의 웹사이트(www.ecm.gov.uk/informationsharing)에서 확인할 수 있다. 만약 아동이 심각한 위험에 노출되어 있거나 혹은 그럴지도 모른다면, 내담자 동의 없이 비밀 정보를 공유하는 것이 최선의 방책으로 허용되어 있다. 이는 아동이 타인에게 해를 끼칠 경우에도 해당되는 것이다.

학교관리의 책임

교장은 부모의 입장에서 행동해야 한다. 다시 말해, 교장은 아동이 자신의 책임하에 있는 동안 부모의 권리와 의무, 책임감을 갖는다는 것이다. 상담회기 동안, 치료사는 교장이 인지할 수 없는 중요한 정보에 은밀히 관여하게 될 수 있다. 이는 또한 교장이 아동의 가장 큰 관심사에 대해 일반적으로 혹은 긴급하게 행동할 수 있다는 정보일 수도 있다. 교장이 동료, 아동의 부모, 사회적 서비스 기관과 상담하는 것은 필수적일 수도 있다.

그런데 교장이 그런 정보를 누설하는 학교상담사를 신뢰할 수 있겠는가? 실제로 그런 경우에 상담사는 상담에 대한 비밀유지를 깨뜨릴 수 있는가? 사실 이 문제는 실제로 겉으로 보이는 것보다 훨씬 더 복잡하다.

왜냐하면 자발적으로 내방하는 경우를 제외하고는 학생이 학교상담사에게 의뢰될 수 있는 수많은 방법들이 존재하기 때문이다. 이는 특수학급교사, 학급 담임교사, 학년 담임교사, 개인교사, 부모, 보모 등으로부터 의뢰되는 경우를 포함한다. 이 모든 사람들은 상담과정에서 이해관계를 가지고 있고, 또한 이들 모두는 자신이 적절한 피드백을 직접적으로 받을 수 있다고 여길 수 있다. 사실, 어쩌면 의뢰자가 아동의 어려움 혹은 개인적으로 불리한 환경에 대해 알아차리게 되는 것이 아동에게 최선의 이익이 될 수 있다. 다시 말해서 문제는 상담사가 그러한 정보를 노출해야 하는지, 정말로 그렇게 해야만 하는지다.

모든 것을 고려해 볼 때, 학교상담에서의 내담자 비밀유지에 대한 쟁점은 바로 '도덕적 난제' 라고 말할 수 있으며, 따라서 간단한 해답은 없는 것처럼 보인다.

생각해 볼 거리

- 만일 당신이 학교상담사라면, 아동, 학교, 부모, 사회 중에서 누구에게 주로 책임감을 느끼겠는가?
- 만일 당신의 학생내담자가 '누구에게도 말하지 말아 주세요!' 라고 말한다면 당신은 어떻게 하겠는가?

◐ 사례연구 8-1

Maddy는 Caroline의 옆집에 사는데, Caroline에게는 Tracy라는 13세 된 딸이 있다. Tracy는 평소엔 쾌활한 아이였으나, 최근 들어 말수가 줄어들었고, 내성적으로 변했다. Maddy는 Tracy에게 뭔가 잘못된 것이 있는지를 물었다. Tracy는 무슨 일이 있기는 한데, Maddy에게 아무한테도 말하지 않을 것을 약속할 경우에만 그것을 얘기해 줄 수 있다고 했다. Maddy는 비밀을 지키겠다고 말했고, 그녀가 정말 어려움에 처해 있다면 그녀를 돕기 위해 옳다고 느끼는 것을 무엇이든 할 것이라고 말했다.

Tracy는 자신의 엄마인 Caroline의 오랜 남자친구가 폭력적이라고 Maddy에게 말했다. 이것은 실로 경찰 혹은 사회 서비스기관이 관여할 문제였다. Tracy는 심각한 상황에 처해 있었고, 도움을 필요로 했다.

Maddy는 무엇을 해야만 하는가? Maddy는 무엇을 할 수 있는가?

Maddy는 Tracy의 교장에게 Tracy에 관해 말하기로 결정했다. Maddy는 Tracy의 허락을 받지 않았고, 처음으로 교장에게 그녀의 학생 중 한 명에 대한 이야기를 전했다. 교장은 Maddy에게 그녀가 어디에 사는지를 물었고, 이를 알아낸 후에 그녀가 걱정하는 이웃의 아이인지에 대해서도 물었다. Maddy가 이를 확인해 주었을 때, 교장은 Maddy에게 그 아이가 누구인지 알았고, 그 아이를 돕기 위해 조치를 취할 것이라고 말해 주었다. Maddy는 Tracy의 신원을 확인해 주고서야 비로소 안심이 되었다.

Maddy는 몰랐지만 아동보호팀은 이미 Tracy가 위험에 처할 수 있다는 것을 생각하고 있었고, 그런 상황을 이미 알고 있었다. 폭력사건이 일어나자, Tracy는 그녀에게 일어나고 있는 것을 말하도록 격려해 줄 수 있는 학교상담사를 이미 알아보고 있었다. 처음부터 Tracy는 상담사가 교장에게 일어나고 있는 상황에 대해 말할 것이라는 것을 알고 있었다. Tracy는 약간 불평을 하긴 하였지만, 비록 그것이 상담사에게 그렇게 보였을지라도, 그녀의 불평 뒤에는 무엇인가를 실제로 해 주기를 원하는 그녀에 대해 누군가가 충분히 보살펴 주고 있다는 것에 은근히 안심하고 있는 것으로 보였다.

활동

- Tracy의 문제에 대해 어떻게 처리했어야 했는지에 대한 행동계획을 설명하시오.
- 무엇이 Tracy에게 '최선의 이익' 인지 당신은 어떻게 결정하였는가? 무엇이 도움이 되었는가? 무엇이 방해가 되었는가?

왜 학교상담사가 필요한가

학교상담사는 학생내담자가 가져오는 문제가 다양하고 포괄적이며, 때로는 처리하기 어려운 문제들이라는 것을 알게 되곤 한다. 또한 이러한 문제들은 어느 내담자에 의해서든지, 어디에서든지, 또한 어떤 치료사에게든지 주어질 수 있다. Bor, Ebner-Landy, Gill, & Brace(2002)은 일상적인 매일의 삶 자체가 개인의 역량과는 무관하게 어떤 아동에게는 힘들고 문제가 많을 수 있다고 주장한다. 잠재적인 스트레스의 범주에는 경쟁, 따돌림, 사회적 배제, 인종차별, 가정불화, 형제 간 경쟁, 성적 문제, 학대, 동성애 문제, 친구들의 압력 등과 같은 쟁점들이 포함된다. 이것이 전부 다는 아니다. Geldard와 Geldard(2004)는 청소년기에 예견된, 일상적인 경험으로부터의 압박이 치료를 필요로 하는 실제적 상황을 유발시킨다고 말했다. 때로는 청소년기가 심리학적인 '질병' 에 가까운 것처럼 보이기도 한다. 그렇다면 모든 청소년기의 젊은이는 정서적으로 병적인 것인가? 청소년기의 자녀를 둔 다수의 부모는 특별하게 정서적으로 상당히 애를 먹은 경험이 있다면 아마도 이에 동의할 것이다.

그래서 학생이 상담실의 문을 두드리는 순간부터 학교상담사의 임무는 복잡하고 큰 노력이 필요하고 또 그러한 압력을 받기도 한다. 상담사의 즉각적인 관심은 분명히 아이에게 있다. 그러나 아이의 뒤에는 '제3자의 집단' 이 있는데, 그들은 교사, 가족, 친구, 사회기관 등이다. 그들 모두는 치료과정에 직접적인 관심을 가지고 있고, 상담과정에도 필수적인 이해관계를 가지고 있다. 상담사는 또한 직접적이지 않을지라도, 또 다른 제3자인 더 넓은 세상으로부터의 영향력에 대해 고려해야 한다. 여기에는 전문적이고 윤리적인 관심사, 아동보호법, 사회의 요구 등이 해당된다.

이러한 모든 영향력들을 균형감 있게 고려하고, 아이를 올바르게 인도하는 것은 거의 초인적인 임무라고 볼 수 있다. '이상적인' 학교상담사는 솔로몬의 지혜, 일에 대한 인내심, 로버트 브루스(Robert the Bruce)[8]와 같은 초인적인 끈기가 필요하다. 또한 높은

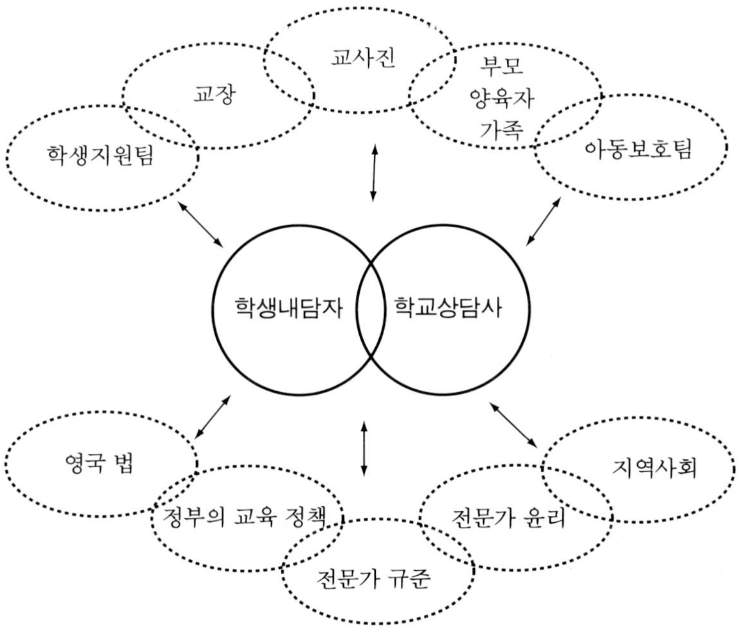

[그림 8-1] 학교상담사의 세계

8) 14세기 초 스코틀랜드의 독립전쟁을 이끈 군주.

수준의 감수성과 잘 갈고닦은 대인관계 기술이 필요하다. 그런 상담의 모범에 해당하는 완벽한 경지에 이르지 못한 우리 같은 상담사의 경우에는 그저 행운이 있기만을 기대할 따름이다.

대학에서의 상담

지금까지는 초 · 중등 교육기관에서 일하는 상담사들이 직면하는 쟁점들을 다루었다. 교육기관에서 일하는 상담사에게 또 다른 중요한 상담영역은 대학생들의 요구를 충족시키는 것이다. 대학생을 상대하는 상담사는 대학에서 자체적으로 운영하는 상담소에서 활동하고 있다. 대학생 내담자 집단과 어린 초 · 중등학생 집단의 차이점은 다음에 나오는 어느 대학상담사의 일화에서 좀 더 분명하게 나타날 것이다.

어느 대학상담사의 이야기–Paula Biles-Garvey

이 이야기는 나의 경험이자 동료들의 경험이다. 한 유명 대학의 상담서비스 업무는 계속 증가하고 있다. 정신건강 문제를 겪고 있는 학생내담자들이 급증하고 있다. 이 문제에는 불안상태, 공황, 자해, 위험행동, 과도한 음주, 약물남용, 식이장애, 강박장애, 우울증 등이 포함되는데, 이 모든 문제가 학생들 사이에서 증가 추세에 있다.

요즘 우리 대학의 상담서비스는 인근 지역 학생들에게 의료서비스를 지원하는 국민건강보험의 의사와 연계되어 있다. 이러한 편리한 연계의 결과로 의사가 학생환자들을 대학 상담서비스로 의뢰할 수 있다. 때로는 이것이 국민건강보험의 상담 대기자 목록이 너무 길게 늘어져 있기 때문이고, 때로는 학생들의 요구를 잘 맞추어 줄 수 있는 대학의 상담사가 제공하는 서비스가 자유롭고 우호적이라고 믿기 때문이기도 하다. 의사가 상호의 공동 관심사를 토의하고, 학생환자들의 특별한 요구를 고려하기 위해 상담서비스 전문가와 의료진 사이에 합동회의를 개최하는 것에 주목하는 것은 매우 고무적인 일이기도 하다.

지난 3년 동안 의사는 자신의 학생내담자를 우리 대학 상담소로 보내오고 있다. 내담자는 종종 제약회사에서 주는 사은품과 같은 포스트잇 쪽지를 가지고 온다. 그 쪽지에는 추천할 만한 상담수준과 함께 의사의 진단명이 적혀 있다. 전형적으로, 그러한 처방에는 '알코올 문제-12단계' '낮은 자존감-6단계 인지행동치료' 등과 같은 것이 적혀 있다. 이런 방식의 추천은 그 자체로는 환영할 만한 일이나, 나와 대학상담 동료들에게 많은 윤리상, 절차상의 쟁점들을 불러일으킨다. 예를 들면, 상당히 무성의한 전달체계의 문제다. 즉, 의사와 대학 상담서비스 사이에 비공식적으로 정보가 전달되는 방식이 신뢰롭지 않다. 또한, 내가 상담사로서 국민건강보험기관이 아닌 대학의 상담센터에서 근무함에도 불구하고, 의사의 지시를 받는다는 느낌이 드는 경우도 있다. 더욱이 그것은 내담자에게 어떤 치료상의 개입이 사용되어야 할지를 말하는 데 방해가 되기도 한다. 나는 전문적인 상담사이고, 나의 기술과 지식을 적용하고 싶다. 또한 나는 내담자의 문제에 대한 올바른 평가와 내가 그 문제들을 처리하기 위한 계획에 대해 의견을 갖는 것 또한 당연하다. 결국 이러한 의뢰 방식은 의사가 우리 대학상담사를 독립적인 전문가로서가 아닌, 국민건강보험기관에 부속된 '보조 치료사'로 보고 있음을 시사하는 것 같다.

많은 대학이 정서적인 혼란으로 고통받고 있는 사람들이 이용할 수 있는 다양한 컴퓨터 프로그램과 온라인 서비스를 광고하기 시작했다(예, www.depressionalliance.org). 이러한 것은 널리 평가받고 있고, 온라인 서비스는 유용한 것처럼 보인다. 예를 들면, 가벼운 우울이나 불안을 겪고 있는 사례의 경우 단기적으로 상당히 도움된다는 것이 학생내담자의 피드백에 의해 나타난다. 그러나 온라인 서비스는 대면상의 장기적인 치료관계가 가져다 줄 수 있는 이익을 제공하고 있지는 않는 것 같다. 이것은 특히 현재의 증상이 유년기에 겪은 심리적 외상과 관련된 경우에는 더욱 그러하다. 나의 관점에서 볼 때, 장기치료과정에 있는 내담자와 함께 작업하는 것은 가치가 있는 것이다. 특히, 상처 입은 젊은 내담자들이 함께 문제를 해결해 나가는 과정을 보면 더욱 그러하다.

직업상의 특별한 어려움은 학생내담자가 나에게 이전의 치료사와 접촉해 달라고 할 때 발생한다. 그들은 나에게 이전 치료사들이 무엇을 생각하는지, 그리고 무엇을 해 왔는지 알아내기를 원한다. 내담자는 이전에 받았던 치료방식이 중단되는 것을 원하지 않는다. 그들은 즉각적이고 효과적인 도움을 원한다. 그러나 나는 새롭고 신뢰로운 상담사-내담자 관계를 구축하는 것이 생각보다 긴 시간이 소요된다는 것을 알고 있다. 지름길은 없다. 한 치료사가 갑자기 또 다른 치료사를 똑같이 따라하는 것은 가능하지 않다. 비밀유지와 관계된 문제를 유발하는 것과 별개로, 만약 내가 이전의 치료자와 접촉하려는 쪽으로 마음이 기운다면, 이런 종류의 요구는 대학상담자인 나에게 압박감을 준다.

새로운 형태의 심리적 압박과 특히 학생집단에 적용 가능한 것은 현대 정보기술의 광범위하고 부정적인 사용에서 비롯될 수 있다. 이것은 매우 강력한 '사이버 괴롭힘' 이 되곤 한다. 이러한 괴롭힘은 주로 소셜 네트워킹 사이트에서 일어난다. 예를 들면, 개인의 휴대폰 사용 정보, 데이트 상대를 성폭행하는 비디오 또는 친밀한 관계의 사진 등이 공개되거나, 개인에 대한 아주 부정적인 의견들이 널리 퍼질 수 있다. 이런 '사이버 폭력' 은 친밀한 관계가 끝난 후에 종종 일어날 수 있다. 자신의 사생활이 완전히 낯선 타인에게 유출된 것을 보는 것은, 심하게 우울한 피해자에게 큰 상처가 될 수 있고, 친구에게 배신감을 느낄 수도 있다. 그들은 심지어 자신의 친구가 자신의 행동과 의견에 대해 언급하는 것조차 모를 수도 있다. 인터넷으로 인해서 오늘날 누군가가 쉽게 배신이나 모욕을 당하고, 혹은 사회적으로 배척당하는 것이 훨씬 더 쉬워졌다.

대학에서의 상담은 학생상담사에게 완전히 새로운 전문적, 윤리적 우려를 안겨 줄 수 있다. 내가 생각하는 전형적인 예는 다음과 같다. 만약 내가 어느 지역의 학교에서 교생실습 중인 한 학생에게 이전부터 존재하던 정신건강 문제를 알게 되었다고 하자. 그 학생은 낙인찍히길 원치 않을 것이기 때문에 내가 그 학생을 미래에 고용하게 될 사람에게나 교직원회의에서 그런 우려를 말하는 것을 원치 않을 것이다. 예를 들어, 강박장애로 고통받는 학생이 있다면, 아마도 그 학생은 손을 씻거나, 문을 확인하는 등의 일을 하기 위해 유아놀이방이나 교실, 놀이터 등에서 종종 자리를 뜨려고 할 것이다. 이것은 때로 아주 어린아이나 학생들이 교사의 감독 없이 위험한 상태에 놓일 수도 있는 위험성을 갖는다. 그러나 비밀보장에 관한 상담윤리의 규준은 상담사가 그 학교의 관리부 또는 대학 당국에 알리는 것을 금지한다.

나는 이런 윤리적 딜레마에 빠지게 했던 실제 사례를 알고 있다. 그 사례는 교생실습 기간 동안 유아들을 돌봤던 정신장애가 있는 학생에 관한 것이었다. 그 상담사는 대학의 직업체험 프로그램에 참여하는 학생에게 발생할 수 있는 정신건강 문제의 영향을 교수진에게 전반적으로 보고할 수 있도록 대학의 교수위원회에 허가를 요구함으로써 그 윤리적 딜레마를 현명하게 풀 수 있다. 그 상담사는 이런 경우 어떤 학생들을 의료문제가 있다고 알려야 할지에 대해 교수진으로부터 조언을 구했다. 또한 그 상담사는 어떤 것이 중대한 건강문제이고 어떤 것이 사소한 문제인지, 또는 안전에 민감한 직업에 참여하는 학생들에게 안전하다고 여겨지는 약물의 수용 가능한 수준에 관한 그들의 관점을 듣고 싶어 했다. 이 상담사는 진취적인 결단력으로 결국 여러 정부기관 및 상담전문기관들에게 법적 보고 요건과 비밀보장/윤리 문제 모두를 명확히 하기 위해 노력하라는 편지를 보냈다.

아동보호 문제에 있어서, 아동의 성적학대를 보고하는 것에 관한 규칙은 명확하다. 그러나 16~18세 사이 청소년의 경우에는 실행상의 공백이 종종 있다. 17세가 되면 청소년은 더 이상 미성년자가 아니다. 따라서 아동 정신건강서비스를 받을 수 없다. 성인 정신건강서비스의 경우 18세 이상이 그 대상이기 때문에 이 서비스를 받을 자격도 없다. 따라서 다수의 대학상담사는 17~18세 청소년 집단이 그들에게 필요한 서비스를 얻지 못하거나, 그 두 법 규정 사이에서 누락될 수밖에 없다는 것을 매우 잘 알고 있다. 이것은 이 연령대의 내담자를 만날 가능성이 있는 대학상담사들에게 특별히 우려되는 부분이다.

많은 학생들처럼 우리 대학의 청년들도 생애 처음으로 집을 멀리 떠나왔다. 그들은 향수병에서부터 심각한 우울증에 이르는 모든 종류의 감정과 심리적 어려움에 취약할 수 있다. 가끔 이런 학생들 중에는 과거의 충격적인 사건에 대한 심리적 반응이 대학생활 동안에 다시 촉발되어 나타난다. 충격적 사건들에는 가족의 죽음, 폭력, 부모의 방치, 공포증과 같은 것이 있다. 또한 그들이 처음 경험하는 과도한 자유가 약물이나 술의 오남용과 결합한다는 것 역시 젊은이들에게 문제가 된다. 외국인 유학생의 이동이 점점 더 활발해짐에 따라, 종종 술, 마약, 성과 관련된 문화적 오해에 따른 문제 역시 증가할 수 있다. 이 모든 문제들 역시 대학상담사에게 까다로운 문제다.

최근에 국민건강보험이 젊은이들의 위기관리를 위해 조기 정신병 개입서비스를 제공하는 것은 환영할 만하다. 특히 이런 일들이 10대나 20대 초기에 가장 많이 발생하는 것으로 보는데, 적절히 치료한다면 개선될 수 있을 것이므로, 나중에 성인이 되어 심각한 정신건강 문제를 겪는 것을 예방할 수 있다. 조기 개입은 장기적으로 높은 정신건강 비용 증가를 막을 수 있으므로 국민건강보험이 선호하는 접근법이다. 지역의 조기 정신병 개입팀이 우리 대학 상담실에서 그들이 제공할 수 있는 지원을 홍보하기 위한 설명회를 한 적이 있다. 오락을 위해 약물을 사용하다 생긴 정신병의 증가를 고려해 볼 때 조기 정신병 개입서비스는 매우 중요하다.

대학의 상담과 심리치료는 재미있으면서 어려운 일이다. 우리는 젊은이들이 계획을 실행해나갈 수 있도록 뒤에서 도와주는 보이지 않는 접착제다. 대학 관리자는 적절히 일대일로 지원할 필요가 있고, 집을 떠나 있는 학생들에게 자주 결여되는 접촉이야말로 필수적인 지지 요소일 수 있다.

Paula의 이야기는 두 가지의 구체적인 관점에서 흥미롭다. 첫째, 그녀는 학교장면에서 일하는 상담사가 다루어야 할 특별하고 실제적인 문제들을 제시한다. 그녀는 내담자들의 기본적인 심리치료적 요구를 넘어서서 반응하고, 내담자의 삶에서 주요한 개인적인 발달상의 문제에 대처하는 것을 돕고자 노력하고 있다. 둘째, Paula의 이야기에서 분명한 것은 그녀와 그녀의 동료들이 전통적인 상담의 경계를 자주 넘어서서 일을 해야 한다는 것이다. 그들은 젊은 내담자들의 삶 전반에 관해 지원하고 인도하는 예방적 책임을 취해야 한다는 필요에 용기 있게 대응하고 있다.

더 읽을거리

Axline, V. (1964, reprinted 1990). *Dibs: In search of self*. London: Penguin.

Geldard, K., & Geldard, D. (2008). *Counselling Children: A practical introduction* (3rd ed.). London: Sage.

Line, D. (2006). *Brief Counselling in Schools*. London: Sage.

제9장

국민건강보험 적용기관에서 일하기

핵심지식

❖ 국민건강보험에서 상담과 심리치료는 국민건강보험의 성장과 더불어 성장해 왔다.

❖ 국민건강보험에서 상담은 두 가지의 주요 기능을 가진다.

직원을 위한 EAP(employment assistance program) 서비스 제공

환자를 위한 치료 제공

❖ 상담은 국민건강보험 조직 안에서 스스로 적합한 자리를 찾는 데 어려움을 겪어 왔다. 이 문제는 아직 해결되지 않은 채로 남아 있다.

❖ 국민건강보험에서 일하는 상담사는 다음의 문제에 직면한다.

환자에 대한 정보 공유하기

제한시간 내에 일하기

저비용으로 효율적으로 일하기

내담자 치료법에 대한 지시사항 이행하기

❖ 심리치료 접근향상에 관한 정부 정책은 국민건강보험에서 상담과 심리치료서비스 전달에 중대한 변화를 야기할 가능성이 높다.

❖ 실제 국민건강보험 상담사들이 말하는 국민건강보험에서의 상담은 다른 곳에서 실행되는 상담과 아주 많은 차이가 있다는 것을 보여 준다.

시작하기

어떤 의미에서 영국 국민건강보험NHS[9]이 제공하는 상담과 심리치료 이야기는 1948년 이전에는 시작될 수 없었다. 왜냐하면 1948년 이전에는 국민건강보험이 존재하지 않았기 때문이다. 그러나 다른 의미에서는 심리치료 및 공공 건강관리의 제공은 사실상 1896년에 시작되었다고 할 수 있다. 이때는 비엔나의 선구적인 심리학자인 Wilhelm Wundt에게 훈련받은 Lightner Witmer가 아마도 세계에서 처음으로 일반인이 출입할 수 있는 심리클리닉을 펜실베이니아 대학 내에 오픈했던 시기였다. 하지만 그 당시 심리치료사는 치료 같은 것에는 특별한 관심이 없었다. 그들은 인간행동에 대한 심리학의 기술적 적용을 연구하고, 심리학의 학술적 연구를 촉진하는 데 훨씬 더 많은 관심을 갖고 있었다. 그들은 환자를 직접 상대하는 임상가clinicians가 되는 데 별로 마음을 두지 않았다(Reisman, 1991). 그러나 결국 이런 심리학의 선구자는 환자 치료에 시험적인 시도를 하였고, 그들은 오늘날 우리가 '심리-교육적 치료' 라고 부르는 것을 실험했다. Witmer의 진료소에서 임상가의 일반적인 치료방법은 주로 일탈적 생활양식을 가진 환자들에게 '올바른' 행동을 가르침으로써 '건전한 정신건강' 을 촉진하려는 노력에 집중되어 있었다.

---

9) NHS는 National Health Service의 약어로 우리나라의 국민건강보험에 준하는 영국의 의료제도임.

정신건강 치료의 초창기에는 환자 치료에 심리학을 적용하려는 사람들이 의료체계 안에서의 입지를 확립해 나가는 데 많은 문제에 부딪혔다. 의료계에서는 상담과 심리치료의 방식에 대해 그 지위를 경계하면서 지켜 가고 있었기 때문이다. 부분적으로 이러한 문제는 심리치료가 환자들과의 대화와 존중을 강조했기 때문인데, 이것은 19세기 후반과 20세기 초반에 걸쳐 우세했던 과학적인 의학업무의 전문적 태도와 매우 상반된 것이었다. 전통적으로 의사들 사이에는 환자를 지배하는 경향이 있었다(Moynihan, 1993). 환자는 단지 질병 보균자에 불과해서 그들의 과학적 '구원자들' 이 질병과 싸우는 것을 돕는 데 아무런 역할도 할 수 없었다. 환자는 그곳에 치료받기 위해 존재할 뿐 의사들과 대화하기 위해 존재하는 것은 아니었다.

그럼에도 불구하고, 그 당시부터 환자의 심리적 건강이 중요하다는 인식이 차츰 생기기 시작했다. 일부 의사는 환자의 말을 경청하기 시작했고 점차 상황은 나아졌다. 예를 들어, 1920년에는 의사와 환자 간의 대화와 환자의 정신 복지를 강조하는 Tavistock 진료소가 설립되었다. 1926년에는 Peckham의 Pioneer Health Centre가 환자와 협력하여 '긍정적 건강의식' 을 촉진하기 위해 설립되었다(Moynihan, 1993). 의사는 처음에는 환자의 건설적 역할을 '정신위생' 의 형태로 보았으나, 점차 환자의 행복증진의 필수적인 부분으로 보기 시작했다.

국민건강보험의 탄생

1948년은 영국의 환자 간호에 있어서 기념비적인 해였다. 이 해가 바로 용감하고, 새롭고, 사회적으로 의식 있고, 평등주의적이라고 기대된 전후 세계에 국민건강보험이 도입된 해다. 처음부터 국민건강보험은 신체 질병에 대해 일반적인 생리적/의학적 처치를 하는 것은 모든 환자의 요구를 충족시키기에 충분하지 않다고 인식하는 데 기반을 두었다. 즉, 심리적 건강 수준 역시 고려할 필요가 있었다. 그래서 정신건강서비스가 초기 국민건강보험의 필수적인 부분이 되도록 하기 위한 계획이 수립되었다.

처음에 국민건강보험에서 정신건강에 관한 규정은 오늘날 2차 기능으로 부르는 것이어서, 지역 의료기관에서는 거의 이용할 수 없었다. 그 당시의 환자들은 의사들을 통해서 정신건강서비스를 이용했고, 이들이 환자들을 지역 전문기관에 의뢰하였다. 1971년이 되어서야 옥스퍼드에 있는 Isis 센터가 영국에서 처음으로 예약하지 않고 곧바로 이용할 수 있는 심리건강 진료소를 열었는데, 이 진료소에서는 통상적인 치료 목록에 심리치료와 상담을 포함하고 있었다. 그러나 현실에서는 상담이용자 비율이 국민건강보험 전반에 이르고 상담이 유효한 치료방법으로 인식되는 데 적어도 20년이 더 걸렸다. 어떤 사람은 아직도 국민건강보험 문화 전반에 상담이 온전히 받아들여지지 않았다고 주장하기도 한다.

상담은 국민건강보험 의료 종사자들에게 존중받는 위치를 주장하는 데 어려움을 겪어왔다. East(1995)는 의료계를, 새로 온 사람들에게 적대적인 모습을 보이는 부족사회로 묘사하였다. 선도적인 국민건강보험 상담사는 국민건강보험 설립과정에서 그들의 전문적 왕국을 빈틈없이 수호하고자 하는 많은 사람들로부터 의심의 눈초리를 받았다고 볼 수 있다. 예를 들어, Harris(1994)는 당대의 대표적인 논설에서 상담을 전반적인 건강관리의 한 부분으로 포함함으로써 '정부가 200년에 걸친 의사들의 신중하고 헌신적인 노력에 등을 돌릴지도 모른다.' 는 것과 '우리가 의학을 떠나 마술의 세계로 갈지도 모른다.' 는 것을 주장했다. 그러나 점차 의사들 사이에서 상담에 대한 긍정적 견해가 우세해지기 시작했다. 예를 들어, Cocksedge(1997)는 상담, 심리치료, 그리고 심리적 서비스를 대부분 의사들의 일상 업무에 포함할 것을 강력하게 지지했다. 상담은 점차 공공의료의 '진료항목bill of fare' 에서 받아들일 수 있는 수많은 치료방법 중 하나로 그 역할을 차지하게 되었다(Hemmings, 2000).

처음에 상담은 국민건강보험 안에서 두 가지 주요 형태로 나타났다. 첫 번째 형태로 상담사는 국민건강보험 직원들을 위한 직원지원프로그램EAP을 제공했다. 그러나 국민건강보험 직장상담이 7장에서 이미 논의한 근로자상담과 다르다고 할 만한 명백한 근거는 없다. 그러므로 본 장에서는 국민건강보험의 상담 이야기 부분은 그냥 넘어갈 것이다.

치료에 대한 다른 접근법

국민건강보험 상담의 두 번째 형태인 환자치료는 상담치료가 많은 지역의 1차 진료기관에서 점차 더 많이 이용할 수 있게 되면서 발달하기 시작했다. 1990년대 후반에 1차 진료기관에서의 상담 제공이 크게 증가되었다. 이것은 국민건강보험에서 심리서비스 전문가를 만나기 위해 오래 기다려야 하는 것에 대한 의사들의 불만이 커지면서 부분적으로 촉진되었다(Davies, 1997). 시간이 지나면서 점차 이러한 1차 진료기관의 면담중심 상담사는 단순히 심리서비스 전문가의 2류 대체물이 아니라, 실용적이고 대안적이며 전문적인 건강관리를 제공하는 것으로 보이게 되었다. 이런 새로운 치료 접근의 한 가지 큰 매력은 개별 환자의 즉각적인 요구에 맞춤옷처럼 부응할 수 있다는 것이었다. 이것의 또 다른 이점은 요구만 있으면 언제든지, 부분적으로, 환자중심의 서비스를 제공한다는 것이다(Hemmings, 2000).

새로 생겨난 상담치료에 기반한 1차 진료기관은 주로 지역의 1차 진료기관과 개별적으로 계약한 프리랜서 상담사들이 수행하였다. 이때 의사는 이러한 상담을 제공하는 데 필요한 재정적인 지원을 받을 수 있도록 국민건강보험 의사로서의 지위를 활용할 수 있었다(Brennan & Hollanders, 2006). 이러한 방식으로 환자에게 상담을 제공하는 것은 1차 진료기관에게 지역의 통제권과 환자를 다루는 내부 상담서비스에 대한 직접적인 소유권과 같은 현저한 이점들을 가져다 주었다(Davidson, 2000). 그러나 1997년과 2000년 사이의 국민건강보험 정책 변화들 중 하나는 1차 진료기관의 의료비 지원제도의 권한을 축소시켰다는 것이다. 그 결과 1차 진료기관에서 상담서비스에 대한 많은 재정지원이 사라지기 시작했다(Foster, 2000).

상담사 대 심리학자

불행한 것은 지난 수년간 국민건강보험의 정신복지서비스 재정의 불안정으로 인해 심리서비스 분야 내 소수의 강경파들이 '급부상하는' 상담사에 대해 이미 느끼고 있던 경쟁심이 악화되었다는 것이다. 분명히 부족한 재정은 운영상의 경쟁을 유발시키는 경향이 있다. 유감스럽게도 어떤 사람들에게는 전문상담사들의 이미지, 특히 자원봉사 분야에서 일하는 상담사의 이미지는 단지 파트타임으로 소액의 돈벌이를 하는 중산층의 '공상적 박애주의자' 일 뿐이고, 그들은 그리 힘들지 않은 '취미생활' 을 즐기는 사람들로 보이는 게 사실이다(Hudson-Allez, 1999). 20~30년 전에는 그러한 평가가 전혀 근거 없는 주장이 아니었다고도 할 수 있다. 그러나 현재는 전혀 그렇지 않다.

일부 건강관리 종사자들이 상담사에 대해 가졌던 부정적 평가는 당시 상담이나 간이정신요법brief psychotherapy[10] 같은 단기 정신건강 치료법이 그것을 지지할 만한 견고하면서도 실무에 기초한 증거가 부족하다는 것으로 인해 더욱 악화되었다(Roth & Fonagy, 1996 등). 유감스럽게도 초기 상담사들이 그들의 업무에 관한 과학적인 조사를 무시했기 때문에 상담사가 전문가로서의 존중을 얻지 못했다는 주장도 가능하다.

10) 간이정신요법이란 보통 정신분석적 단기요법을 의미한다. 정규의 정신분석에 바탕을 두고 있는데, 이러한 정신분석을 보다 현실적 · 실용적으로 간단하게 한 것으로 단기 정신요법이라고도 한다.

심리학자와 상담사 간의 토론과 분쟁은 시끄럽게 이어져 왔다. 한편, 심리학자는 상담사를 이용하는 것이 아마도 상태가 심각하지는 않은 환자들과 씨름하는 그들의 과중한 업무량을 줄이는 데 도움이 될 수 있다는 점은 적어도 인정하는 것 같다(Burton et al., 1995; Kemp & Thwaites, 1998). 다른 한편으로 많은 상담사는 인근의 좀 더 '과학적인' 치료학파들에 의해 발전된 방법론적 · 이론적 관점들에 대해 여전히 불편해하는 것으로 보인다. Green(1994)은 상담사와 심리학자의 초기 영역다툼을 이렇게 요약했다. 심리학자는 상담사가 미리 선택된 환자들에게 낮은 수준의 지원을 제공하고자 한다면 그들의 업무지원을 마지못해 수용할 준비가 된 것 같은 반면, 상담사는 심리학자와 전문성에서 동등하면서도 독립된 전문가로 인정받길 원했다.

최근의 흐름

지난 5~6년간 국민건강보험 제도 내 상담의 지위는 또 다시 변화했다. 재정과 관리정책의 재정비는 상담사가 1차 진료기관에 고용되는 방식의 변화를 가져왔다. 현재의 추세는 보건 당국이 1차 진료 단체 또는 지역 의뢰단체로부터 상담서비스를 구매해서 관리하는 것이다(Davidson, 2000). 이것은 1차 진료기관을 기반으로 한 상담사의 지위를 독립된 운영자에서 전체 국민건강보험 구조의 한 부분으로 변화시켰다. 사실상 요즘은 본래 독립된 상담사였던 사람들 다수가 국민건강보험의 피고용인이 되었다.

상담사에 대한 이러한 고용조건의 변화는 결과적으로 1차 진료기관 상담사에게 전문적인 요구사항을 지시하기 시작했다. 그러나 독립적으로 일하는 상담사들, 특히 국민건강보험 밖에서 일하는 동료는 이러한 요구를 아직도 받아들이기 힘들다. 국민건강보험의 상담문화가 윤리적으로 건전한 치료행위의 구성 요소에 대한 전통적 믿음과 불가피하게 충돌할 가능성이 있는가? 예를 들어, 갈등이 일어날 수 있는 경우를 보면, 외적으로 정해진 제한시간이나 환자의 치료방법에 대한 1차 진료기관의 지시사항이, 많은 상담사들이 가치를 두고 있는 그들의 직업적인 독립과, 내담자에게 창의적이면서도 긴급하지 않은 도움을 제공하는 능력이 중요하다는 생각과 충돌할 때다. 또 다른 갈등이 일어날 수 있는 경우는, 상담사가 환자에 대한 비밀유지를 엄격히 지키고자 할 때다. 즉, 국민건강보험이 상담팀과 공동으로 환자정보의 공유를 요구하는 상황에 직면할 때 상담사는 갈등이 일어날 수 있다.

전문적으로 관리되고, 정신없이 바쁜 국민건강보험의 환경에서, 긴 대기자 명단과 빠른 대응을 요구받으며 무엇보다 저비용으로 효과적인 성과를 강조하는 국민건강보험의 분위기에서, 훌륭하지만 이상적인 전통적 상담의 양심에 세심한 주의를 기울인다는 것은 거의 불가능할 것 같다. 1차 진료기관의 업무를 맡고 있는 전통적으로 훈련받은 상담사는 '문화충격' 에 노출될 수도 있다. 상담사들이 문화충격을 받을 수 있는 상황은 국민건강보험의 조직 관료주의 권력에 부딪힐 때, 정부의 특정한 정책지침에 따라 일하라는 압력을 받았을 때다. 이때 상담사는 아무런 권한이 없다고 느낄 수 있다. 국민건강보험의 상담사는 또한 자신의 전문적인 업무와 전체 국민건강보험 체계 안에서 이러한 업무에 대해 공식적으로 책임질 것을 요구받고 있다. 국가에서 개발된 직업표준은 변화하는 서비스 요구와 정당한 대중의 기대에 지속적으로 즉각 반응하는 것이 아주 중요하다(Department of Health, 1997).

국민건강보험 상담사는 다르게 일하는가

국민건강보험상담, 특히 1차 진료기관에서의 상담이 독자적인 심리치료 관련 직업이 되어갈지도 모른다고 주장하는 사람들이 있다(Hudson-Allez, 2000). 이런 주장은 1차 진료기관에서 일하는 상담사들을 포함한 많은 상담사들에게서 본래 다른 훈련배경을 갖고 있거나, 처음에는 서로 다른 상담학파를 추종한다고 주장했음에도 불구하고 결국은 서로 비슷한 방식으로 일하는 것이 관찰됨에 따라 더욱 지지를 얻었다(Mearns, 1999).

업무량

언뜻 보면, 1차 진료기관에서 일하는 것과 사설기관private practice 또는 자원봉사분야에서 일하는 것 사이의 명시적인 차이점은 분명하다. 사설기관의 상담사는 내담자에게 조용하고 조심스러운 환경에서 서두르지 않고, 시간에 구애받지 않는 서비스를 제공할 수 있다. 사설기관 내담자는 본인이 적절하다고 느끼는 상담횟수를 선택하여 상담받을 수 있다. 사실 이상적으로는 모든 상담사들이 이렇게 해야 하지만 사설기관 상담사는 심사숙고해야 할 때 그리고 개인적 또는 전문적 개발에 집중해야 할 때 독자적으로 선택할 수 있다. 덧붙여, 그런 사설기관 상담사는 일상 업무의 한 부분으로 행정업무에 대한 시간을 충분히 할애할 수 있다. 그러나 바쁜 1차 진료기관의 큰 소용돌이 안에서 일하는 상담사는 매우 상이한 일련의 경험을 갖는다. 엄청나게 바쁘고 많은 사람들에 둘러싸인 혼잡한 업무환경과 상담사에 대한 끊임없는 요구가 있다. 각각의 환자를 치료하는 데 쓸 수 있는 시간은 제한적이고, 상담회기 사이사이에 자기성찰이나 자기계발을 위해 쓸 수 있는 시간이 생기는 일은 거의 없다. 국민건강보험이 적용되는 기관에서의 상담은 보통 시간제한이 있고, 내담자가 상담사와 갖는 상담회기는 6회가 넘지 않는 것이 보통이다.

국민건강보험 밖에서 하루 7시간 근무는 대체로 4시간의 내담자 면담을 포함하는데, 주당 약 18~20시간만을 내담자에게 할애하도록 권장하고 있다(BACP, 2008). 이것은 행정업무, 독서 그리고 연구에 사용할 수 있는 충분한 시간을 남겨 준다. 그러나 1차 진료기관에서의 하루 7시간 근무는 적어도 6시간, 때로는 7시간의 내담자 상담회기를 포함하며, 종종 긴급히 의뢰된 사례까지 어떤 식으로든지 처리해야 할 때가 있다. 이렇게 지나치게 복잡한 업무일과에 관련 문서업무까지 어떻게든 끼워 넣어야 하는데, 보통 상담사가 초과근무를 자원해서 처리한다. 풀타임으로 근무하는 국민건강보험 적용 기관의 상담사는 매주 30명 이상의 내담자에게 상담회기를 제공할 수도 있을 것이다. 이것은 처리하기 힘들 정도로 벅찬 업무량이다. 상담사가 개인적인 시간 일부를 독서, 자기성찰,

동료와의 임상사례 토의 등과 같은 전문적 요구사항에 할당하지 않는 한, 다른 데에 쓸 여유시간이 거의 없는 상황이다. 실제 국민건강보험이 적용되는 기관에서의 상담업무에서 현실과 이상의 괴리는 종종 크게 나타난다.

비밀유지

내담자 비밀유지는 국민건강보험에서의 상담과 다른 환경에서의 상담 사이에 차이점이 있을 수 있는 또 다른 분야다. 내담자의 명백한 동의 없이는 아무것도 상담실 밖으로 나가지 않는다는 일반적 상담윤리 원칙은 함께 일하는 팀 간의 신뢰가 중요한 국민건강보험 환경에서는 그대로 적용되지 않는다. 상담을 의뢰한 의사는 종종 피드백을 요구하고, 상담사는 관련된 의사들과 환자에 대해 치료 전반에 대해 의논하기를 바랄 수 있기 때문이다. 어찌됐든 의사가 알아야 할 필수적인 정보를 상담사가 환자로부터 얻게 될 수도 있다. 또한 상담사가 병원 의료팀에게 그 환자의 전반적 치료 상황에 대해 유용한 조언을 해 줄 수도 있다. 이런 종류의 복잡한 문제는 이 장의 '치료사 의견-Tina' 에서 이미 설득력 있게 제시되었다.

상담사-내담자 간 비밀유지에 대한 이런 명백한 제한은 내담자에 관한 특정 정보를 당국에 공개해야 한다는 상담사에 대한 법적 요구사항이 갈수록 늘어나면서 더 많은 타협이 이루어지고 있다. 지금까지는 당국에 보고해야 하는 사항들의 목록으로 마약 밀매, 아동 학대, 테러리즘 및 돈세탁이 포함되어 있지만 시간이 지나면서 이 목록이 더 확대되리라는 것은 의심할 여지가 없다. 이 모든 요소들을 고려하면 국민건강보험 상담사는 가능하면 새롭고도 독립적인 윤리강령을 개발할 필요가 있다. 이 윤리강령은 상황과 법을 고려하면서 동시에 상담사와 내담자 모두를 보호하는 것이어야 한다. 이러한 이슈들에 대해서는 미래에 논란이 될 가능성이 높음에도 불구하고 종합적인 해결을 위한 몇몇 시도들을 해 왔다.

아마도 이미 국민건강보험에서 일하고 있는 상담사는 자신과 다른 상황에서 일하는 상담사들의 방법 사이에 존재하는 많은 차이점들과 갈등들을 보고 있을 것이다. 또한 아직 확인되지 않은 더 큰 차이점들이 존재할 가능성 역시 매우 높다. 그러므로 국민건강보험 상담접근법은 결국은 여러 가지 중요한 방식에서 다른 형태의 상담과 영영 갈라설지도 모른다고 주장할 수 있다. 이런 전문적 차이들이 특정 상황에서의 절차에만 요구되는 것일지, 아니면 내담자 치료에 대한 전문적 접근법의 근본적 변화를 나타낼지에 대한 논의는 상담 실용주의자와 상담 순수주의자들 사이에 또 다른 강렬한 논쟁을 계속 불러일으킬 것이 분명하다.

어느 상담사(Barbara Allen)의 하루

국민건강보험 1차 진료기관 정신건강팀에서의 상담과 심리치료

내가 일하는 국민건강보험 지역에는 1차 진료기관의 상담서비스가 없다. 우리에게는 1차 진료기관의 정신건강팀이 있는데, 여러 분야의 전문가들이 모인 팀으로 간호사, 직업 치료사, 상담사로 구성되어 있다. 그리고 나는 통합상담사로 수련했지만 정신건강 치료사로 이 팀에 고용되어 있다. 이

팀은 정신건강을 위한 국가복지 프레임워크(National Service Framework for Mental Health)의 권고사항에 대한 직접적인 반응으로 2002년에 생겨났다. 서로 다른 전문적 성향에도 불구하고 우리는 동일한 역할을 갖고 있다. 이 역할은 바로 1차 진료기관의 환자를 평가하는 것, 환자들을 다른 서비스로 안내해 주는 것, 또는 단기 치료적 개입을 제공하는 것이다. 제공할 수 있는 상담 횟수의 정확한 한도는 없다. 이런 상황에서 '단기상담' 은 아주 적은 상담 횟수, 또는 환자의 문제가 관리가능한 수준이 되고, 1차 진료기관 소관의 조건들에 부합할 때까지 필요한 상담 횟수만 상담하는 것을 말한다. 1차 진료기관의 의사들이 무책임하게 치료를 중단하지 않듯이, 상담 서비스도 무책임하게 멈추지는 않는다.

나의 모든 경력은 동료들과 마찬가지로 1, 2차 진료기관 정신건강서비스 안에서 쌓았다. 우리의 업무방식에는 유사점들도 있고 몇 가지 근본적인 차이점들도 있다. 다시 말해서, 심리치료의 다양한 학파들과 우리는 같은 일을 하지만 그 방법이 다르다. 이런 차이점은 가끔 매주 있는 동료 슈퍼비전 시간에 명확해진다. 우리는 공통으로 이해하고 있는 핵심 개념에 대해 다른 용어를 사용하기도 한다. 이런 주간 슈퍼비전을 통해서 우리는 견해와 전문지식을 교환하여 통합적 접근법을 구축하였고, 결국은 각자의 핵심 기술들이 향상되었다.

업무량은 주로 특정 환자의 특정 정신 상태/건강에 따라 어떤 결정을 내려야 할지 평가하는 것과 우리의 서비스가 환자의 필요를 충족할 수 있는지 평가하는 것에 많이 치우쳐 있다. 이것은 평가 기술이 다른 무엇보다 중요하다는 것을 의미한다. 라포와 관계 형성, 그리고 정보수집 단계에서의 통찰력 및 직관력의 사용은 우리 업무의 필수적인 부분이다. 2차 진료기관에 의뢰하는 것도 하나의 방법이다. 그러나 이런 의뢰가 정당화되기 위해서는 충족되어야 할 어떤 기준이 필요한데, 그 이유는 1차 진료기관 환자들이 의뢰해야 할 만큼 '충분히 아프지 않다.' 고 여겨지는 경우가 자주 있기 때문이다. 그럼에도 불구하고, 환자는 정신적 '불편함' 을 호소하고 스트레스

해소에 전문적 서비스가 필요하다고 우리 서비스를 찾는다.

비록 나는 상담사이지만, 국민건강보험 1차 진료기관에서 일한다는 것은 때때로 나 자신이 좀 더 전통적인 상담 접근법과 다른 방법으로 일하는 것을 의미한다. 이것은 나 자신이 갖고 있는 핵심적인 신념에 위배되어 긴장과 저항이 생기기도 한다. 예를 들어, 나는 평소에 평가와 차후의 상담회기 동안 메모를 하지만, 간단한 환자의 신상정보와 중요한 정보는 1차 진료기관의 컴퓨터 시스템에 바로 저장하고 손으로 적은 메모는 없앤다. 환자는 이것을 처음부터 알고 있고, 자기 자신 또는 다른 사람들에게 해가 되는 사안들에 관한 비밀보장의 한계도 알고 있다. 타인을 보호하기 위해 비밀을 유지하지 않는 것은 가끔 매우 불편하게 느껴지기도 하지만, 예를 들어 학대를 받았다는 것과 같은 정보를 환자가 공개했고 다른 사람들 역시 위험하다면 나는 그런 위험을 보고해야 할 의무가 있다.

각 상담회기의 끝에는 다음 예약을 잡기 위해 환자가 우리 상담실로 연락해야 한다. 이것은 내가 내 일정을 통제할 수 없다는 것과, 환자가 다음 예약을 잡지 않기로 결정했을 때 추수지도를 위한 자료가 나에게는 없다는 것을 의미한다. 물론 1차 진료기관의 컴퓨터 시스템을 통해 그 환자가 상담에 참여하지 않기로 한 것을 알 것이고, 당시에 적당하다고 여겨지면 2차 진료기관과 접촉하거나 의뢰할 것이다.

대기자 목록과 진료할 환자의 수 때문에 적어도 4주 간격으로 약속을 잡는 경우가 많다. 다수의 환자들의 필요를 충족시키기 위해서 우리는 워크숍이나 집단상담, 또한 소책자 형태의 자기조력(self-help) 자료 제공(독서치료) 등의 다른 개입방법들을 구성해서 유용하게 활용한다.

나는 평가할 때 환자가 후속 상담 전에 불안, 감정조절, 또는 자기주장 등에 관한 정신질환 교육 워크숍에 참여하는 것이 유익할지 확인한다. 각각의 워크숍은 1회성 교육으로 작업치료사(occupational therapist)와 상담사에 의해 3시간에 걸쳐 운영된다. 환자가 자신들이 겪는 특정한 어려움에 대한 출판물을 읽는 것이 도움이 될 수도 있다. 우리는 지역도서관과 협의해 우리가 제공할 수 있는 '책 처방전'에 있는 책을 환자들이 대출, 재대출할 수 있도록 했다. 나는 환자들이 워크숍에 참석하거나 출판물들을 읽은 후에 더 나은 통찰력을 갖거나, 도움이 되는 대처전략을 배우거나, 탐색하면 유익할 것이라고 느끼는 사안들을 인식한 상태에서 다음 상담약속을 잡으러 오는 것을 보곤 한다.

나는 이런 개입방법이 동기화가 잘된 환자에게는 시간을 절약해 주는 좋은 방법이 될 수 있다고 생각한다. 어떤 사람들은 이러한 자료의 활용을 상담접근의 완전한 포기라고 생각할 수 있다. 그러나 나는 치료적 관계의 확립과 내담자-상담사 간 치료동맹의 발달을 더 중요하게 여긴다. 내가 특히 이렇게 느끼는 경우는 그런 강조가 그러한 활동에 참여하는 환자의 능력에 있어서 환자 스스로 자신의 회복을 돕고 변화를 이행할 능력을 깨달을 때다.

통찰력이 부족하거나 혹은 적당히 동기부여가 된 일부 환자들의 경우 인지행동 접근법을 사용하는 것이 이익이 될 수 있다. 불안하거나 우울한 환자들과 일할 때 나는 환자들에게 집에서 하는 과제물을 주는 상담형식을 잘 쓴다. 때로는 그런 프로그램을 시작할 때 처음 몇 회기는 1주일 간격으로 환자를 만나는 것이 유익하다. 환자들이 자신의 부정적인 자동적 사고를 시험하거나 행동을 수정하기 위해 과제물을 사용한다는 원칙을 이해하게 되면, 상담의 마지막 절반은 진전 과정을 검토하고 새로운 목표를 세울 수 있다. 그러고 나면 환자는 추가적인 개선을 위해 워크숍에 참여할 수 있다.

엄청나게 많은 문제를 수정하기 위해 유연한 접근법을 쓰는 것과, 환자를 회복하게 하는 데 도움이 되는 것이면 무엇이든지 제공하고자 노력하는 것이 필요하다. 접근은 이론이 아니라 환자에 의해 주도된다. 시간은 부족하다. 나는 다른 상담사들처럼 각각의 환자와 보내는 모든 치료시간이 중요하다는 것을 항상 염두에 두고, 주어진 기회를 최대화하고자 한다.

어느 상담사의 하루-Alexandra Bossman

국민건강보험 2차 진료기관 정신건강팀에서의 상담과 심리치료

나는 전문상담사이고 국민건강보험 2차 진료서비스기관에서 일한다. 이곳은 정신건강관리를 필요로 하는 환자들에게 제공되는 급성 또는 응급치료에 해당한다. 2차 진료서비스는 환자들이 의뢰된 후 치료가 완료된 즉시 퇴원조치된다는 점에서 1차 진료서비스와 확실히 다르다. 의사의 의뢰가 가장 많긴 하지만, 의뢰는 다른 모든 분야로부터 들어온다. 또한 이 서비스는 건강관리 영역의 좀 더 전문가 영역에 위치하고 있고, 개입을 필요로 하는 환자는 복잡한 요구사항과, 종종 하나 이상의 진단을 갖고 있다. 그들은 위기에 처해 입원이 필요하기도 하다. 위기에 처해 있고 입원이 필요하지 않으면, 위기 개입 팀에 의해 집에서 관리될 수도 있다. 환자는 심리치료서비스를 자주 이용하는 사람이거나 처음으로 접하는 사람일 수도 있고, 어쩌면 한 번 이상의 치료사의 도움을 받고 있을 수도 있다.

우리 팀은 지역정신건강팀으로서 정신과의사, 임상심리학자, 정신과간호사, 사회복지사, 심리치료사, 상담사, 지원 조력자, 그리고 정신분석가들로 이루어진 여러 학문분야를 망라한 집단이다. 환자들이 어느 특정 전문분야의 지원만을 필요로 하는 일이 드물기 때문에 우리는 매주 팀 회의를 하는데, 여기서는 환자들에 대해 논의하고, 치료방법들을 규명한다. 기본적으로 정신의학이 약물과 진단에 책임을 지는데, 오직 정신의학에만 그런 책임이 있는 것은 아니다. 주택이나 복리후생 같은 사회복지 문제는 간호사나 사회복지사 둘 중 하나가 담당하고 치료는 잠재적으로 어떤 형태로든 우리 모두가 감당하게 된다.

그러면 무슨 치료가 제공되는가? 환자들이 2차 진료기관에 의뢰되면 18주 안에 반드시 의사를 만나야 한다. 즉, 보건부는 2004년에 '어느 환자든지 1차 진료기관의 의사가 병원치료에 의뢰한 때로부터 18주 이상을 기다리지 않아야 한다.' 라고 규정하고 있다. 가능한 한 빨리 환자를 만나야 한다는 압력을 고려할 때, 개입 역시 시간에 의해 지배된다. 일반적으로 환자들에게는 20번의 상담회기 또는 1년의 면대면 치료가 제공된다. 제공되는 치료는 인지분석치료, 인지행동치료, 정신분석 접근, 게슈탈트 심리치료, 그리고 부부/가족과 하는 체계적 심리치료다. 현재는 집단상담 접근법들을 개발하고 있는데, 이 접근법은 예를 들면 강박장애 같은 질환들의 증상이 집단에서 논의되는 교육지향적 형태이거나 집단이 개개인의 회복 촉진을 처리하는 치료지향적 형태가 될 것이다. 변증법적 치료집단도 있는데, 이 접근법은 인격장애 특히 경계선 장애를 가진 환자들에게 여러 가지 혼합된 기술과 치료를 제공한다. 우리 팀의 복잡함에 덧붙이자면, 간호사와 사회복지사가 추가로 수련을 받아서 그들 본래 업무뿐 아니라 상담도 제공할 수 있어야 하는 일이 종종 일어난다는 것이다. 또한 일부 정신과의사 역시 치료사 역할을 수행한다.

진단과 처치-누가 결정하는가?

환자들이 의뢰될 때는 의뢰서가 있는데 이것은 환자의 증상, 복용 중인 약물, 자해 위험성 그리고 전반적인 생활환경에 대한 윤곽을 보여 준다. 이렇게 사례를 설명한 자료는 관리자와 임상의가 검토한 후 토의하게 되고, 그들은 어떻게 하면 환자를 최선을 다해 도울 수 있을지 함께 평가한다. 치료경로가 선택되면 환자는 심리상태를 평가받기 위해 치료사들에게 배당되는데, 이 평가과정은 심도 있게 진행되며 때로는 여러 차례 회의를 거치기도 한다. 이것은 두 가지 주된 양상을 나타낸다. 첫째로, 철저하게 이루어진 진단은 치료가 무엇에 관해 이루어질 것이고, 준비된 환자가 변화에 대해 어떻게 생각할지에 대해 양쪽 모두 진심으로 생각해 볼 수 있게 한다는 것이다. 둘째로, 일부 사람들에게 이것은 아마도 자신에 관한 모든 이야기를 하고 그 사건들에 대해 자신이 완전히 이해받았다고 느끼는 첫 번째 기회일 수도 있다는 것이다. 이것은 그 자체로도 치료적일 수 있고 때로는 이 단계에서 후속 작업을 계속하지 않기로 하는 선택이 내려지기도 한다.

이 단계에서 상담은 매우 구체적이고, 확인하고 진단할 만한 두 개의 핵심 부분에 집중하는 것이 보통이다. 비록 내가 진단을 특별히 요청받지는 않겠지만, 나는 환자가 겪는 어려움의 주된 영역이 어디인지 나타내는 증상이나 특성들을 찾아볼 것이다.

나의 업무방식은 치료사와 환자가 만나서 공동으로 작업하는 치료를 제공하는 것이다. 내가 환자를 일방적으로 치료하는 것이 아니다. 우리는 약속 시간에 대해 그리고 치료가 그들에게 어떤 영향을 미쳤는지 확인하는 것이 얼마나 기대되는지 이야기할 것이다. 예를 들어, 처음에는 고통스러운 증상이 있을 수 있고, 그 증상들이 무엇을 의미하는지 다음 시간에 논의하자고 알려 줄 수 있다. 이것은 그 자체가 치료를 예행 연습하는 한 형태이고, 환자들에게는 이런 작업의 현실이 무엇인지 생각해 보는 데 도움을 준다. 예를 들어, 치료받고 있는 누군가 기분이 나빠졌다고 하자, 그 사람은 치료를 진행하며 느끼는 그 기분을 다스리고 싶어 할지도 모른다. 또한, 우리는 환자들과 그들이 위기를 어떻게 관리해야 할지 논의할 것이다. 그들이 누구에게 전화하겠으며, 그들이 쓸 수 있는 다른 방법으로는 무엇이 있겠는가? 비밀유지는 또 다른 논쟁점이다. 국민건강보험은 관료체제이고, 법률상 필수적으로 요구되는 문서업무가 있으며, 환자의 인식 변화를 측정해서 치료가 환자를 어떻게 도왔는지 나타내 주는 심리적 도구들이 있다. 이런 종류의 문서업무는 보통 첫 번째 상담시간에, 치료가 중반 정도 진행되었을 때, 그리고 치료가 끝날 때 수행된다. 그러므로 환자가 기대하는 비밀유지의 수준은 사설 병원의 치료사에게 기대하는 수준과 다르다.

국민건강보험 안에서 우리는 통상의 윤리적, 임상적 딜레마뿐 아니라 법적 의무와 책임 또한 갖고 있다. 그러나 이와 별도로 나는 비밀유지가 어떻게 적용될 것인지 환자들에게 확실히 이해시킨다. 만약 내가 정신과의사 등의 다른 임상의와 약물에 대해 얘기할 필요가 있다면, 나는 먼저 환자에게 허락을 받을 것이다. 그렇지 않으면, 논쟁점이 있을 때 환자가 자기 생각을 말할 수 있도록 격려할 것이다. 또한 전자 정보기록 시스템이 있는데, 나는 상담시간을 기록하고 임상적 필요가 있다면 환자의 정신건강에 관한 추가 정보도 입력한다. 이것은 환자들이 매우 강한 자살충동을 느끼고 위기개입 서비스로부터 추가적 도움을 필요로 할 때 필수적이다. 나는 만일 환자가 본인의 지역에 입원했거나 섭식장애 전문부서로 의뢰되었거나 한다면, 퇴원을 준비하는 회의에 참석해야 할 수도 있다. 여기에서도 비밀유지는 협의되고, 치료는 다른 것들과 딱 들어맞는 작업의 일부인 것처럼 보이며, 이 시점에서 치료는 보다 통합적인 모델이 된다.

나는 개인 치료사로 일할 뿐만 아니라 부부/가족을 대상으로 하는 가족치료를 제공하는 팀에도 소속되어 있다. 우리는 1차 진료기관의 의사나 2차 진료기관에서 의뢰받은 부부나 가족들을 만난다. 나에게 전형적인 일상은 4~5개의 치료회기와 필수적 문서업무, 다른 건강 전문가들과의 연락, 그리고 필요할 때는 회의에 참석하는 것까지 포함한다. 농촌지역에서 살고 일하기 때문에 내가 사는 지역사회에서 만나고 싶은 사람들을 보기 위해 여러 곳을 오가는 것 역시 포함된다.

국민건강보험 내 상담의 현 위치

국민건강보험 내 상담의 적당한 위치에 대한 그 모든 역사적 논쟁에도 불구하고, 2000년까지 모든 1차 진료기관 치료의 최소 50%는 상담사와 접촉 기회를 가졌다(Mellor-Clark et al., 2001). 상담이 필수가 된 주요 원인은 의사들이 근무시간의 30%에 이르는 시간을 환자의 정신적 · 정서적 건강 문제를 다루는 데 소비했기 때문인데 이 비율은 아마 여전할 것이다. 업무의 대부분은 불안, 우울, 그리고 신체화 문제에 집중되어 있었는데(Davidson, 2000),

이 역시 지금도 마찬가지일 것이다. 광범위한 정신건강 문제는 광범위한 원인에서 기인할 가능성이 매우 높으므로, 하나의 상담치료법이나 학파를 보편적으로 적용할 수 없다고 예상하는 것이 합리적으로 보인다. 한 사이즈의 옷이 모든 사람에게 맞을 수는 없는 것이다. 그러므로 이렇게 다양한 요구를 충족시키기 위해 1차 진료기관 상담사는 광범위한 치료 기술과 기법들을 개발하고 있다. 우리는 3편의 '어느 상담사의 하루' 에서 혁신적이면서도 다양한 학파를 적용한 접근법이 본질적으로 필요하다는 명백한 증거를 발견할 수 있었다.

국민건강보험 상담사와 심리치료사는 그들의 기술과 기법이 환자치료에 성공적이라는 것을 입증하라는 요구를 지속적으로 받아왔다. 다행히 현대의 연구(Elliot et al., 2008; Stiles et al., 2006; Ward et al., 2008)는 상담과 심리치료가 실제로 비용 대비 효과적이고 심리적 장애가 있는 사람들을 치료하는 데 효과가 있을 가능성이 높다는 것을 보여 준다. 그뿐 아니라, Brettle 등(2008)이 수행한 것과 같은 대규모의 연구는 불특정하고 일반적인 심리적 문제로 고통받는 1차 진료기관 환자들에게, 상담이 경제적으로 선택가능한 정당하고 유효한 치료라는 것을 밝히고 있다. 이 연구는 상담이 다른 모든 치료양식들만큼 효과적이고, 아마 무엇보다도 중요한 것은 상담이 비용 면에서 똑같이 효과적일 수 있다는 것을 나타낸다. 표면상으로 이것은 현대 국민건강보험에서 상담의 위치가 확고히 자리 잡았다고 주장할 수 있게 한다. 그러나 정부의 심리치료 접근향상 정책Improving Access to Psychological Therapies policy과 같은 현대의 정책개발을 보면, 국민건강보험의 상담과 심리치료서비스에서 인지행동치료의 지배가능성이 더 높고 유리한 것처럼 보인다.

인지행동치료와 유사한 '속성' 치료는 단기간에 훈련된 심리적 '기술자' 에 의해 전달될 가능성이 높아짐에 따라 상담의 전문적 지위에 대한 전체적 질문이 다시 제기되었다. 이 논쟁은 4부 '상담과 심리치료는 어디로 가고 있는가?' 에서 더 논의될 것이다.

활동

다음 질문에 대해 자신의 생각을 정리하여 답변하시오.

- 상담사와 심리치료사는 국민건강보험에 제공할 수 있으나 다른 건강관리 의사는 제공할 수 없는 것은 무엇인가?
- 상담 및 심리치료는 어떻게 국민건강보험의 발전에 적합하게 발전할 수 있었는가?
- 국민건강보험은 어떻게 상담사와 심리치료사가 환자를 치료하는 특정 기술들의 활용도를 더 높일 수 있게 발전할 수 있었는가?

더 읽을거리

Bryant Jeffries, R. (2005). *Workplace Counselling in the NHS*. Abingdon: Oxford University Press.

Department of Health (2008). Improving Access to Psychological Therapies Implementation Plan: National guidelines for regional delivery. Crown copyright. www.dh.gov.uk에서 구입가능(2009년 접속됨)

Tempest, M. (2006). *The Future of the NHS*. St Albans: XPL Publishing.

제4부

상담과 심리치료는 어디로 향하는가

제10장 상담과 심리치료 – 다음 이야기

제10장

상담과 심리치료－다음 이야기

핵심지식

- ❖ 심리치료에 대한 법적 규제(statutory regulation)가 임박했다.
- ❖ 규제는 건강전문가협회(Health Professions Council)가 담당할 것이다.
- ❖ 규제는 상담과 심리치료를 별개의 두 직종으로 분리할 수도 있다.
- ❖ 규제는 상담사와 심리치료사를 위한 새로운 표준능력(Standards of Proficiency)을 만들 것이다.
- ❖ 규제는 상담사와 심리치료사가 각기 다른 수준의 전문자격을 취득하도록 하는 결과를 가져올 수 있다.
- ❖ 상담과 심리치료는 학위기반 전문직(degree-based profession)으로 발전할 것이다.
- ❖ 국민건강보험 제도하에서 이루어지고 있는 정부의 현 정책은 확실한 근거 없이 주장된 인지행동치료의 우위성을 강조하고 있다.
- ❖ 미래의 상담사는 필요한 방법이 무엇이든 그 일을 수행할 수 있는 '만능 치료사'로 점차 바뀔 것이다. 아니면 그들은 각기 특정 영역의 서비스만을 제공하는 전문가가 될 수도 있다.
- ❖ 수련생부터 시작해서 지도자까지 모든 상담사는 그들의 직업이 어떻게 발전해야 하는지, 혹은 어떻게 발전해 갈 수 있는지에 대한 각자의 의견을 가질 수 있으며, 또 갖고 있어야만 한다.

전문 상담사의 규제-논쟁

다양한 분야에서 상담과 심리치료라는 협력 학문분야가 이미 전문 직업으로 정착되었다고 주장하고 있다. 어떻든 두 분야 모두 명확히 구별되는 자신만의 지식체계 즉, 전문적인 담론을 가지고 있는데 그것은 고등교육과 대학에서 매우 안정된 기반을 가지고 있으며 학자들이 수행한 연구를 통해 지지받고 있다. 그러나 일부 주장에 따르면, 고도의 전문적인 직업이 되기 위해 없어서는 안 될 두 가지 중요한 속성이 있는데, 상담과 심리치료는 그런 속성들이 결여되어 있다. 첫째로 영국의 상담사는 어떤 공적인 지위도 가지고 있지 않다. 즉, 그들은 제도화된 어떤 직업적 인증도 받은 바가 없다. 두 번째로, 그들은 국가가 공인하는 최소한의 수련 및 자격에 관한 기준도 가지고 있지 않다. 영국에는 내담자가 상담사에게 기대할 수 있거나, 혹은 기대해야 하는 최소 자격 요건이 공식적으로 정해진 바가 없다.

'일job' 이 '전문직profession' 으로 바뀐다고 하는 것이 무엇을 의미하는지는 논란의 여지가 있다. 어떤 사람들은 이 과정에 규제와 훈련이 반드시 포함되어야 한다고 보는 반면, 다른 사람들에게는 이 과정이 마음자세an attitude of mind의 문제인 것이다. 상담과 심리치료에 임박한 법적 규제는 상담과 심리치료 전반에 걸쳐 이런 유형의 논쟁을 전면에 부각시키고 있다. 물론 심리치료 분야에서 논란이 되는 여러 쟁점들이 그런 것처럼, 전문화한다는 것도 격렬한 논쟁을 불러일으킨다. 이는 상담과 심리치료의 근본 목적을 넘어서서, 자격 수준, 수행 표준, 자질 관리, 윤리 등에 대한 의견 불일치, 그리고 또 다른 쟁점까지도 포함하는 광범위한 논쟁이다.

반대론

규제에 반대하는 많은 상담사는 전문화와 규제가 사실상 상담사를 '사장' 시킬 것이라고 주장한다(예를 들면, Shannon, 2009). 왜냐하면 그들은 전문화나 규제의 과정이 상담에 반하는 행위가 될 것이라고 생각하기 때문이다. 이러한 규제 반대론자들 중 많은 사람들은 상담이 어떤 제한된 범위로 한정된다면 인간의 정신psyche과 경험 전체를 모두 포괄할 수 없을 것이라고 주장한다. 예를 들어, 2009년 4월에 새롭게 설립된 법제화 반대 상담과 심리치료 연합 Alliance for Counselling and Psychotherapy Against State Regulation(www.allianceforcandp.org)은 법적인 규제가 내담자의 선택을 치명적으로 감소시키고 상담사들의 직업을 부적절하게 의료화medicalise하게 될 것이라고 주장했다. 또한 이 연합의 주장에 따르면, 규제가 상담시장에 실질적인 이득, 예를 들면 대중적 존경, 학문 상호 간의 인정, 책임 등을 가져다준다는 주장은 이를 지지할 만한 어떤 증거도 없다는 것이다. 규제 반대론자는 특히 건강전문가협회를 규제 주체로 선정하는 계획에 대하여 반대한다. 그들은 건강전문가협회가 적절한 전문성을 보유하고 있지 않다고 믿는다. 반대론자들은 단지 상담사들만이 상담사들의 요구를 이해할 수 있다고 주장한다. Gladstone(2008)은 그들의 주장을 '실체가 없고, 비윤리적이며, 위험한' 규제라고 요약했다.

규제 반대론자들의 입장에서는 상담과 심리치료가 일종의 예술이므로 공적인 규제가 주어질 수도 없으며, 또 그렇게 강제할 수도 없는 것이다. 이들은 상담이 훈련의 범위를 넘어서는 것이라고 주장한다. 상담은 '앎의 방식a way of knowing' 이라기보다는 '존재 방식a way of being' 이다. 그들은 심리상담이 인간과 인간의 욕구에 대한 자유로운freestyle 접근이라고 말한다. 그러므로 심리상담은 측정 가능한 자질이나 능력, 기술에 바탕을 든 숙련 기반 활동proficiency-based activity이 될 수 없다. 그들의 말에 따르면, 상담은 심리적 안녕을 위한 개인적 접근이라는 것을 의미한다. 즉, 상담은 체계적으로 배울 수 있는 기술이라기보다는 점진적으로 습득되는 태도다.

상담의 전문화에 반대하는 사람들의 또 다른 우려는 규제가 상담사에게 권한과 전문성을 적절하게 부여하지 못할 것이라는 점이다. 이러한 반론을 펴는 이론가들의 주장에 따르면, 상담사와 내담자는 상담장면에서 똑같이 권위를 인정받고, 알 권리나 책임 면에서도 동등한 협력자이어야 한다. 그러므로 그들의 주장은 전문화로 인해서 상담사에게 부여하게 될 개인적 권위와 지위가 평등성에 근거한 상담자와 내담자 간의 힘의 균형을 파괴하게 된다는 것이다. 예를 들면, Proctor(2008)는 다음과 같이 주장한다. "전문화와 규제는 대학 인증 과정과 선발 인원수 조절이라는 과정을 통해서 전문 지식에 대한 주장을 강화시키게 될 것이며, 이는 결국 상담을 점진적으로 엘리트 직업화하는 것으로 귀결될 것이다."

찬성론

전문화와 규제를 지지하는 사람들은 공식적으로 승인된 상담 전문직에 의해서 대중들이 더 좋은 서비스를 받을 것이라고 주장한다. 규제 찬성론자는 상담전문직의 지위 상승으로 대중에게 제공되는 상담의 공급 및 서비스의 질과 신뢰성 또한 상승하게 된다는 것이다. 그들의 주장에 따르면, 상담전문직의 지위가 격상되면 자격이 없는 상담사들이 도태될 수밖에 없기 때문이라는 것이다. 결국 Proctor(2008)가 언급하는 규제로부터 생겨날 수 있는 부정적인 결과들이 규제 찬성론자들의 눈에는 현실적으로 매우 긍정적이고 바람직한 것으로 보일지도 모른다. 그들은 상담사에 대한 공식적인 인정, 존중 그리고 지위를 원한다. 그들은 통제를 원하는 것이다. 찬성론자들은 현재 상담 혹은 상담사들이 아무 제제나 감시 없이 확산되고 있으며, 이는 대중을 혼란시키고 내담자들을 착취에 노출시킬 뿐이라고 주장한다. 또한 많은 찬성론자들은 권위 있는 규제 주체의 부재가 소비자 보호를 약화시키며, 이는 자질이 부족한 상담사들의 수련을 위한 어떤 대비책도 없다는 것을 의미한다고 주장한다. 더불어 그들은 대중이 다음과 같은 요구를 할 권리가 있다고 주장한다. 즉, 모든 상담사는 의무적으로 국가에서 승인한 표준화된 교육과 훈련을 받아야 한다는 것이다. 명백한 사실은 현재 그러한 기준이 없다는 것이다.

상담사들이 규제를 지지하는 이유는 그들이 보기에 규제가 좀 더 바람직하고 높은 수준의 전문적인 서비스와 책무성을 촉진시킬 것으로 기대하기 때문이다. 한 예로, Kierski(2009)는 저명한 상담

전문가 4명(Emmy van Deurzen, Holly Connolly, Alan Frankland 그리고 Elizabeth Campbell)을 인터뷰하였다. 그들은 모두 상담과 심리치료에 대한 규제를 지지하였다. 4명 모두 규제가 상담에 대한 대중의 신뢰를 강화하고, 더 좋고, 엄격하게 표준화된 수련으로 이끌 것이라고 주장하였다. Aldridge(2009)는 규제가 창조성 혹은 상담사의 자율성을 파괴할 것이라는 어떤 증거도 없다고 주장한다. 또한 그녀는 규제가 불필요하거나 비윤리적인 직업적 제한 혹은 활동 영역의 제한을 강화시킬 것이라는 주장에 반대한다. Aldridge는 통제받는 전문직에 대한 긍정적 측면의 실례로서, 예술치료에서 규제가 보여 준 유익한 효과들을 언급했다.

자유인가, 억압인가

상담과 심리치료에 대한 법적 규제와 전문화를 둘러싸고 많은 '찬-반' 논쟁이 벌어질 수 있다. 이는 언젠가 혹은 곧바로 일어날 법적 규제에 앞서 이전에 다른 직업분야에서 일어났던 유사한 전쟁(간호, 교직, 사회사업 등)의 단순한 반복일 수 있다. 어떤 의미에서 이러한 논쟁은 오랫동안 있어 왔고 여전히 광범위한 논쟁을 야기하고 있는 '복지국가제도nanny state' 대 '개인 면허제도personal licence' 논쟁의 특수한 형태처럼 보일 수 있다. 예전이나 지금이나 규제 찬성론자들의 주요 취지는 대중을 보호한다는 요구에 목표를 두고, 서비스와 성과에 대한 측정 표준 자료를 제시하며, 직업적 표준을 만들고, 상담사의 지위를 향상시키는 데에 있는 것으로 보인다. 반면, 반대론자들의 주된 취지는 상담사들의 자유가 어떤 방법으로든 축소된다면, 상담사의 창조성 및 자율성이 줄어들 수 있다는 우려와 관련된 것 같다. 그렇다면 이 세상의 모든 직업세계, 특히 상담계에서, 자유가 곧 무정부주의가 되고 규제가 곧 억압이 된다고 누가 확신할 수 있는가?

상담사 규제-현실

규제에 대한 찬-반 논쟁은 격렬하고 앞으로도 그럴 것이다. 그러나 최근에 상담과 심리치료의 방향에 대한 정부 개입의 불가피하다는 것이 갈수록 정치 현실처럼 받아들여지고 있다. 결국 영국의 정신치료 및 심리치료와 관련된 주요 기관들, 즉 영국상담과심리치료협회the British Association for Counselling and Psychotherapy, 영국심리치료협회the United Kingdom Council for Psychotherapy 그리고 영국심리학회the British Psychological Society는 규제를 수용하는 쪽으로 바뀌었다. 사실상 심리학자들에게 법적 규제는 이미 일어나고 있다.

그럼에도 불구하고, 상담과 심리치료사들을 대변하는 단체는 규제의 방식에 대하여 정부와 논쟁을 계속해 왔다(Aldridge, 2006; Aldridge & Pollard, 2005 보고서 참조). 그들은 특히 건강전문가협회가 심리치료 직업 규제를 주관하는 기관이 되어야 한다는 제안에 대하여 반대했다. 결국 영국에서 심리치료 제공과 관련된 9개의 주요 단체로 구성된 대표 그룹이 설립되었다(영국심리학회, 2006). 이 대표 그룹은 공동으로 건강전문가협회가 규제 주체가 되어야 한다는 정부 제안을 거부하였지만, 규제의 필요성은 수용했다. 그들은 상담사 규제를 영국의 일반의료협회General Medical Council를 일부 모방한 독립단체인 '심리전문가협회Psychological Professions Council'가 맡아 수행하기를 원했다. Miller(2006)가 언급한 바에 따르면, '새로운 독립된 규제기관을 두자는 우리의 제안은 …… 건강전문가협회 노선이 실행 불가능하다고 보기 때문에 전개되었다. …… 건강전문가협회를 통한 규제는 재앙을 초래할 것이다.' 그러나 정부는 상담사들의 자기규제self-regulate가 이루어진다면 그것이 가장 훌륭한 규제일 것이라고 주장하는 대표 그룹의 제안을 받아들이지 않았다. 마찬가지로, 만일 규제가 필연적이라면 건강전문가협회가 규제기관이 되어서는 안 된다는 대표 그룹의 주장 또한 거부되었다.

해결할 수 없을 것 같은 상담의 전문화에 대한 논쟁은 모든 의도나 목적과 점점 더 멀어지고 있다. 정부 정책의 급진적인 변화가 없는 한, 규제 찬성론자들이 승리할 것이다. 많은 치료 전문가들이 계속해서 이의를 제기할 것이라고는 하지만, 정부는 이미 심리치료에 대한 법적 규제를 건강전문가협회의 권한하에서 이루어지도록 준비하고 있는 것이 현실이다. 더욱이 정부는 상담과 심리치료 전문가들에 대한 법적 규제를 추진하겠다고 발표하였다. 장관들 역시 규제 주체들의 난립을 강력히 반대하며, 별도의 심리전문가협회 설립 가능성을 배제했다.

현재(2010년 기준) 정부의 의지는 2011년 내에 상담이 건강전문가협회의 규제를 받는 직업이 되도록 하는 것이다(Pointon, 2008). 건강전문가협회는 Diane Waller 교수를 단체장으로 하는 자문단 성격의 전문교섭단체Professional Liaison Group를 설립하였다. 전문교섭단체는 현재 건강전문가협회에 제출할 권고안을 만들었고, 다음 단계로 건강전문가협회가 정부에 제안할 것이다. 전문교섭단체가 제안한 내용은 아래와 같다.

- 상담사와 심리치료사는 각기 다른 등록부에 등재되어야 한다.
- 정해진 직업적인 명칭(상담사, 심리치료사 등)은 법적으로 보호되어야 한다.
- 현재 영국상담과심리치료협회나 영국심리치료협회 등에 가입된 상담사들은 자동적으로 새로운 법적인 등록부로 이전되어야 한다.
- 현재 등록되어 있지 않은 일부 상담사들은 '계통확인grand-parenting' 절차를 통해서 건강전문가협회 등록 자격이 주어져야 한다.
- 등록된 상담사는 대학에서 우등학사학위를 취득해야만 한다.
- 등록된 심리치료사는 석사학위가 요구될 것이다.

정부에 제출한 건강전문가협회 보고서에 따르면 적절한 법적 명령이 곧 뒤따르게 될 것으로 보인다. 그러므로 규제는 2012년 이전에 시행될 것으로 보인다. 법적 명령의 최종적인 내용과 방식은 상담과 심리치료에 종사하는 모든 사람들에게 중대한 관심사가 될 것이다. 이 요구들은 몇 년 안에 다가올 상담업계에 지대한 영향을 미칠 것이다. 향후 몇 달 동안의 결과가 어떻게 나오든 건강전문가협회의 권고와 정부의 결론은 상담사들에 대한 미래 전망을 구체화할 것이다. 이 글을 쓰고 있는 지금, 어떤 사람들이 내일의 상담사들이 될지, 어떤 배경, 교육 혹은 수련을 받게 될지 어느 누구도 확실히 말할 수 없다. 우리는 그들이 어떻게 공식적으로 인정을 받게 될지 알지 못한다. 또한 그들이 어디서 일하게 될지도 알지 못한다. 우리는 다만 어떤 유형의 내담자들에게 어떤 종류의 서비스를 제공하게 될지를 짐작할 수 있을 뿐이다. 오늘날의 상담사는 실로 '흥미로운 시대' 에 살고 있는 것 같다.

생각해 볼 거리

- 상담에 있어서 위대한 사상가들과 개혁자들은 그들 자신이 법적 규제의 대상이 된다고 할지라도 그들의 이상을 발전시켜 나갈 수 있을 것인가?
- 상담과 심리치료에 대한 법적 규제는 최악의 '복지국가제도(nanny state)' 인가, 아니면 상처받기 쉬운 내담자들을 위한 안전장치인가?

전문상담사의 수련-격차 확인

우리가 알고 있는 것처럼, 일부 면허 있는 심리학자들의 특수한 경우를 제외하고, 상담사와 심리치료사를 위한 공인된 수련 프로그램이나 자격 표준은 존재하지 않는다. 현재 상황에서는 외적으로 자격을 갖춘 사람이나 그렇지 않은 사람들 누구나 할 것 없이 자신을 상담사 혹은 심리치료사로 부를 수 있다는 것이다. 결국 상담과 심리치료를 제공하기 위해서 반드시 전문성이 필요하다고 주장하는 사람들은 다양한 종류의 교육배경과 수련 경험을 가질 수 있고, 또한 가지고 있다. 때로는 심지어 이런 배경이나 수련 경험이 전혀 없는 사람들도 있다. 아무 지역의 전화번호부만 찾아보더라도 '상담' 혹은 '심리치료' 라는 이름을 쉽게 발견할 수 있다. 기묘하고 신기한 사람들로부터 최소한 외견상 적합한 자격이 있어 보이는 사람들에 이르기까지, 상담사라고 주장하는 모든 종류의 사람들을 발견하게 될 것이다. 심지어 최소한 그들의 광고에 따르면, 더 나은 자격이 있어 보이는 사람들 중에도 실질적인 수련 수준에 있어서 매우 다양한 차이를 나타낸다. 6주의 기본 입문 과정을 거친 사람부터 대학원 학위 소지자들까지 그 범위는 매우 다양하다. 현재 상담사를 찾는 사람들은 제대로 알지 못한 채 상담사를 선택함으로써, 자격을 갖추지 않은 상담사를 찾아갈 심각한 위험에 처해 있는 것이 사실이다.

영국에는 상당수의 임의 단체들이 있는데, 이 단체는 다양한 그룹의 상담사와 심리치료사들을 대표하며, 어떤 방식으로든 자격이 있다고 주장한다. 어느 정도 국가적으로 인정받는 가장 널리 알려진 단체는 영국상담과심리치료협회와 영국심리치료협회다. 그러나 영국에서 개인상담을 제공하는 사람들 중 실제로 영국상담과심리치료협회의 승인을 받았거나 영국심리치료협회에 등록된, 혹은 상응하는 기관(스코틀랜드의 COSCA[11] 등)의 승인을 받은 사람들은 소수에 불과하다. 이는 소비자 보호가 결여된 현재의 상태를 지속하도록 한다는 점에서 불행한 사태라 할 수 있다. 그러나 영국상담

11) Counselling & Psychotherapy in Scotland의 약자. 스코틀랜드의 상담과 심리치료 대표기관(Scotland's professional body for counselling and psychotherapy)으로 상담과 심리치료의 질적인 발전과 상담사들의 수준향상에 기여하고 있음. 자세한 내용은 www.cosca.org.uk 참조.

과심리치료협회/영국심리치료협회 혹은 유사한 단체의 인증을 받으려는 상담사들에 대한 전문적 감시조차도 여전히 한계를 가지고 있다. 영국상담과심리치료협회든 영국심리치료협회든 혹은 다른 어떤 치료 단체든지, 이들은 어떤 법적 구속력을 행사할 수 없다. 그들은 단지 자질이 부족한 상담사들의 인증을 거부할 수 있을 뿐, 그들의 직업 활동을 막을 수는 없다.

영국상담과심리치료협회든 영국심리치료협회든 이 단체들은 그들의 회원들이 미래에 '적합한' 상담사로 인증될 만한 수련을 직접 제공하지 않는 것 역시 사실이다. 이 두 단체는 인증된 수련 기구로서의 지위Approved Training Establishment status를 충족한다고 판단한 여러 수련 단체들에게 이 일을 맡긴다. 물론 영국상담과심리치료협회/영국심리치료협회가 인증한 수련 단체들이 제공하는 수련의 내용과 조건은 어느 정도 아주 구체적이고 공인된 기준을 충족시켜야 한다. 영국상담과심리치료협회의 경우, 이러한 기준은 'Gold Book' 이라고 알려진 수련 과정 인증(Accreditation of Training Courses, 2009)내용에 제시되어 있다. 영국심리치료협회의 경우, 최소한의 수련 기준이 영국심리치료협회 교육과 수련표준(United Kingdom Council for Psychotherapy Standards of Education and Training, 2008)에 제시되어 있다. 넓은 의미에서 보면 두 종류의 기준 모두 어느 정도 서로 일맥상통하는 경향이 있다.

영국상담과심리치료협회/영국심리치료협회 기준에 부합하는 강좌들이 상담사나 심리치료사가 되기를 원하는 사람들에게 바람직한 내용이 될지는 모르겠지만, 실제 현장에서 상담하기 위한 자격을 주기에 충분한지에 대해서는 논란의 여지가 있다. 이 두 종류의 수련 제도에 잠재된 한 가지 교육적 약점은 2009년 영국심리치료협회 웹사이트에 게재된 다음과 같은 선언에서 전형적으로 드러난다. "심리치료는 예술인 동시에 과학이다. 그런 만큼 상담사로서 개인의 준비도를 평가할 수 있는 객관적인 방법을 찾아내는 것은 불가능하다(www.psychotherapy.org.uk)." 다시 말해서 이 두 전문가 단체는 상담사 수련을 위해서 매우 바람직한 목표를 설정해 놓았지만, 어느 단체도 이러한 목표를 어떻게 성취할 것인지에 대한 구체적인 방향을 제시하고 있지는 않다. 더욱이 어느 단체도 수련생들의 성취도를 측정할 만한, 국가적으로 합의된 어떤 측정표준도 명백하게 정의하지 않고 있다. 결국 영국상담과심리치료협회와 영국심리치료협회 산하에 있는 기관들이 수용한 수련 수준은 대학 졸업에서부터 박사수준까지 매우 다양하다.

전문상담사의 수련-격차 해소

영국에서 전문 상담사를 훈련시키는 적절한 방식이 무엇인지에 대한 혼란은 해결의 실마리를 찾기 시작했다. 수련 및 실습에 관한 두 종류의 국가 협약이 현재 개발 중이다(2010년 기준). 첫 번째 것은 심리치료에 관한 국가직업표준National Occupational Standards for Psychological Therapies이고, 두 번째 것은 상담과 심리치료 국가표준능력National Standards of Proficiency for Counselling and Psychotherapy이다. 자세한 내용은 다음과 같다.

심리치료에 관한 국가직업표준

상담에 적용된 국가직업표준은 원래 국립고용훈련원Employment National Training Organization이 개발한 것이다. 이것은 주로 영국의 국가직업자격National Vocational Qualification 제도의 확장이었으며, 상담수련기관들에게 영향력이 큰 것처럼 보이지는 않는다. 국립고용훈련원은 2005년에 이 표준들에 대한 체계적인 검토를 시작하였다. 그러나 2006년 건강관리기술개발협회Healthcare Skills Development Council는 심리치료에 관한 국가직업표준을 개발하기 위한 프로젝트를 시작했다. 이는 국립고용훈련원 검토에서 수행된 것과는 달리 훨씬 범위가 넓은 조치다. 국립고용훈련원 보고서는 현재 사용되는 상담규정counselling protocols의 개정판 같다. 즉, 건강관리기술개발협회 의안은 건강관리 현장에 종사하는 모든 심리치료사들을 위한 일련의 수행표준performance standards을 제공하는 데 그 목적이 있다. 건강관리기술개발협회는 보고서를 작성하는 시점의 덕을 보았다. 건강관리기술개발협회 프로젝트는 최종보고서에서 국립고용훈련원 제안의 일부를 추가하거나 결합시킬 것으로 보인다. 전개된 모든 상황은 건강관리기술개발협의회 홈페이지(www.skillsforhealth.org.uk)와 국립고용훈련원 홈페이지(www.ento.co.uk)에서 확인할 수 있다.

현재 건강관리기술개발협회는 네 가지의 공통 치료 접근, 혹은 치료양식이라고 부르는 심리치료에 관한 국가직업표준 초안을 개발하였거나 개발 중에 있는데, 이는 다음과 같다.

- 인지행동치료cognitive-behavioural therapy
- 정신역동적치료psychodynamic psychotherapy
- 체계론적 가족치료systemic family therapy
- 인본주의적 치료 및 상담humanistic therapy and counseling

심리치료에 관한 국가직업표준은 개인상담사가 사용하는 직무명칭working title과는 무관한 수행표준을 제공하는 것이다. 그러므로 심리치료에 관한 국가직업표준에서는 당신이 스스로를 어떤 종류의 상담사로 부르건, 당신이 어떤 종류의 훈련을 받았건 아무 문제가 되지 않는다. 당신의 내담자들이 당신에게 기대할 수 있는 것은 오로지 당신이 위의 접근들 중 하나를 적용했는가 하는 것뿐이다.

주목해야 할 점은, 심리치료에 관한 국가직업표준은 상담실무를 위한 표준이지 상담사 교육에 관한 표준이 아니라는 사실이다. 이 표준은 개인과 조직이 받은 상담서비스를 평가하는 데 도움을 주는 도구로 기획되었다. 심리치료에 관한 국가직업표준은 일련의 규칙이나 대학교육과정이 아니며, 전문가 자격기준 또한 아니다. 다시 말해서 심리치료에 관한 국가직업표준은 기껏해야 상담사들이 건강전문가협회에 등록하기 위해 달성해야 할 능력표준을 건강전문가협회에 통지하는 것이다.

상담과 심리치료 국가능력표준

심리치료사와 상담사 전문교섭단체가 건강전문가협회에 제출한 심리치료에 관한 국가직업표준의 초안은 상담과 심리치료 국가능력표준을 위한 제안 내용을 포함한다. 이 보고서는 건강전문가협회가 정부에 보낸 최종 권고들의 중요 부분을 구성하고 있는 것으로 보인다. 상담과 심리치료 국가능력표준의 주된 목적은 건강전문가협회에 등록된 모든 상담사들에게 요구되는 최소한의 전문성 기준을 정의하는 데 있을 것이다. 건강관리기술개발협회 제안과는 달리 상담과 심리치료 국가능력표준은 포괄적이며 상담과 심리치료의 모든 분야에 걸쳐 적용된다. 즉, 그것은 특정한 접근방법이 아니다. 상담과 심리치료 국가능력표준은 일하는 사람에게, 즉 상담사와 심리치료사 자격을 부여한다.

상담과 심리치료 국가능력표준은 교육훈련기관에게 교육요강을 제공하지 않는다. 그러나 그러한 단체들이 건강전문가협회의 승인을 받기 위해서는 그들의 프로그램이 상담과 심리치료 국가능력표준에서 정한 최소한의 상담사 능력 기준치에 합당한 졸업생들을 배출한다는 것을 증명해야 할 것이다. 왜냐하면 건강전문가협회가 언젠가는 수용 가능한 상담사 교육 및 수련 수준을 정할 것이기 때문이다. 상담과 심리치료 국가능력표준 초안에는 등록된 모든 상담사와 심리치료사들이 공유할 수 있는 50개 정도의 능력 표준이 언급되어 있다. 한 가지 추가로 제안된 수행표준은 등록된 심리치료사들에게만 적용될 것으로 보이며, 또 다른 추가로 제안된 수행표준은 등록된 상담사들에게만 적용될 것으로 보인다. 첫 번째 추가된 수행표준은 심리치료사들이 종종 정신건강 문제에 대하여 더 깊은 이해를 가지고 있다는 것을 전제로 한다. 두 번째 추가된 수행표준은 상담사들이 복지, 삶의 문제, 개인의 발달적 변화에 관한 내담자들의 관심사에 대하여 특별한 지식을 소유하고 있다는 것을 전제로 한다. 이러한 수행표준의 전개상황에 대한 최신 정보는 건강전문가협회 홈페이지(www.hpc-uk.org)에서 확인할 수 있다.

건강전문가협회가 제안한 국가표준은 잠재적인 논쟁을 초래한다. 과연 상담사와 심리치료사에 대한 명백히 다른 교육적 필요성들이 현실에서도 생겨나게 될까? 지금 요구하는 수련 수준의 차이가 미래에는 사라질 수도 있다. 상담이 앞으로 우등학사학위자가 진입하는 직업으로 부상하게 된다면, 심리치료사에게 요구되는 중증 정신건강문제들에 대한 고급 지식은 상담사에게도 동일하게 적용될지도 모른다. 정말로 상담사들이 복지, 삶의 문제, 개인의 발달적 변화과정에 대해서 더 나은 지식을 갖고 있다는 이유 때문에 심리치료사들과 갈라져야 하는가? 대부분은 아닐지라도, 많은 심리치료사들이 인간 욕구에 관한 비슷한 수준의 이해를 가지고 있다고 주장할 가능성이 크다.

전문상담사의 수련-쟁점과 논쟁

심리치료사와 관련되는 한, 치료는 이미 석사학위자가 진입하는 직업으로 간주되고 있다. 이것은 등록된 심리치료사들의 자격요건으로 결정한 최소한의 교육 기준이다. 그러나 영국심리치료협회가 승인한 수련 기관들의 목록 및 그들이 제공하는 프로그램을 살펴보면, 과연 모든 승인된 프로그램의 기준이 실제로 그렇게 높은 수준인지 의심스럽다. 일부 프로그램의 학습내용은 편차가 매우 심하다. 그러한 교육적 다양성이 좋은 일인지 아닌지는 항상 논쟁거리로 남아 있다.

현재의 상담 수련생과 관련된 교육 상황 역시, 그들이 주장하는 최소한의 수련기준이 낮아졌다는 점을 제외한다면, 그렇게 다르지 않다. 보편적인 것은 아니지만 이 기준은 보통 대학 학위 수준에 해당한다. 심리치료사는 상담사들이 보통 수행하는 것보다 더 심층적인 수련을 해 왔다고 주장하고 있는데, 이는 영국상담과심리치료협회와 영국심리치료협회의 최소 자격 기준들 간의 차이를 고려해 봤을 때 일반적으로 가능한 주장이다.

현재 영국에는 상담사의 전문적인 수련에 관한 비통합적인 접근으로 인해 다소의 혼란이 존재한다는 점은 명백한 사실이다. 이는 다른 주요 직업들의 상황과는 차이가 있다. 다른 직업에서는 국가에서 인정한 기초 교과과정이 훈련인증기관에 의해서 강좌로 제공되며, 이는 고등교육질관리기구Quality Assurance Agency for Higher Education에 의해 독립적으로 승인을 받는다. 다른 주요 직업의 경우, 훈련과정은 우선 학생들이 학사 수준에서 포괄적인 훈련을 받도록 요구한다. 그러고 나서 경험이 있고 충분한 자격을 갖춘 스승의 지도하에서 전문 경험을 쌓는 수련 기간을 거친다. 그리고 마지막으로 대학원 공부와 연구를 통해 전문화된 혹은 고급의 수련을 마치게 된다. 점차 증가추세에 있는 통합 학위기반 상담사 수련 프로그램에 이미 등록한 학생의 경우를 제외하면, 이것은 영국의 상담사 교육에서는 보기 드문 경우다. 과연 법적 규제가 이러한 상황을 변화시킬 수 있을 것인가? 상담과 심리치료가 결합된 직업이 나타나,

결국에는 최소 자격 요건으로서 우등학사 수준을 요구하게 되는 일이 발생하게 되는 것은 아닐까?

상담사 교육에 대해 건강전문가협회가 제안한 수행표준안은 단지 상담 수련생들이 처한 현재 상황을 대체로 지지하거나 '공식화 officialise' 하는 것으로 보인다. 상담 관련 주요 대표 단체들(영국상담과심리치료협회, 영국심리치료협의회, 영국심리학회 등)이 인증한 프로그램은 건강전문가협회가 제안한 등록 자격 기준점을 충족시킬 것으로 보인다. 지금까지는 상담사들을 위해 충분히 숙고한 직업 훈련계획을 만들려는 움직임은 없었다. 흥미로운 것은 사회적으로 활동적인 다른 직업 영역들에서 여러 해에 걸쳐 실습과 수련표준에 대한 유사한 검토/재분류 과정을 거쳤다는 것이다. 예를 들어 사회복지의 경우를 살펴보면, 그들은 구조화된 직업경로를 동반한 고등교육 기반 직업들로 점진적인 발전을 이루어 왔다. 더 정확히 말하면 '규제 전쟁' 에서 찬성론자들의 분명한 승리가 아직까지 확실하지 않다는 것이다. 그들은 단지 소규모의 첫 전투에서 승리한 것일지 모른다. 뿐만 아니라 미래의 상담사들이 기대하게 될 적절한 교육 및 수련 표준을 위해 싸워야 할 전투가 아직도 많이 남아 있는 것으로 보인다.

생각해 볼 거리

- 상담사와 심리치료사의 수련이나 전문적 실제에 어떠한 차이가 있어야만 하는가?
- 당신은 상담과 심리치료사를 위한 교육 프로그램에 무엇을 넣고, 무엇을 제외시킬 것인가?
- 상담과 심리치료는 예술인가, 과학인가?

전문상담사의 수련-나아갈 길

언젠가 모든 상담사들이 우등학사학위에 상응하는 입문단계의 교육수준을 취득해야 한다는 요구를 받게 될 것이라고 생각해 보자. 우등학사학위 취득이 전문화의 첫 필수 단계라면, 치료의 전문분야나 고급 상담영역 중 하나로의 진입은 결과적으로 대학원 교육을 요구하게 될 가능성이 있다. 바꿔 말하면, 고급 전문상담사는 석사수준의 전문가로 발전할 것으로 보인다. 경력 과정을 거치는 것이 상담사들에게 가져다 줄 수 있는 개인적인 그리고 직업적인 이점을 명심한다면, [그림 10-1]은 내일의 전문적인 상담사와 심리치료사들이 가야 할 타당한 길을 제시하는 것일까?

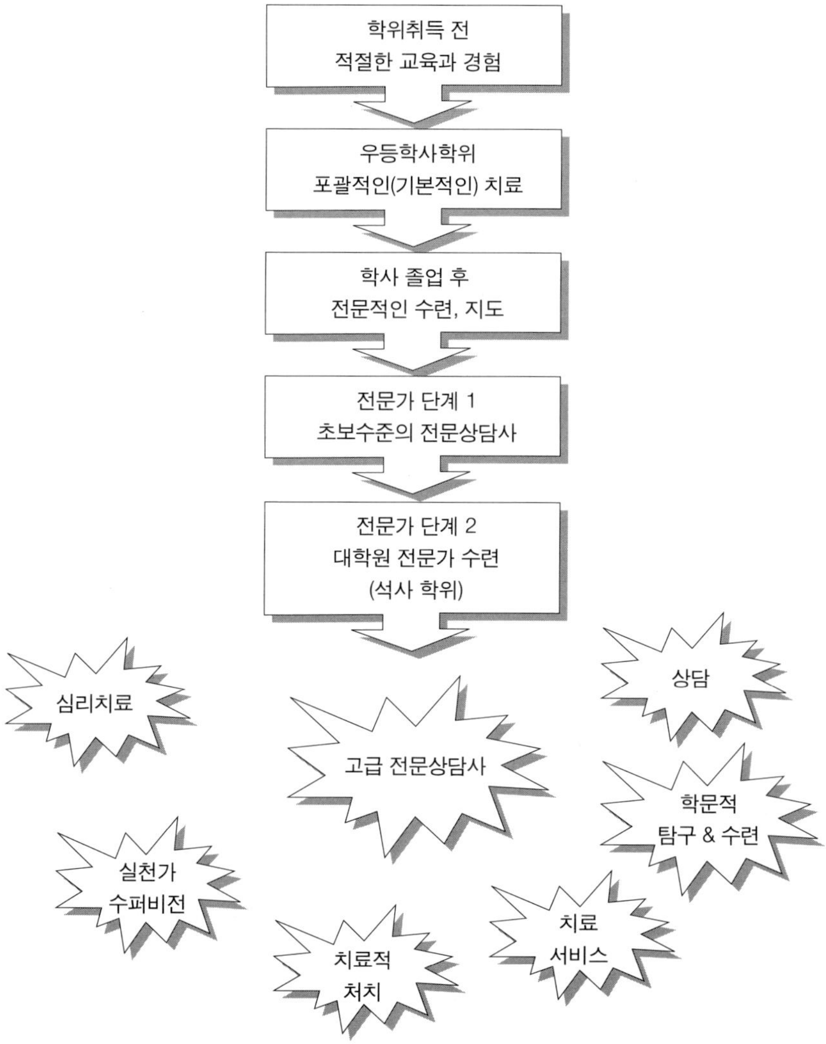

[그림 10-1] 상담사와 심리치료사가 나아갈 길

상담과 국민건강보험 - 향후 전망

오늘날의 국민건강보험 체제에서 상담과 심리치료는 증상이 심하지 않은 환자들에게 매우 유용하다. 이것은 초기 치료장면에서 특히 그렇고, 환자들이 상담을 하나의 치료방법으로서 높이 평가하게 되는 경험이 되게 한다(Brettle et al., 2008). 또한 의사들 역시 상담의 가치를 높게 평가하는 것으로 보인다. 특히 1차 진료기관을 통해 환자가 의뢰되었을 경우 더욱 그러하다. 분명히 의사는 환자의 복지를 지속적으로 보살피는 데 상담이 도움을 준다고 느낀다(Brettle et al., 2008).

오늘날의 국민건강보험제도에서 상담사와 심리치료사에게 특히 중요해 보이는 연구 경향(Antonuccio et al., 1995; Roth & Fonagy, 2005)은 심리장애와 정서장애의 경우, 약물-기반 처방과 언어를 매개로 하는 치료(상담과 심리치료)가 모든 면에서 거의 동일한 정도의 도움을 준다는 것이다. 이러한 종류의 연구는 다음과 같은 점을 언급하고 있다. 즉, 인지행동치료를 포함한 대부분의 상담과 심리치료는 대체적으로 각기 유사한 효과를 나타낸다는 것이다(Cooper, 2008 참조). 여기서 지적해야 할 중요한 점은 국민건강보험제도에서 사용된 심리학적 치료들이 인지행동치료와 비교해 그 효과에 있어 큰 차이가 없다는 것이다. 그러므로 인지행동치료가 국민건강보험제도에서 '최고의 인기 있는' 심리치료가 되었다는 사실을 발견하는 것은 많은 상담사나 비상담사들 모두에게 놀라운 일이다(예를 들면, NICE Guideline 23, 2004 참조).

인지행동치료 논쟁

인지행동치료의 지배력이 앞으로도 줄어들 것 같지는 않다. 현재까지 알려진 국민건강보험의 계획은 인지행동치료가 우월한 지위를 계속해서 누릴 것이라는 정책 입안자들의 가정에 전적으로 근거를 두고 있는 것으로 보인다. 이러한 낙관적 전망은 부분적으로는 Layard 보고서(2006)에 그 근거를 두고 있다. 인지행동치료 사용의 확산에 더 많은 공헌을 한 것은 그 지지자들인데, 그들이 인지행동치료를 잘 방어해 왔다는 사실은 부정할 수 없다. 즉, 그 지지자들에게 있어서 인지행동치료는 타당성 있게 연구되었으며, 합법적이고 유연하며 또한 효과적인 심리치료의 한 형태라는 것이다(Veale, 2008). 그럼에도 불구하고, 상당수의 상담사와 심리치료사는 전체 심리치료 영역 안에서 인지행동치료의 진정한 위치에 대해 의문을 가지고 있다. 이렇게 의심하는 사람들 중 일부는 인지행동치료가 적절한 치료법도 아니고, 앞으로 적절한 치료법으로 쓰이지도 않을 것이라고 생각한다. 상담과 심리치료가 통합된 형태로 결합되어야 한다고 믿는 상담사들에게는 상담현장과 상담사들 사이에 어떤 구분도 없으므로 그러한 의심은 문제가 되지 않는다. 이들이 문제가 되지 않는다고 생각하는 이유는, 인지행동치료가 압도적인 주체라는 증거가 여전히 우리에게 다음과 같은 점을 말해 주고 있다고 보기 때문이다. 즉, 서로 경쟁하는 상담접근들에 관하여, 결국 "모두 승리했고, 모두 상을 받아야 한다."[12]는 것이

12) 『이상한 나라의 앨리스』의 도도새의 판결.

다. 그럼에도 불구하고 다음과 같은 질문은 남는다. 왜 인지행동치료는 그렇게도 인기가 있어야 하는가? 제기되어야 할 훨씬 더 중요한 질문은 이것이다. "인지행동치료는 국민건강보험 정책 입안자들의 기대를 정말로 충족시킬 것인가?"

'인지행동치료 지지자' 논쟁이 현대 상담과 심리치료사들에게는 점차 무의미해질 것이라는 주장이 있다 할지라도, 아직까지는 국민건강보험이 인지행동치료에 내어 준 높은 평가가 국민건강보험에 기반을 둔 모든 상담사들과 심리치료사들에게 살아 있는 관심사가 되고 있다는 것이 현실이다. 오늘날의 국민건강보험에 있어 인지행동치료가 가지고 있는 매력들 중의 하나는 많은 성과 연구들이 인지행동치료를 효과적이고 빠른 치료방법이라고 강력히 평가해 왔다는 사실에 기초하고 있다(Roth & Fonagy, 2005). 또 다른 매력은 외견상으로 볼 때 보급 비용이 적게 든다는 것이다. 또한 단기 인지행동치료법은 광범위한 성과기반 연구의 상당한 지원을 받았으며, 이는 비용-대비 효과를 추구하는 국민건강보험 정책 입안자들에게 그 중요성을 확실하게 말해 주는 것이다. 연구의 결함이 빠르게 수정되고 있는 중임에도 불구하고(Cooper, 2008; Lambert, 2004; Stiles et al., 2006), 인지행동치료에서 일어난 이런 행복한 사태는 다른 상담접근에는 아직 일어나지 않고 있다.

실제 현실은 외관상 그럴듯해 보이는 인지행동치료의 효과와 우수성, 저비용에 대한 기대 등 모든 것들이 결합되어 국민건강보험 관료들이 다음과 같은 결정을 하는 요인으로 작용한다. 즉, 인지행동치료가 대부분의 정신 건강 문제들에 대비한 미래의 선택받은 상담기법이 될 것이다(Department of Health, 2001b, 2001c). 심리적으로 불안정한 환자를 위한 오늘날의 '만병통치' 처방은 대부분 6회기의 인지행동치료를 그들에게 제공하는 것 같고, 대부분의 경우 이러한 처방이 선호되는 것으로 보인다. 이런 일이 발생하는 이유는 국민건강보험 규정이 권고하는 것이 바로 이것이기 때문이다. 인지행동치료가 치료에 효과적이라고 주장하는 증상들 중에는 다음과 같은 것들이 있다.

- 공포증, 공황발작, 공황장애를 포함하는 불안장애
- 우울증과 기타 기분장애
- 섭식장애
- 정신신체화 장애
- 강박신경증
- 분노
- 외상 후 스트레스 증후군
- 성 문제와 대인관계 문제
- 안면경련과 같은 해로운 버릇들
- 약물남용 혹은 알코올남용
- 수면문제
- 만성 피로 증후군
- 만성 통증

이러한 인지행동치료를 기반으로 하는 치료 정책은 국립의료기술평가기구National Institute for Health and Clinical Excellence가 2004년 승인하였다. 국립의료기술평가기구 지침 9. 22 및 23은 분노, 우울증, 섭식장애에 가장 적합한 치료로 인지행동치료를 권고하였다. 이것은 일방적인 정책의 한 예이며, 이런 유형의 치료는 비용이 적게 든다. 그들의 주장에 따르면, 권장되는 6회기 정도의 치료는 아주 속성으로 훈련받은 사람들이 제공할 수 있기 때문이다. 이것이 의미하는 바는 인지행동치료가 관리하기 쉽고, 계획하기 쉬우며, 예산 집행이 용이하다는 것이다. 또한 이를 공급할 상담사들을 찾기 쉬울 것이고, 그들을 교육시키는 데 비용이 적게 들 것이라고 주장한다. 모든 면에서 인지행동치료는 국민건강보험 운영자의 꿈이다.

이러한 전개상황과 Layard 보고서의 결과로서 정부는 2008년 이후부터 국민건강보험의 심리치료이용증진 사업에 1억 2천만 파운드(약 2천억 원)의 엄청난 투자를 하고 있는 것이다(NHS, 2007). 앞으로 더 많은 투자가 계획되어 있고, 정부의 목표는 심리치료이용증진 실행계획에 제시되어 있다(Department of Health, 2008a). 그들의 의도는 아주 확실하다. 국민건강보험을 통해 인지행동치료의 이용 가능성을 극대화시키려는 것이며, 일을 수행하기 위해 훈련받을 인지행동치료 상담사들의 수를 극대화하려고 하는 것이다. 이 새로운 상담사 그룹이 오늘날의 다른 많은 상담과 심리치료사들이 포함된 상담사 인력 풀pool로부터 나오게 될지는 좀 더 지켜봐야 할 것이다. 인지행동치료가 아닌 다른 접근의 상담사는 그들의 활동 스타일을 근본적으로 재고할 준비를 하지 않는 한, 미래의 국민건강보험 환경에서 그들에게 좋은 징조로 보이는 것은 아무것도 없다.

국민건강보험을 위한 미래의 인지행동치료사의 훈련

정부의 계획에는 두 부류의 인지행동치료 상담사들에게 각기 대응되는 두 가지 인지행동치료 수련 표준이 있는 것으로 보인다.

심화교육과정

심화과정 수련생들을 위한 과정은 자격 취득 후 수련 제공을 목적으로 하게 되는데, 이는 증거-기반 인지행동치료로 우울증 그리고/혹은 일종의 불안장애가 있는 성인들을 위한 것이다. 이 과정은 대학원 학위 혹은 동등 학력 수준이 될 것이다. 이 과정의 대상은 대학원생이며, 임상심리학자들과 심리치료사들 중에서 선발된 사람들이다. 또한 경력증명과 학사학위증명서 제출이 가능한, 간호와 상담 같은 다른 분야에서의 전문적인 정신건강 서비스 제공 경험이 있는 사람들도 포함된다(Department of Health, 2008b).

기본교육과정

이 과정은 총 45일에 걸친 4개의 모듈로 구성된 모듈 구조에 기초한다. 각 모듈이 일련의 특별한 방향과 수업 성과를 목표로 정하고 있지만, 모듈이 진행됨에 따라 임상 능력들이 배양된다. 그리고 과정은 상담 모의실험/역할극을 통한 상담능력 향상에 기반을 둔

분반활동에 역점을 두게 될 것이다. 모든 모듈은 수련생의 상담능력 시연practical demonstration of competencies에 근거한 합격/불합격 지표에 따라 평가될 것이다. 수련생은 정신건강 분야의 임상 혹은 전문적 경력을 필수적으로 갖고 있어야 하는 것은 아니며, 그들의 이전 학력에 근거하여 학부 혹은 대학원 수준의 학력인정을 받을 수 있을 것이다. 상담기술을 기반으로 하는 능력평가는 학력과 무관하며, 합격/불합격 지표에 따라 이루어지게 된다.

비용이 많이 드는 심화교육과정 수련생들보다 비용이 적게 드는 기본교육과정 수련생들에게 보다 많은 자원을 배분하게 될 것이 거의 확실하다. 여기서 주된 쟁점은 기본교육과정 수련생에게는 정신건강 분야의 임상 혹은 전문적 경력을 요구하지 않는다는 것이다. 그러므로 기본교육과정 인지행동치료 수련생은 수련비용과 고용비용이 저렴해지는 문제가 발생할 수 있다. 그러나 국민건강보험이 인지행동치료에 대한 의존도를 빠르게 높여 나가고 있는 상황에서 과연 환자들이나 국민건강보험의 계산만 따지는 사람들이 이러한 문제에 관심을 가질 것인가? (Department of Health, 2008c)

상담과 심리치료는 국민건강보험에서 미래가 있는가

인지행동치료의 지배력이 증대되면 국민건강보험 영역의 치료가 점점 확대됨으로써 비-인지행동치료 상담서비스들이 중단되거나 현격히 감소할 위험에 처하게 된다. 만약 이대로 둔다면 이러한 경향은 가속화될 것이며, 그런 만큼 점점 더 새로운 인지행동치료 전문가들이 수련과정을 마치고 자리를 잡아 나가게 될 것이다. 더불어 국민건강보험의 예산 억제 및 운영 압박은 계속될 것이기 때문에, 전례 없는 수준으로 담당 환자 수를 늘리라는 요구가 계속될 것이라는 점은 피할 수 없다. 이 모든 것이 의미하는 바는, 만약 현재의 국민건강보험 제도하에서 일반generalist 상담사와 심리치료사들이 살아남기를 원한다면 인지행동치료법에 적응해야 한다는 것이다. 상담사들이 일하게 될 환경은 심한 압박과 비용 절감을 요구하게 되는데, 이러한 환경에 대처하기 위해서는 상담실제 역시 점진적으로 변해야 한다는 것을 쉽게 자각할 수 있을 것이다. 물론 모든 상담사들이 이렇게 할 의지가 있는 것은 아닐 것이다. 예를 들어 Totton(1997)은 그런 외적으로 강요된 한계 내에서의 작업은 치료의 잠재적 이득을 감소시킨다고 주장한다.

그러나 국민건강보험이 제공하는 상담은 각각의 환자에게 적절한 수준의 혜택을 제공할 뿐이라는 주장이 제기될 수도 있다. '최고급의' 서비스가 항상 필요한 것은 아니다. 때로는 '적당한' 서비스가 필요한 것이다. 그러므로 국민건강보험 상담사는 심리치료 순수주의자들이 이상적인 치료라고 말하는 내담자의 '끝없는 자기탐험self-explorations'의 호사를 누릴 수 없을 것이다. 달리 말하면 국민건강보험 상담사들과 심리치료사는 둘 중 하나를 선택해야 한다는 것을 자각하게 될 것이다. 전통적인 치료사들의 관점에서는 어떤 선택도 매력적이지 않다. 그들은 주어진 환경에 맞는 시간 제한적인 치료, 즉 '그 정도면 충분한that-will-do' 치료를 선택하거나,

아니면 해고되는 선택을 할 수도 있다. 선택은 '그런대로 괜찮은 good enough' 치료를 제공하느냐 아니면 치료를 전혀 제공하지 않느냐 하는 것일지도 모른다. 현실적으로 볼 때 국민건강보험의 예산 제약과 우선순위 선택에 순응하는 것이 운영상의 현실인 것 같다 (Tinsley, 1999). 아마도 내일의 국민건강보험 상담사와 심리치료사들에게 가혹한 메시지는 이러할 것이다. "적응하라 아니면 사라져라!"

생각해 볼 거리

- 인지행동치료는 '적합한' 상담치료인가?
- 국민건강보험 상담사는 '내담자를 만나'는가?, 아니면 '환자를 치료'하는가?
- 어떤 사람들이 국민건강보험의 새로운 인지행동치료 활동가가 될 것인가?

미래의 상담사

상담과 심리치료는 빠르게 진화하고 있다. 이것은 어떤 의문의 여지도 없다! 그러나 상담사 자신은 어떠한가? 그들 역시 진화하고 있는가? 그들에게는 무슨 일이 일어나고 있는가? 일부 이론가들은 오늘날의 상담사가 상당히 다른 유형의 상담사로 발전할 것이라고 믿는다. 그들은 서로 다른 치료 영역에서 일하게 될 것이고, 각각의 세부 분야는 다른 전문성을 요구하게 될 것이라 믿는다. 이는 상담과 심리치료가 전혀 다른 직업으로 분리될 것이라는 의미일까? McLeod(2009)은 상담사와 심리치료사들이 내담자를 대하는 방법에 있어서 어느 정도 근본적인 차이가 있다고 언급한 바 있다. 예를 들면, 상담은 사회의 요구를 반영하는 반면, 심리치료는 환자의 개인적인 요구를 반영하는 것 같다.

또 다른 이론가는 미래의 상담사가 더욱 훌륭하고 효과적인 상담사, 즉 차원이 다른 상담사로 발전할 것이라 내다본다. 그들이 받았던 기존의 수련과 관계없이, 치료적 '학파'의 경계를 넘어서서, 질적으로 향상된 상담사들이 등장하게 되는데, 이들에 대한 평가 기준은 학문적 이론에 부합하는 능력보다는 오히려 성과로 평가되는 전문적 능력이 될 것으로 보인다. 이 새로운 상담사는 이미 오래 전 Ricks(1974)가 표현했던, 무엇이든 할 수 있는 사람tackle-anything, 놀라운 치료사wonder-therapist, 즉 '만능 상담사supershrink'로 진화하게 될지도 모른다.

만능 상담사

만능 상담사의 개념은 상담과 심리치료의 미래에 근본이다. 왜냐하면 '만능 상담 전문가'라고 하는 것은 오늘날 상담과 심리치료의 일반적 경우와 비교하면, 훨씬 더 능력 있고 높은 지위를 가질 수 있을 것이기 때문이다. 이 만능 상담사 개념에 대한 지지는 몇몇 연구에 기반을 두고 있다. Wampold와 Brown(2005)은 어떤 이유인지는 모르겠지만, 치료 결과의 질을 기준으로 평가할 때, 어떤 상담사는 다른 상담사들에 비해 지속적으로 더 뛰어났다는 증거를 발견하였다. 또 다른 연구들, 예를 들면 MATCH 프로젝트(1997)는 이러한 결과를 지지하는 것으로 보인다. 과연 만능 상담사를 탄생시키는 어떤 비밀스런 요인이 있는 것일까? 만능 상담사 현상에 대해 한 가지 가능한 설명은 그것이 단순한 우연이라는 것이다. 추측하건대 어떤 사람은 단지 본래부터 다른 사람들에 비해 월등히 우월하다. 과연 '위대한great' 상담사와 같은 그런 존재가 있는 것일까?

다행스럽게도 선천적인 '위대함greatness' 없이 태어난 우리 나머지 사람들을 위한 모든 희망이 사라진 것은 아니다. 성과연구는 치료 분야뿐만이 아니라 다른 영역에서도 다음과 같은 사실을 발견한다(Colvin, 2006). 부단한 노력은 언제나 영재성이나 타고난 높은 재능의 부족을 보완해 준다. 선행연구는 모든 상담사가 받아들일 수 있는 전략들이 있다고 주장하는데, 이 전략은 상담사가 내담자와 함께 치료효과를 개선시키도록 도움을 줄 수 있다는 것이다. 예를 들면 Miller 등(2006)은 내담자의 피드백을 공식적으로 보장하는 것이 상담사의 수행에 탁월한 효과가 있다는 것을 발견하였다. Miller 등은 이러한 전략들을 3가지 구성요소로 요약했다.

- 생각하라: 첫째, 치료목표들을 정하고, 이를 어떻게 성취할 것인지 계획을 세워라.
- 행동하라: 둘째, 내담자와 함께 시작하고, 지속적으로 내담자의 피드백을 구해서 당신의 수행을 관찰하라. 당신의 치료전략이 효과가 있는지 파악하라.

• 성찰하라: 셋째, 당신의 수행을 성찰하라. 필요하다면 대안 전략들을 채택하라.

Miller 등(2006)에 따르면, 부단한 작업과 노력이 상담과 심리치료사들을 포함한 어떤 직업에서든 진정한 성공의 열쇠인 것으로 보인다(Ericsson et al., 2006). 오래된 농담, "Albert 기념관에서 공연할 수 있는 방법을 가르쳐 주시겠어요?" "네, 연습하고, 연습하고, 또 연습하세요!" 처럼 행하라. 여기서 중요한 점은 만약 Miller 등(2008)이 옳다면, 내일의 만능 상담사는 주어진 작업 절차에 따라 일하고 측정 가능한 결과에 충실한 고도로 숙련된 기술자가 될 가능성이 있다는 것이다. 이는 창조적인 상담사들, 즉 일부에서 생각하는 '적합한' 상담 및 심리치료의 진정한 미래를 위한 계승자들과는 아주 거리가 멀다.

상담사와 심리치료사-갈림길

법적 규제는 향후 몇 년 이내에 상담과 심리치료를 별개의 두 직종으로, 따라서 다른 수준의 수련이 요구되는 두 개의 직종으로 분리될 가능성이 있어 보인다. 이는 두 개의 시장이 사실상 서로 다른 두 개의 직업이 된다는 의미일 수도 있다. 몇몇 이론가는 이러한 가능성을 이미 예견하였다. 예를 들어 McLeod(2009)는 지금이야말로 상담의 본질에 대한 철저한 검토에 착수할 시간이라고 주장한다. 왜냐하면 그는 상담을 남을 돕는 직업들 중에서 최전방에 위치한 공동체 기반community-based 활동이라고 생각하기 때문이다.

또한 그는 상담이 상담사와 내담자 간의 협력 행위임에 틀림없다고 생각한다. 상담사는 내담자가 그들의 삶과 삶의 어려움들을 잘 다룰 수 있도록 도와주는 것을 목표로 한다. 이는 상담사들이 사회, 문화, 조직 환경의 관점에서 사람과 그들의 상호관계를 이해하는 데 집중해야 한다는 점을 지적하는 것이다. 그의 주장에 따르면, 이것이 심리치료와 다른 점이다. 심리치료는 오로지 개인 환자가 목표가 되며, 따라서 개인적인 문제에 대한 특정한 처방을 제공하는 것을 목표로 한다. 다시 말해서 심리치료는 개인으로 범위를 좁히고 초점을 맞추는 접근이 되는 경향이 있는 반면, 상담은 범위가 더 넓은 사회 기반 활동이 되는 경향이 있다. 다소 거칠게 표현하면, 이러한 논의는 심리치료가 해결책을 찾는 것이라면, 상담은 수용, 학습, 변화에 관한 것이라고 주장하는 것 같다.

제기된 차이들이 실제로 상담과 심리치료를 분리하는 근거가 된다면, 이 공통 직업co-professions은 두 종류의 전문가가 제공하는 두 종류의 서비스가 됨으로써 결말이 날 것이라고 생각하는 것이 합리적인 것 같다. 따라서 이 두 분야는 각기 다른 전문적 요구들을 만족시키기 위해 노력함으로써 발전하게 될 것이다. 예를 들면, 심리치료사는 새로운 치료를 발전시켜 나감으로써 그들의 전문성을 진전시킬 수 있을 것이다. 어떻든 오늘날 영국에서는 정신건강의 회복을 필요로 하는 환자들이 전례 없는 요구를 하고 있다(McCrone et al., 2008). 과연 심리치료사는 이러한 공백을 채워 주는 생산적인 방법들을 발견할 수 있을 것인가? 다른 한편, 상담사는 아마도 공동체 내에 더욱 깊이 뿌리내림으로써 자신들의 전문영역을 확장시키게 될 것이다. 상담사들이 그들의 상담실에서 나오면, 그들은 아마도 사회적으로 훨씬 더 적극적으로 변한 자신을 발견하게 될지도 모른다. 예를 들어, 학교 상담사는 아이들의 복지에 조언을 제공할 수 있을 것이며, 또는 직장상담사들이 고용인과 피고용인 간의 보다 생산적인, 그리고 재정적으로 보다 이득이 되는 상호관계를 생각해 낼 수 있도록 도와줄 수도 있을 것이다.

심리치료사로부터 상담사를 분리하는 것이 실제로 두 직업 모두를 견고하게 할 가능성은 항상 존재한다. 분리하는 것이 두 직업 모두에게 이익이 될 수도 있다. 우리가 다시 한 번 알게 되는 것은, 그것이 어떤 종류의 상담과 심리치료가 될지를 결정하는 '운명의 시간an interesting time' 이라는 것이다.

마지막 고찰

이 책에서 나는 지난 몇 년간 상담과 심리치료가 어떻게 발전해 왔는지에 대하여 내가 믿고 있는 내 나름대로의 이야기를 시작했다. 이것은 사람들이 자신의 이야기를 들어줄 누군가를 찾아야만 하는 필요, 즉 힘든 시기를 이겨 낼 수 있도록 지지해 줄 사람을 찾아야 하는 필요의 이야기다. 때때로 이것은 매우 단순하다. 사람들이 항상 '탁월한 능력' 을 원하는 것은 아니다. 때로는 단지 '차 한 잔과 연민' 을 원한다. 당신이 어떤 종류의 상담사가 되기로 선택하는 것과 관계없이, 당신이 심혈을 기울여 획득한 기술과 학식이 몇몇 내담자들에게는 주된 관심사가 되지 않는다는 것이 어떤 상담사에게는 냉정한 교훈이 될 수 있다. 일부 내담자에게는 단지 들어 주는 것만으로도 충분하고, 진정으로 함께 있어 주는 것만으로도 충분하다. 어떠한 방법을 쓰건 간에 내담자들이 그들의 이야기를 하도록 도와주는 것, 그들이 그들 자신의 목소리를 내도록 도와주는 것, 그리고 진심으로 귀를 기울여 주는 어떤 사람에게 자신의 이야기를 털어놓도록 도와주는 것이야말로 전문가의 일인 것 같다. 내담자가 다시 온전함을 느낄 수 있는 방법을 찾고자 할 때 우리가 해 줄 수 있는 것은 그 사람이 한 인간으로 인정받는다고 느끼도록 도와주는 것뿐이다. 내담자는 말하고, 우리는 듣는다. 결국 이것이 상담과 심리치료가 어떻게 그 이름을 갖게 되었는가 하는 것이다.

이 책의 중심 주제는 상담과 심리치료, 일반적으로는 언어를 매개로 하는 상담/치료가 바로 동전의 양면이라는 나의 믿음이었다. 만약 규제가 합법적인 수단으로 이 두 직업을 분리시킨다면, 나의 생각은 수정되어야 할지도 모른다. 이러한 분리가 다른 어떤 것이 되든지, 혹은 시간이 지나도 변함없이 그 상태를 유지하든지, 현재로서는 해결되지 않은 문제가 남아 있다. 다른 이론가들이나 연구자들 중에는 모든 치료 유형들이 태생적으로 차이가 있다는 확고한 믿음을 가지고 있는 경우가 많은데, 그들에게 있어서 이것은 사실상 문제가 되지 않는다.

내가 생각하기에, 실제로 흥미로운 수수께끼는 상담이 어디에서 왔는지 의문을 갖는 데서 발생하는 것이 아니라, 그것이 어디로 가게 될지 알려고 노력하는 데에서 발생한다. 몇몇 이론가는 상담이 과학기반의 길을 따라가서, 이론과 실제의 통합을 달성하고, '만능상담' 으로 떠오르게 될 것이라고 믿는다. 다른 이론가는 개별적인 치료양식은 결합될 수 없으며, 따라서 거대상담mega-therapy의 기반이 될 수 있는 하나의 상위이론meta-theory은 나타날 수 없다고 주장한다. 그러나 다른 사상가들에게 있어서 현존하는 치료 유형은 제한받지 않는 창조적인 상담사로서 일하기 위한 예술로 여겨지고 있음에 틀림없다. 언제나 그렇듯이, 어떤 상담사는 규제를 원하는 반면, 어떤 상담사는 자유를 원한다. 또 어떤 사람들은 전문적 통제를 선호하는 반면, 다른 사람들은 무질서에서 더 안락함을 느낀다.

상담이 어디로 가게 될 것인지 궁금해 하는 만큼, 상담사 자신들도 어디로 가고 있는지에 대해 생각할 필요가 있다. 상담사는 다양한 학파의 충성스런 추종자로 계속 남을 것인가? 통합형태의 상담사가 될 것인가? 또는 상담사와 심리치료사는 서로의 독립성을 유지할 것인가? 내일의 상담사는 고급 교육을 필요로 할 것인가? 매우 중요한 한 가지 문제는 인지행동상담사들의 힘이 점점 더 커지고 있다는 것이다. 과연 우리는 '인지행동치료가 왕' 인 심리치료 세계를 향해 움직이고 있는가? 때때로 우리는 상담사들을 그들이 제공하는 서비스에 따라 정의한다(가족상담사, 약물중독상담사, 직장상담사 등). 미래에 우리가 상담사와 심리치료사를 위해 모든 것을 포함하는 새로운 서비스 영역(사회체계 디자이너, 갈등 조정자, 변화관리자 등)을 개발하게 된다면 어떻게 될까? 이러한 발전은 상담사들을 정의하는 추가적인 방법들을 찾아낼 것을 우리에게 요구하게 될 것인가? 그 대신에 그러한 진화는 우리에게 '만능 상담사' 라고 하는 새로운 유형을 개발하도록 요구할 것인가? 아니면 오늘날의 상담사는 새로운 종류의 서비스 영역에서 일을 하게 될 경우, 그저 여러 상황들에 대처하고 적응해 나가야만 하는 것일까?

답변을 요구하는 많은 질문을 당신에게 남겨 놓고자 한다! 당신은 어떤 답변을 가지고 있는가? 당신은 어떤 해결방법을 찾을 수 있는가? 나로서는 여기까지다. 나는 나의 이야기를 하였고, 나의 이야기는 끝났다. 이제 당신의 이야기를 할 차례다!

더 읽을거리

Cooper, M. (2008). *Essential Research Findings in Counselling and Psychotherapy: The facts are friendly*. London: Sage.

Yalom, I. (1991). *Love's Executioner and Other Tales of Psychotherapy*. London: Penguin.

최근 문헌: Therapy Today, Counselling & Psychotherapy Research, Counselling Psychology Quarterly, British Journal of Guidance & Counselling and The Psychotherapist.

참고문헌

Aldridge, S. (2006). Update on regulation. *Therapy Today, 17*(1), 34-35.

Aldridge, S. (2009). Making your mind up. *Therapy Today, 20*(4), 18-20.

Aldridge, S., & Pollard, P. (2005). *Interim Report to Department of Health on Initial Mapping Project for Psychotherapy & Counselling*. Available online at www.bacp.co.uk (accessed Summer 2009).

Allport, G., & Odbert, H. (1936). Trait-names: a psycho-lexical study. *Psychological Monographs, 47*(211).

Antonuccio, D. Ganton, W., & DeNeslky, G. (1995). Psychotherapy versus medication for depression: challenging the conventional wisdom with data. *Professional Psychology: Research and Practice, 26*(6), December 1995: 574-585.

Appignanesi, R., & Zarate, O. (2007). *Introducing Freud: A graphic guide to the father of psychoanalysis*. Cambridge: Icon Books.

Australian Bureau of Statistics (2003). *ABS Labour Survey, Trend Data to May 2003*. Canberra: ABS Publications. Available online at www.abs.gov.au (accessed Summer 2009).

Axline, V. (1964, reprinted 1990). *Dibs: In search of self.* London: Penguin.

Bandura, A. (1977). *Social Learning Theory*. Englewood Cliffs, NJ: Prentice Hall.

Barkham, M. (2007). Remarks to the November 2007 NHS Psychological Therapies Conference. *Therapy Today,* December 2007, pp. 8-9.

Beck, A. (1963). Thinking and depression 1: idiosyncratic content and negative distortions. *Archives of General Psychiatry, 9*, 324-333.

Beck, A. (1964). Thinking and depression 2: theory and therapy. *Archives of General*

Psychiatry, 10, 561-571.

Beck, A. (1975). *Cognitive Therapy and the Emotional Disorders*. Madison, CT: International Universities.

Beck, A. (1991). *Cognitive Therapy and the Emotional Disorders*. London: Penguin.

Beck, A. (1999). *Prisoners of Hate: The cognitive basis of anger, hostility and violence*. New York: HarperCollins.

Beck, A, Rush, A., Shaw, B., & Emery, G. (1979). *Cognitive Therapy for Depression*. New York: Guilford Press.

Beck, J. S. (1995). *Cognitive Therapy: Basics and beyond*. New York: Guilford Press.

Beck, U. (1992). *Risk Society: Towards a new modernity*. London: Sage.

Beer, S. (2003). *Demystifying EAPs*. paper presented at the 2003 Association for Counselling at Work Conference, Geneva, April, pp. 13-17.

Bennett, M. (2005). *The Purpose of Counselling and Psychotherapy*. Basingstoke: Palgrave Macmillan.

Bennett-Levy, J., Butler, G., Fennell, M., Hackmann, A., Múeller, M., & Westbrook, D. (Eds.). (2004). *The Oxford Guide to Behavioural Experiments in Cognitive Therapy*. Oxford: Oxford University Press.

Bettleheim, B. (1983). *Freud and Man's Soul*. New York: Alfred A. Knopf.

Blow, A., Sprenkle, D., & Davis, S. (2007). Is who delivers the treatment more important than the treatment itself? The role of the therapist in common factors. *Journal of Marital & Family Therapy, 33*(3), 298-317.

Bor, R., Ebner-Landy, J., Gill, S., & Brace, C. (2002). *Counselling in Schools*. London: Sage.

Bordin, E. (1979). The generalisability of the psychoanalytic concept and the working alliance. *Psychotherapy: Theory, Research and Practice, 16*, 252-260.

Bowlby, J. (1969). *Attachment and Loss, Volume 1*. London: Hogarth Press.

Bowlby, J. (1973). *Attachment and Loss, Volume 2*. London: Hogarth Press.

Bowlby, J. (1980). *Attachment and Loss, Volume 3*. London: Hogarth Press.

Boyes, C. (2008). *Cognitive Behavioural Therapy* (Collins 'Need to know?'). Glasgow: Collins.

Brennan, J., & Hollanders, H. (2006). Trouble in the village? Counselling and clinical psychology in the NHS. *Psychotherapy and Politics International, 2*(2), 123-134.

Brettle, A., Hill, A., & Jenkins, P. (2008). Counselling in primary care: a systematic review of the evidence. *Counselling and Psychotherapy Research, 8*(4), 2007-2214.

British Association for Counselling & Psychotherapy (BACP) (2008). *Counselling and Psychotherapy Workloads: Information Sheet G4*. Available online at www.bacp.co.uk (accessed Summer 2009).

British Psychological Society (BPS) (2006). *Proposals for a Psychological Professions Council (PPC)*. Leicester: BPS.

Browne, S. (2008). The therapy maze. *Therapy Today, 19*(5), June, 9-18.

Bryant-Jefferies, R. (2005). *Workplace Counselling in the NHS*. Abingdon: Radcliffe.

Buber, M. (1970). *I and Thou* (trans. W. Kaufmann). New York: Touchstone Scribner (original publication 1923).

Burton, M., Sadgrove, J., & Selwyn, E. (1995). Do counsellors in general practice surgeries and clinical psychologists in the NHS see the same patients? *Journal of the Royal Society of Medicine, 88*, 97-102.

Cain, D., & Seeman, J. (Eds.). (2002). *Humanistic Therapies: Handbook of research and practice*. Washington, DC: American Psychological Association.

Carroll, M. (1996). *Workplace Counselling*. London: Sage.

Carroll, M. (2002). Memories of the future: scenarios for counselling at work. *ACW Journal, 38*, 10-12.

Carroll, M., & Walton, M. (1997). *The Handbook of Counselling in Organizations*. London: Sage.

Carver, C., & Scheier, M. (2000). *Perspectives on Personality* (4th ed.). Boston, MA: Allyn & Bacon.

Castonguay, L., Constantino, M., & Holtforth, M. (2006). The working alliance: where are we and where should we go? *Psychotherapy, 43*, 271-279.

Cattell, R. B. (1965). *The Scientific Analysis of Personality*. Baltimore, MD: Penguin Books.

Claringbull, N. (2003). An informal workshop. In Claringbull, N. (2004). *A Fourth Wave in Workplace Counselling - Its professional specialisation?* Available online at www.bacp.co.uk/research/ conference2004/index.html (accessed Summer 2009).

Claringbull, N. (2004a). *A Fourth Wave in Workplace Counselling - Its professional specialisation?* Available online at www.bacp.co.uk/research/conference2004/index.html (accessed Summer 2009).

Claringbull, N. (2004b). Specialist practitioners - the next wave in workplace counselling. *ACW Journal - Counselling at Work, 44*, Spring.

Claringbull, N. (2006). The fourth wave in workplace counselling - towards the understanding and the development of the professional specialisation of workplace counselling, unpublished doctoral thesis, University of Middlesex.

Clarke, L. (Chief Executive, BACP) (2008). *Personal communication,* BACP Research Conference, Cardiff, May, pp. 9-10.

Clarkson, P. (1995). *The Therapeutic Relationship*. London: Whurr.

Clarkson, P. (2003). *The Therapeutic Relationship* (2nd ed.). London: Whurr.

Cocksedge, S. (1997). A GP perspective. *Clinical Psychology Forum, 101*, 22-25.

Coles, A. (2003). *Counselling in the Workplace*. Maidenhead: Open University Press.

Colon, Y. (1996). Chatter(er)ing through the fingertips: doing therapy online. In Murphy, L., & Mitchell, D. (Eds.), When writing helps to heal: e-mail as therapy. *British Journal of Guidance & Counselling, 26*(1).

Colvin, G. (2006). Secrets of greatness: what it takes to be great. *Fortune Magazine*. Available online at www.CNNMoney.com (accessed Summer 2009).

Constantino, M., Castonguay, L., & Schut, A. (2002). The working alliance: a flagship for the 'scientist-practitioner' model in psychotherapy. In Tryon, G. (Ed.), *Counselling Based on Process Research: Applying what we know*. Boston, MA: Allyn & Bacon.

Cooper, M. (2003). *Existential Therapies*. London: Sage.

Cooper, M. (2008). *Essential Research Findings in Counselling and Psychotherapy*. London: Sage/Leicester: BACP.

Cooper, M., O'Hara, M., Schmid, P., & Wyatt, G. (Eds.). (2007). *The Handbook of Person-centred Psychotherapy and Counselling*. Pasingstoke: Palgrave.

Crocker, S. F. (1999). *A Well-lived Life: Essays in gestalt therapy*. Cleveland, OH: Gestalt Institute of Cleveland Press.

Cullup, S. (2005). From CEPC to ACW. *ACW Journal - Counselling at Work, 49*, 28-29.

Cushman, P. (1990). Why the self is empty: towards a historically situated psychology. *American Psychologist, 45*, 599-611.

Cutter, F. (1996). Virtual psychotherapy? *PsychNews International*. Available online at www.cmhc.com (accessed Summer 2009).

Davidson, L. (2000). Meeting the challenges of the new NHS for counselling in primary care: a service manager perspective. *British Journal of Guidance and Counselling, 28*(2), 191-201.

Davies, D. (1997). *Counselling in Psychological Services*. Buckingham: Open University Press.

Department of Health (1997). *The New NHS - Modern, Dependable*. Crown Copyright. Available online at www.dh.gov.uk (accessed Summer 2009).

Department of Health (2001a). *Reference Guide for Consent for Examination or Treatment*. Crown Copyright. Available online at www.doh.gov.uk/consent (accessed Summer 2009).

Department of Health (2001b). *Treatment Choice in Psychological Therapies and Counselling*. Crown Copyright. Available online at www.dh.gov.uk (accessed Summer 2009).

Department of Health (December 2001c). *Choosing Talking Therapies*. Crown Copyright. Available online at www.dh.gov.uk (accessed Summer 2009).

Department of Health (2004). *The NHS Improvement Plan*. Crown Copyright. Available online at www.dh.gov.uk (accessed Summer 2009).

Department of Health (2008a). *Improving Access to Psychological Therapies Implementation Plan: National guidelines for regional delivery*. Crown Copyright. Available online at www.dh.gov.uk (accessed Summer 2009).

Department of Health (2008b). *Improving Access to Psychological Therapies Implementation Plan: Curriculum for high-intensity therapy workers*. Crown Copyright. Available online at www.dh.gov.uk (accessed Summer 2009).

Department of Health (2008c). *Improving Access to Psychological Therapies Implementation Plan: Curriculum for low-intensity therapy workers*. Crown Copyright. Available online at www.dh.gov.uk (accessed Summer 2009).

Dollard, J., & Miller, N. (1950). *Personality and Psychotherapy: An analysis in terms of learning, thinking and culture*. New York: McGraw-Hill.

Draper, M., Jennings, J., Baron, A., Erdur, O., & Shankar, L. (2002). Time-limited outcome in a nationwide college counselling centre. *Journal of College Counselling, 5*(1), 26-38.

Dryden, W. (2005). *Rational Emotive Behaviour Therapy in a Nutshell (Counselling in a Nutshell)*. London: Sage.

Dryden, W. (2007). *Dryden's Handbook of Individual Therapy* (5th ed.). London: Sage.

Duncan, B., Solovey, A., & Rusk, G. (1992). *Changing the Rules: A client-directed approach to therapy*. New York: Guilford Press.

East, P. (1995). *Counselling in Medical Settings*. Buckingham: Open University Press.

Egan, G. (1975). *The Skilled Helper*. Pacific Grove, CA: Brookes/Cole.

Ehrenwald, J. (1976). *The History of Psychotherapy: From healing magic to encounter*. New York: J Aronson.

Ellenburger, H. (1970). *The Discovery of the Unconscious: The history and evolution of dynamic psychiatry*. London: Allen Lane.

Elliot, R., Cooper, M., & Friere, B. (2008). *Empirical Support for Person-centred Experiential psychotherapies: Meta-analysis update 2008,* paper presented at the BACP Research Conference, Cardiff, 9-10 May.

Ellis, A. (1962). *Reason & Emotion in Psychotherapy*. Secaucus, NJ: Lyle Stuart.

Ellis, A. (2001). *Overcoming Destructive Beliefs, Feelings and Behaviors: New directions for rational emotive behavior therapy*. New York: Prometheus Books.

Employee Assistance Professionals Association (EAPA) - USA (2004). *EAP Chapters List*. Available online at www.ieaspassn.org (accessed Summer 2009).

Employee Assistance Professionals Association (EAPA) - USA (2008) *Employee Utilisation Data*. Available online at www.ieaspassn.org (accessed Summer 2009).

Ericsson, A., Charness, N., Feltovitch, P., & Hoffman, R. (2006). *The Cambridge Handbook of Expertise and Expert Performance*. Cambridge: Cambridge University Press.

Erikson, E. (1965). *Childhood and Society*. London: Penguin Books.

Evans, K., & Gilbert, M. (2005). *Introduction to Integrative Psychotherapy*. Basingstoke: Palgrave Macmillan.

Eysenck, H. (1952). The effects of psychotherapy: an evaluation. *Journal of Consulting Psychology, 16*, 319-324.

Eysenck, H. (1967). *The Biological Basis of Personality*. Springfield, IL: Charles, C. Thomas.

Eysenck, H. (1990). *Decline and Fall of the Freudian Empire*. Washington, DC: Scott-Townsend.

Eysenck, H. (1990). Biological dimensions of personality. In Pervin, LA (Ed.), *Handbook of Personality: Theory and research*. New York: Guilford Press.

Eysenck, H. (1991). Dimensions of personality: the biosocial approach to personality. In Strelau, J. & Angleitner, A. (Eds.), *Explorations in Temperament: International perspectives on theory and measurement*. London: Plenum.

Eysenck, H. (1992a). Four ways five factors are not basic. *Personality and Individual Differences, 13*, 667-673.

Eysenck, H. (1992b). The outcome problem in psychotherapy. In Dryden, W., & Feltham, C. (Eds.), *Psychotherapy and its Discontents*. Buckingham: Open University Press.

Fairbairn, W. (1952). *Psychoanalytic Studies of the Personality*. London: Tavistock/Routledge.

Feltham, C. (1997). *The Gains of Listening: Perspectives on counselling at work*. Buckingham: Open University Press.

Fiedler, F. (1950). Comparison of therapeutic relationships in psychoanalytic, non-directive and Adlerian therapy. *Journal of Counselling Psychology, 14*, 436-445.

Foster, J. (2000). Counselling in primary care and the new NHS. *British Journal of Guidance and Counselling, 28*(2), 176-190.

Freedheim, D. (1992). *A History of Psychotherapy: A century of change*. Washington, DC: American Psychological Association.

Freeman, A., & Simon, K. (1989). Cognitive therapy of anxiety. In Freeman, A., Simon, K., Beutler, L., & Arkowitz, H. (Eds.), *Comprehensive Handbook of Cognitive Therapy*. New York: Plenum Press.

French, T. (1933). Interrelations between psychoanalysis and the experimental work of Pavlov. *American Journal of Psychiatry, 89*, 1165-1203.

Freud, A. (Ed.). (1986). *Sigmund Freud: The essentials of psychoanalysis*. London: Penguin.

Freud, S. (2002). Jung and Freud: false prophets. In Evans, K., & Gilbert, M. (2005, p. 9) *Introduction to Integrative Psychotherapy*. Basingstoke: Palgrave Macmillan.

Friery, K. (2006). Workplace counselling - who is the consumer? *Counselling at Work, 54*, Autumn: 24-26.

Funder, D. (1997). *The Personality Puzzle*. New York: Norton.

Gay, P. (1998). *Freud: A life for our times*. London: Dent.

Geldard, K., & Geldard, D. (2004). *Counselling Adolescents* (2nd ed.). London: Sage.

Geldard, K., & Geldard, D. (2008). *Counselling Children: A practical introduction* (3rd ed.). London: Sage.

Gendlin, E. (1981). *Focussing*. New York: Bantam, Books.

Gilbert, P. (2005). *Compassion: Conceptualisation, research and use in psychotherapy*. Hove: Brunner-Routledge.

Ginger, S. (2007). *Gestalt Therapy: The art of contact*. London: Karnac Books.

Gladstone, G. (2008). Eleven good reasons to oppose SR. *Ipnosis,* June 2008. Available online at ipnosis.postle.net/ (accessed Summer 2009).

Goldberg, R., & Steury, S. (2001). Depression in the workplace: costs and barriers to treatment. *Psychiatric Services, 52*, 1639-1643.

Grange, C. (2005). The development of employee assistance programmes in the UK: a personal view. *Counselling at Work, 49*, Summer. Available online at www.bacpworkplace.org.uk/ journal_pdf/act_summer05_a.pdf (accessed Summer 2009).

Green, B. (1994). Developing a primary care and community psychology service. *Clinical Psychology Forum, 101*, 18-21.

Gurman, A., & Messer, S. (2005). *Essential Psychotherapies*. New York: Guilford Press.

Hall, C, Lindzey, G., & Campbell, J. (1997). *Theories of Personality* (4th ed.). Hoboken, NJ: Wiley.

Hamblin, D. (1986). The failure of pastoral care? *School Organization, 6*(1), 141-148.

Harris, M. (1994). *Magic in the Surgery: Counselling in the NHS - A licensed state friendship service*. Bury St Edmunds: Social Affairs Unit.

Heidegger, M. (1962). *Being and Time*. Oxford: Blackwell.

Hemmings, A. (2000). Counselling in primary care: a review of the practice evidence. *British Journal of Guidance and Counselling, 28*(2), 232-252.

Hemmings, A., & Field, R. (Eds.). (2007). *Counselling & Psychotherapy in Private Practice*. Hove: Routledge.

Hollanders, H. (2000a). Historical developments. In Palmer, S., & Wolfe, R. (Eds.), *Integrative and Eclectic Counselling and Psychotherapy*. London: Sage.

Hollanders, H. (2000b). Integrative and eclectic approaches. In Palmer, S., & Wolfe, R. (Eds.), *Integrative and Eclectic Counselling and Psychotherapy*. London: Sage.

Hopkins, R. (2005). From little oaks mighty acorns grow. *Counselling at Work, 49*, Wummer. Available online at www.bacpwork place.org.uk/journal_pdf/acw_summer05_d.pdf (accessed Summer 2009).

Horvath, A., Greenberg, L. (Eds.), (1994). *The Working Alliance: Theory, research and practice*. Chichester: Wiley.

Hubble, M., Duncan, B., & Scott, D. (2000). *The Heart and Sour Of Change*. Washington, DC: American Psychological Association.

Hudson-Allez, G. (1999). Brief versus open-ended counselling in primary care: should the service be extended to include both models? *European Journal of Psychotherapy, Counselling & Health, 2*(1), 7-18.

Hudson-Allez, G. (2000). What makes counsellors working in primary care distinct from counsellors working in other settings? *British Journal of Guidance and Counselling, 28*(2), 203-213.

Hughes, R. (Ed.). (2004). *An Anthology of Counselling at Work II*. Lutterworth: ACW/BACP.

Hughes, R., & Kinder, A. (2007). *Guidelines for Counselling in the Workplace*. Lutterworth: BACP.

Hughes, R., & Jenkins, P. (2003). Legal perspectives, *ACW Journal, 46*. Available online at www.counsellingatwork.org.uk (accessed Summer 2009).

Husserl, E. (1977). *Phenomenological Psychology*. The Hague: Nyhoff.

Inglis, F. (1989). Managerialism and morality. In Carr, W. (Ed.), *Quality in Teaching: Arguments for a reflective profession*. Lewes: Falmer Press.
Institute of Education Archives (2007). *Subject Guide 5: Child Psychology*. London: Institute of Education, London University.
Jacobs, M. (1992). *Sigmund Freud*. London: Sage.
Jacobs, M. (1998). *The Presenting Past* (2nd ed.). Buckingham: Open University Press.
Jacobs, M. (2003). *Sigmund Freud* (2nd ed.). London: Sage.
Jacobs, M. (2004). *Psychodynamic Counselling in Action* (3rd ed.). London: Sage.
Jacobs, M. (2005). *The Presenting Past* (3rd ed.). Buckingham: Open University Press.
Jamieson, A. (2004). ACW Conference 2004 - keynote speech. *Counselling at Work, 45*, 2-5.
Jenkins, P. (2002). *Legal Issues in Counselling & Psychotherapy*. London: Sage.
Jones, E. (1959, republished 1990). *Free Associations: Memories of a psycho-analyst*. New Brunswick, NJ: Transaction Publishers.
Jung, C. (1965). *Man and His Symbols*. New York: Doubleday.
Jung, C. (1970). *Collected Works, Volume 10*. London: Routledge and Kegan Paul.
Karasu, T. (1986). The specificity against nonspecificity dilemma: Towards identifying therapeutic change agents. *American Journal of Psychiatry, 143*, 687-695.
Kelly, G. (1955). *The Psychology of Personal Constructs, Volumes 1 and 2*. New York: Norton.
Kemp, E., & Thwaites, R. (1998). A comparison of adult mental health patients allocated to counselling and clinical psychology. *Clinical Psychology Forum, 121*, 13-16.
Kierski, W. (2009). The future of psychotherapy. *Contemporary Psychotherapy, 1*(1), April. Available online at contemporary psychotherapy.org/journals/ (accessed Summer 2009).
Kinder, A. (2003). Stress in court. *Counselling at Work,* Winter, pp. 16-19.
Kinder, A. (2005). Workplace counselling - a poor relation? *Coun selling at Work,* Spring. Available online at ww.bacpworkplace.org.uk/journal_pdf/acw_spring05_f.pdf (accessed Summer 2009).
King, P., & Steiner, R. (1991). *The Freud-Klein Controversies: 1941-1945*. London: Routledge.
Klein, M. (1997). *Envy and Gratitude and Other Works: 1946-1963,* New edition. London: Hogarth Press.
Lambert, M. (2004). *Bergin and Garfield's Handbook of Psychotherapy and Behaviour Change* (5th ed.). New York: Wiley.
Lane, D., & Corrie, S. (2006). *The Modern Scientist-Practitioner: A guide to practice in psychology*. Hove: Routledge.
Latner, J. (1986). *The Gestalt Therapy Book*. New York: The Gestalt Journal Press.
Layard, R. (2005). *Therapy for All on the NHS,* Sainsbury Centre for Mental Health Lecture, 12 September. Available online at www.cpc-online.co.uk/documents/ (accessed Summer 2009).
Layard, R. (2006). *The Depression Report: A new deal for depression and anxiety.*

London: The Centre for Economic Performance's Mental Health Group, London School of Economics. Available online at www.lse.ac.uk (accessed Summer 2009).

Leahy, R. (2003). *Cognitive Therapy Techniques: A practitioner's guide*. New York: Guilford Press.

Lemma, A. (2007). Psychodynamic therapy: the Freudian approach. In Dryden, W. (Ed.), *Dryden's Handbook of Individual Therapy*. London: Sage.

Lietaer, G. (1990). The client-centered approach after the Wisconsin Project. In Liataer, G., Rombauts. J., & Van Balen, R. (Eds.), *Client-centered and Experiential Therapy in the Nineties*. Leuven: Leuven University Press.

Lines, D. (2006). *Brief Counselling in Schools*. London: Sage.

Lishman, W. (1996). *Organic Psychiatry: The psychological consequences of cerebral disorder*. Oxford: Blackwell.

Luborsky, L., Singer, B., & Luborsky, L. (1975). Comparative studies of psychotherapy: is it true that everyone has won and all will have prizes? *Archives of General Psychiatry, 32*, 995-1008.

Maddi, S. (1996). *Personality Theories: A comparative analysis* (6th ed.). Toronto: Brooks/Cole.

Mahoney, M., & Arnkoff, D. (1978). Cognitive and self-control therapies. In Bergin, A. E. & Garfield, S. S. (Eds.), *Handbook of Psychotherapy and Behaviour Change* (2nd ed.). New York: Wiley.

Mander, G. (2000). *A Psychodynamic Approach to Brief Therapy*. London: Sage.

Martell, C., Addis, M., & Jacobson, N. (2001). *Depression in Context: Strategies for guided action*. New York: Norton.

Maslow, A. (1943). A theory of human motivation. *Psychological Review, 50*, 370-396.

Maslow, A. (1962). *Towards a Psychology of Being*. New York: Van Nostrand.

Maslow, A. (1973). *The Further Reaches of Human Nature*. New York: Viking.

Masson, J. (1992). *Against Therapy*. London: HarperCollins.

McCrae, R., & Costa, P. (1997). Personality trait structure as a human universal. *American Psychologist, 52*, 509-516.

McCrone, P., Dhanasini, S., Patel, A., Knap, M., & Lawton-Smith, S. (2008). *Paying the Price: The cost of mental health care in England to 2026*. London: King' s Fund.

McLeod, J. (2001). *Counselling in the Workplace: The facts*. Rugby: BACP.

McLeod, J. (2003). *An Introduction to Counselling* (3rd ed.). Maidenhead: Open University Press.

McLeod, J. (2008). *Counselling in the Workplace: The facts* (2nd ed.). Lutterworth: BACP.

McLeod, J. (2009). Counselling: a radical vision for the future. *Therapy Today, 20*(6), July. Available online at www.therapytoday.net/ article/show/532/ (accessed Summer 2009).

McLeod, J., Johnson, J., & Griffin, J. (2000). A naturalistic study of the effectiveness of time-limited counselling with low-income clients. *European Journal of Psychotherapy, Counselling & Health, 3*(2), 263-277.

Mearns, D. (1999). *Present and Future Challenges for Counselling,* Conference presentation to the Aberdeen Association for Counselling, 12 June.

Mearns, D., & Thorne, B. (2000). *Person-Centred Therapy Today: New frontiers in theory and practice.* London: Sage.

Mearns, D., & Thorne, B. (2007). *Person-Centred Counselling in Action* (3rd ed.). London: Sage.

Mellor-Clark, J., Simms-Ellis, R., & Burton, M. (2001). *National Survey of Counsellors Working in Primary Care: Evidence of growing professionalisation?* London: Royal College of General practitioners.

Miller, R. (2006). President's Column. *The Psychologist, 19*(12), 707.

Miller, S., Duncan, B., Brown, G., Sorrel, R., & Chalk, M. (2006). Using formal client feedback to improve retention and outcome. *Journal of Brief Therapy, 5*, 5-22.

Miller, S., Hubble, M., & Duncan, B. (2008). Supershrinks. *Therapy Today, 19*(3), April, 4-9.

Mitchell, S., & Black, M. (1995). *Freud and Beyond: A history of modern psychoanalytic thought.* New York: Basic Books.

Moore, S. (2006). Voluntary sector counselling: has inadequate research resulted in a misunderstood and underutilised resource? *Counselling and Psychotherapy Research, 6*(4), 221-226.

Moynihan, J. (1993). *A Guide for the Healthcare Professional.* Cambridge: Probus.

Mulhauser, G. (2008). *History of Counselling & Psychotherapy.* Available online at counselling resource.com (accessed Summer 2009).

Musgrave, A. (2007). Competencies consultation response: letter to BACP, *Ipnosis,* April 3. Available online at ipnosis.postle.net/ (accessed Summer 2009).

National Health Service (NHS). (2007). *Improving Access to Psychological Therapies.* Available online at www.iapt.nhs.uk/ (accessed Summer 2009).

National Institute for Health and Clinical Excellence (NICE). (2004). *Clinical Guidelines 9, 22 and 23.* Available online at www.nice.org.uk (accessed Summer 2009).

Nelson-Jones, R. (2008). *Basic Counselling Skills: A helper's manual.* London: Sage.

Nettle, D. (2007). *Personality: What makes you the way you are.* Oxford: Oxford University Press.

Newsom, J. (1963). *Half our Future (Newsom Report).* London: Central Advisory Council for Education/HM Stationery Office.

Norcross, J. (1986). *Handbook of Eclectic Therapy.* New York: Brunner/Mazel.

Norcross, J. (2002). *Psychotherapy Relationships that Work: Therapist contributions and responsiveness to patients.* New York: Oxford University Press.

Norcross, J., & Goldfried, M. (1992). *Handbook of Psychotherapy Integration.* New York: Brunner/Mazel.

Norcross, J., & Goldfried, M. (Eds.). (2005). *Handbook of Psychotherapy Integration* (2nd ed.). New York: Oxford University Press.

Nuttall, J. (2004). Modes of interpersonal relationship in management organizations. *Journal of Change Management, 4*(1), 15–29.

Oher, J. (1999). *The Employee Assistance Handbook*. New York: Wiley.

Orlans, V. (2003). Counselling psychology in the workplace. In Woolfe, R., Dryden, W. & Strawbridge, S. (Eds.), *Handbook of Counselling Psychology* (2nd ed.). London: Sage.

Padesky, C. (1996). *Guide Discovery using Socratic Dialogue*. Oakland, CA: New Harbinger.

Palmer, S., & Bor, R. (2008). *The Practitioner's Handbook: A guide for counsellors, psychotherapists and counselling psychologists*. London: Sage.

Palmer, S., & Woolfe, R. (Eds.). (2000). *Integrative and Eclectic Counselling and Psychotherapy*. London: Sage.

Palmer, S., McMahon, G., & Wilding, C. (2005). *The Essential Skills for Setting Up a Counselling and Psychotherapy Practice*. Hove: Routledge.

Patterson, T. (2007). Person-centered personality theory: support from self-determination theory and positive psychology. *Journal of Humanistic Psychology, 47*(1), 117–139.

Paul, G. (1967). Strategy in outcome research in psychotherapy. *Journal of Consulting Psychology, 31*, 109–118.

Pavlov, I. (1927). *Conditional Reflexes*. London: Oxford University Press.

Perelberg, R. (Ed.). (1999). *Psychoanalytic Understanding of Violence and Suicide*. London: Routledge.

Perls, F. (1948). Theory and technique of personality integration. *American Journal of Psychotherapy, 2*: 565–586.

Perls, F., Hefferline, R., & Goodman, P. (1951). *Gestalt Therapy: Excitement and growth in the human personality*. New York: The Gestalt Journal Press.

Persons, J. (1993). Case conceptualisation in cognitive-behaviour therapy. In Kuehlwein, K. T. & Rosen, H. (Eds.), *Cognitive Therapies in Action: Evolving innovative practice*. San Francisco, CA: Jossey-Bass.

Pervin, L., Cervone, D., & Oliver, J. (2004). *Personality: Theory and research* (9th ed.). New York: Wiley.

Pointon, C. (2008). An open process. *Therapy Today, 19*(8), October, 12–13.

Postle, D. (1999–2008). All editions. *Ipnosis*. Available online at ipnosis.postle.net/ (accessed Summer 2009).

Pritchard, D. (2006). Setting up in private practice. *Counselling at Work, 51*, Winter, 26–29.

Proctor, G. (2008). Professionalisation: a strategy for power and glory, *Therapy Today*. October.

Project MATCH Research Group (1997). Matching alcoholism treatments to client heterogeneity. *Journal of Alcohol Studies, 58*(1), 7–29.

Rayner, E. (1990). *The Independent Mind in British Psychoanalysis*. London: Free Association Books.

Reddy, M. (1993). The counselling firmament: a short trip around the galaxy. *Counselling, 4*(1), 47-50.

Reddy, M. (1997). External counselling provision for organizations. In Carroll, M., & Walton, M. (Eds.), *The Handbook of Counselling in Organizations*. London: Sage.

Reisman, J. (1991). *A History of Clinical Psychology* (2nd ed.). London: Taylor & Francis.

Ricks, D. (1974). Supershrink: methods of a therapist judged successful on the basis of adult outcomes of adolescent patients. In Ricks, D., Thomas, A., & Roff, M. (Eds.), *Life History Research in Psychopathology, Volume 3*. Minneapolis, MN: University of Minnesota Press.

Rogers, C. (1942). *Counselling and Psychotherapy*. Boston, MA: Houghton Mifflin.

Rogers, C. (1957). The necessary and sufficient conditions of therapeutic personality change. *Journal of Consulting Psychology, 21*, 95-103.

Rogers, C. (1959). A theory of therapy, personality and interpersonal relationships, as developed in the client-centred framework. In Koch, S. (Ed.), *Psychology: A study of science*. New York: McGraw Hill.

Rogers, C. (1961). *On Becoming a Person*. Boston, MA: Houghton Mifflin.

Rogers, C. (1977). *Carl Rogers on Personal Power: Inner strength and its revolutionary impact*. New York: Delacorte Press.

Rogers, C. (1980). *A Way of Being*. Boston, MA: Houghton Mifflin.

Romero, A., & Kemp, S. (2007). *Psychology Demystified: A self-teaching guide*. New York: McGraw-Hill.

Rosenzweig, S. (1936). Some implicit common factors in diverse methods in psychotherapy. *American Journal of Orthopsychiatry, 6*, 412-415.

Roth, A., & Fonagy, P. (1996). *What Works for Whom? A critical review of psychotherapy research*. New York: Guilford Press.

Roth, A., & Fonagy, P. (2005). *What Works for Whom? A critical review of psychotherapy research* (2nd ed.). New York: Guilford Press.

Rotter, J. (1981). The psychological situation in social learning theory. In Magnusson, D. (Ed.), *Toward a Psychology of Situations: An interactional perspective*. Mahwah, NJ: Lawrence Erlbaum.

Rotter, J. (1982). *The Developmental and Applications of Social Learning Theory*. New York: Praeger.

Ryan, R. (1998). Management role for counselling skills. *Counselling at Work, 20*, Spring.

Ryckman, R. (1993). *Theories of Personality* (5th ed.). Belmont, CA: Brooks/Cole.

Ryle, A. (1990). *Cognitive-Analytic Therapy: Active participation in change - A new integration of brief psychotherapy*. Chichester: Wiley.

Safran, J., Muran, J., Samstag, L., & Stevens, C. (2002). Repairing alliance ruptures. In Norcross, J (Ed.), *Psychotherapy Relationships that Work: Therapists' contributions and responsiveness to patients*. New York: Oxford University Press.

Sanders, P. (2002). *First Steps in Counselling: A student's companion for basic introductory courses* (3rd ed.). Ross-on-Wye: PCCS Books.

Schneider, K., Bugental, J., & Pierson, J. (Eds.). (2002). *The Handbook of Humanistic Psychology: Leading edges in theory, research and practice*. Thousand Oaks, CA: Sage.

Schustack, M., & Friedman, H. (2007). *The Personality Reader: Classic theories and modern research*. New York: Allyn & Bacon.

Schwenk, E. (2006). The workplace counsellor' s toolbox, *Counselling at Work, 51*, Winter, 20-23.

Scott, M., & Dryden, W. (1996). The cognitive-behavioural paradigm. In Woolfe, R. & Dryden, W. (Eds.), *Handbook of Counselling Psychology*. London: Sage.

Scott, M., Stradling, S., & Dryden, W. (1996). *Developing Cognitive-Behavioural Counselling*. London: Sage.

Segal, S., Williams, J., & Teasdale, J. (2002). *Mindfulness-based Cognitive Therapy for Depression: A new approach to prevent relapse*. New York: Guilford Press.

Shannon, B. (2009). The end of an era. *Therapy Today, 20*(8), October, 20-22.

Shlien, J. (1987). A countertheory of transference. In Levant, R. & Shlien, J. (Eds.), *Client-centred Therapy and the Person-centred Approach: New directions in theory, research and practice*. Westport, CT: Praeger.

Skinner, B. (1953). *Science and Human Behaviour*. New York: Macmillan.

Skinner, B. (1971). *Beyond Freedom & Dignity*. Indianapolis, IN: Hackett.

Spinelli, E. (1994). *Demystifying Therapy*. London: Constable.

Spinelli, E. (1996). The existential-phenomenological paradigm. In Woolfe, R. & Dryden, W. (Eds.), *Handbook of Counselling Psychology*. London: Sage.

Stampfl, T. (1973). *Implosive Therapy: Theory and technique*. New York: General Learning Press.

Steele, D. (1989). A history of job-based alcoholism programmes: 1955-1972. *Journal of Drug Issues, 19*(4), 511-532.

Stevens, R. (2008). *Erik H. Erikson: Explorer of identity and the life cycle*. Basingstoke: palgrave Macmillan.

Stiles, W., Barkahm, M., Twigg, E., Mellor-Clark, J., & Cooper, M. (2006). Effectiveness of cognitive-behavioural, person-centred and psychodynamic therapies in UK primary-care routine practice: replication in a larger sample. *Psychological Medicine, 36*(4), 555-566.

Stiles, W., Barkahm, M., Mellor-Clark, J., & Connell, J. (2007). Effectiveness of cognitive-behavioural, person-centred, and psychodynamic therapies in UK primary-care routine practice: replication in a larger sample. *Psychological Medicine, 37*.

Stiles, W., Barkahm, M., Mellor-Clark, J., & Connell, J. (2008). Letter to editor: Routine psychological treatment and the Dodo verdict: a rejoinder to Clark et al. (2007). *Psychological Medicine, 38*.

Stimpson, Q. (Ed.). (2003). *Clinical Counselling in Community and Voluntary*

Settings. Hove: Brunner-Routledge.

Sullivan, H. (1953). *The Interpersonal Theory of Psychiatry*. New York: Norton.

Summerfield, J., & van Oudtshoorn, L. (2000). *Counselling in the Workplace*. London: CIPD.

Tasker, B. (2008). *Assessment in Counselling and Psychotherapy: Information sheet P13*. Available online at www.bacp.co.uk (accessed Summer 2009).

Tehrani, N. (1997). Internal counselling provision for organizations. In Carroll, M. & Walton, M. (Eds.), *The Handbook of Counselling in Organizations*. London: Sage.

Tempest, M. (2006). *The Future of the NHS*. St Albans: XPL Publishing.

Thorndyke, E. (1932). *The Fundamentals of Learning*. New York: Teachers College.

Thorne, B. (2002). Person-centred therapy. In Dryden, W. (Ed.), *Handbook of Individual Therapy* (4th ed.). London: Sage.

Thorne, B. (2007). Person-centred therapy. In Dryden, W. (Ed.), *Handbook of Individual Therapy* (5th ed.). London: Sage.

Tinsley, M. (1999). Letter to the editor. *Counselling in Medical Settings Journal, 59*(7).

Totton, N. (1997). Inputs and outcomes: the medical model and professionalism. *Self & Society, 25*(4), 3-8.

Towler, J. (1997). Managing the counselling process in organizations. In Carroll, M., & Walton, M. (Eds.), *The Handbook of Counselling in Organizations*. London: Sage.

Truax, C., & Carkhuff, R. (1967). *Toward Effective Counselling and Psychotherapy*. Chicago, IL: Aldine.

Tudor, K., & Merry, T. (2007). *Dictionary of Person-Centred Psychology*. Ross-on-Wye: PCCS Books.

Tyndall, N. (1993). *Counselling in the Voluntary Sector*. Milton Keynes: Open University Press.

van Deurzen-Smith, E. (1988). *Existential Counselling in Practice*. London: Sage.

van Deurzen-Smith, E. (2002). *Existential Counselling & Psychotherapy in Practice* (2nd ed.). London: Sage.

Veale, D. (2008). Psychotherapy in dissent. *Therapy Today,* February, 4-7.

Wachtel, P. (1977). *Psychoanalysis and Behaviour Therapy: Towards an integration*. New York: Basic Books.

Wainwright, D., & Calnan, M. (2002). *Work Stress: The making of a modern epidemic*. Buckingham: Open University Press.

Wampold, B. (2001). *The Great Psychotherapy Debate*. Mahwah, NJ: Lawrence Erlbaum.

Wampold, B., & Brown, G. (2005). Estimating variability in outcomes attributable to therapists: a naturalistic study of outcomes in managed care. *Journal of Consulting and Clinical Psychology, 73*(5), 914-923.

Ward, D. (2001). World heritage honour for revolutionary mills. *The Guardian,* 15 December.

Ward, E., King, M., Lloyd, M., Bower, P., Sibbald, B., Farrelly, S., Gabbay, M., Tarrier, N., & Addington-Hall, J. (2008). Randomised controlled trial of non-directive counselling, cognitive-behaviour therapy and usual general practitioner care for patients with depression. *British Medical Journal, 321*, 1383-1388.

Watkins, C. (2008). Depoliticisation, demoralisation and depersonalisation - and how to better them. *Journal of Pastoral Care in Education, 26*(1), March, 5-11.

Watson, J. (1925). *Behaviourism*. New York: Norton.

Welchman, K. (2000). *Erik Erikson: His life, work and significance*. Buckingham: Open University Press.

Westbrook, D., Kennerly, H., & Kirk, J. (2007). *An Introduction to Cognitive Behaviour Therapy*. London: Sage.

Whitfield, G., & Davidson, A. (2007). *Cognitive Behavioural Therapy Explained*. Oxford: Radcliffe Publishing.

Wills, F. (2008). *Skills in Cognitive Behavior Counselling & Psychotherapy*. London: Sage.

Wilson, R., & Branch, R. (2006). *Cognitive Behavioural Therapy for Dummies*. Chichester: Wiley.

Winnicott, D. (1965). *The Maturation Process and the Facilitating Environment*. London: Hogarth Press.

Wolfe, B., & Goldfried, M. (1988). Research on psychotherapy integration: recommendations and conclusions from an NIMH workshop. *Journal of Consulting & Clinical Psychology, 22*, 448-451.

Wolpe, J. (1958). *Psychotherapy by Reciprocal Inhibition,* Stanford, CA: Stanford University Press.

Wolpe, J. (1976). Behaviour therapy and its malcontents. *Journal of Behavior Therapy and Experimental Psychology, 3*, 1-14.

Wolpe, J. (1990). *Practice of Behaviour Therapy*. New York: Allyn & Bacon.

Woolfe, R. (2003). The nature of counselling psychology. In Woolfe, R, Dryden, W. & Strawbrdige, S. (Eds.), *Handbook of Counselling Psychology*. London: Sage.

Woolfe, R., Dryden, W., & Strawbridge, S. (2003). *Handbook of Counselling Psychology,* (2nd ed.). London: Sage.

Wosket, V. (1999). *The Therapeutic Use of Self.* London: Routledge.

Wright, J. (2001). Developing on-line counselling in the workplace. *Counselling at Work, 34*, 4-6.

Yager, J. (1999). The functioning physiology of personality: a start. *American Journal of Psychiatry, 156*, 252-257.

Yalom, I. (1991). *Loves Executioner and Other Tales of Psychotherapy*. London: Penguin.

찾아보기

《인 명》

《내 용》

저자 소개

Norman Claringbull

영국에 소재한 Southampton University의 상담 및 심리치료 전공의 전직 주임교수다. 현재 상담 및 심리치료 관련 연구를 지속하고 있으며, 영국의 여러 대학에서 다양한 학문적 직책을 맡아 오면서 자문 업무와 상담 실무를 병행하고 있다. 또한 'Counselling and Psychotherapy Practice' 시리즈의 편집위원 직책도 맡고 있다. 보다 자세한 사항은 그의 웹사이트(www.normanclaringbull.com)에서 확인할 수 있다.

역자 소개

김봉환

서울대학교 대학원 교육학박사(교육상담 전공)

숙명여자대학교 교육학부 교수

고문정

숙명여자대학교 대학원 교육학박사(상담심리 전공)

정부서울청사 상담지원센터 센터장

김은희

숙명여자대학교 대학원 교육학박사(상담심리 전공)

숙명여자대학교 교육학과 겸임교수

박은민

숙명여자대학교 대학원 교육학박사(상담심리 전공)

동신대학교 상담심리학과 교수

유근준

숙명여자대학교 대학원 교육학박사(상담심리 전공)

국제신학대학원 대학교 상담학교수

이경희

숙명여자대학교 대학원 교육학박사(상담심리 전공)

내마음심리상담연구소 소장

이수현

숙명여자대학교 대학원 교육학박사(상담심리 전공)

연세대학교 의과대학 의학교육학과 기초연구조교수

장계영

숙명여자대학교 대학원 교육학박사(상담심리 전공)

카이스트 경영대학 학생상담실장

조병주

숙명여자대학교 대학원 교육학박사(상담심리 전공)

이음세움심리상담센터 상담팀장